La reliure traditionnelle 1993

AF257145

La reliure traditionnelle 1993

BIBLIOTHÈQUE
D'HISTOIRE CONTEMPORAINE

ÉTUDES ET LEÇONS

SUR LA

RÉVOLUTION FRANÇAISE

PAR

ALPHONSE AULARD

Professeur à la Faculté des lettres de Paris

Troisième série

L'HISTOIRE PROVINCIALE DE LA FRANCE CONTEMPORAINE
LE TUTOIEMENT PENDANT LA RÉVOLUTION
LA CONVENTION NATIONALE DE MONACO
LA DIPLOMATIE DU PREMIER COMITÉ DE SALUT PUBLIC
LA QUERELLE DE LA « MARSEILLAISE »
ET DU « RÉVEIL DU PEUPLE »
BONAPARTE ET LES POIGNARDS DES CINQ-CENTS
LA LIBERTÉ INDIVIDUELLE SOUS NAPOLÉON Iᵉʳ

PARIS

FÉLIX ALCAN, ÉDITEUR

ANCIENNE LIBRAIRIE GERMER BAILLIÈRE ET Cⁱᵉ

108, BOULEVARD SAINT-GERMAIN, 108

1902

ÉTUDES ET LEÇONS

SUR LA

RÉVOLUTION FRANÇAISE

AUTRES OUVRAGES DE M. F.-A. AULARD

Le Culte de la Raison et le Culte de l'Être suprême (1793-1794). Étude historique, 1892, 1 vol. in-12 de la *Bibliothèque d'histoire contemporaine*, 3 fr. 50 (Félix Alcan, éditeur).

Études et leçons sur la Révolution française.
Première série, 3ᵉ édition, 1901, 1 vol. in-12 de la *Bibliothèque d'histoire contemporaine*, 3 fr. 50 (Félix Alcan, éditeur).
Deuxième série, 1898. 1 vol. in-12 de la *Bibliothèque d'histoire contemporaine*, 3 fr. 50 (Félix Alcan, éditeur).

Histoire politique de la Révolution française. *Origines et développement de la Démocratie et de la République* (1789-1804), 1901. 1 vol. in-8 raisin (Armand Colin, éditeur).

Les Orateurs de la Constituante, 1882, 1 vol. in-8 (Hachette, éditeur).

Les Orateurs de la Législative et de la Convention, 1885-1886, 2 vol. in-8 (Hachette, éditeur).

Danton, 2ᵉ édition, 1886, 1 vol. in-8 (Picard et Kaas, éditeurs).

La Société des Jacobins, recueil de documents pour l'histoire du Club des Jacobins de Paris, 1889-1897, 6 vol. in-8 (L. Cerf, éditeur).

Recueil des Actes du Comité de salut public, 1889-1897, 11 vol. gr. in-8 (E. Leroux, éditeur).

Science, Patrie, Religion, 1893, 1 vol. in-18 (Armand Colin, éditeur).

L'État de la France en l'an VIII et en l'an IX, documents inédits, 1897, 1 vol. in-8 (Au siège de la *Société de l'histoire de la Révolution*).

ÉTUDES ET LEÇONS

SUR LA

RÉVOLUTION FRANÇAISE

PAR

Alphonse AULARD

Professeur à l'Université de Paris

Troisième série

PARIS

FÉLIX ALCAN, ÉDITEUR

ANCIENNE LIBRAIRIE GERMER BAILLIÈRE ET Cⁱᵉ

108, BOULEVARD SAINT-GERMAIN, 108

1902

Tous droits réservés

ÉTUDES ET LEÇONS

SUR LA

RÉVOLUTION FRANÇAISE

I

L'HISTOIRE PROVINCIALE
DE LA FRANCE CONTEMPORAINE (1)

MESSIEURS,

Je me propose de vous parler des études relatives
à l'histoire, surtout provinciale, de la France contemporaine, depuis 1789 jusqu'à nos jours, de dire où
en sont ces études, quels résultats elles ont donnés
jusqu'ici, d'indiquer ce qui reste à faire, par quelle
méthode, avec quel plan, pour quel but, de résumer
à l'aide de vos travaux vos propres vues, vos desseins d'ensemble, comme par un examen de conscience et pour un programme d'action. Bien qu'il

(1) Discours prononcé à la séance générale du Congrès
des Sociétés savantes du 9 juin 1900.

ne s'agisse que d'une application partielle de la méthode historique, d'une application à un seul pays et à une seule période, j'espère ne pas me faire écouter seulement de ceux d'entre vous qui se sont voués particulièrement à l'histoire contemporaine ; il y a deux raisons pour que je me flatte aussi de ne pas trop distraire nos autres confrères de leurs préoccupations habituelles : la première, c'est qu'il s'agit de la France et de notre siècle ; la seconde, c'est qu'à une époque où presque toutes les sciences deviennent historiques par certains côtés, il n'est peut-être aucune application de la méthode historique qui ne puisse intéresser, en quelque manière, quiconque pense et travaille.

Le temps n'est plus où l'on croyait qu'en racontant ce qui s'est passé à Paris depuis 1789, on croyait raconter presque toute l'histoire de la France contemporaine. Sans doute, la nation a été constamment représentée à Paris par ses citoyens les plus éminents, avec ou sans mandat du peuple. Sans doute, ce sont les citoyens de Paris qui, en prenant la Bastille, ont rendu possible la destruction de l'ancien régime, féodal, théocratique, et l'établissement du nouveau régime fondé sur des principes rationnels. Sans doute, c'est Paris qui a rétabli ces principes par son intervention agissante en 1830, en 1848, en 1870. Cette ville n'a pas été seulement une ville plus peuplée et plus célèbre que les autres villes de France : elle a vraiment été une capitale, elle a dirigé réellement la nation à des époques décisives, assurant son unité, orientant une grande partie de sa vie politique et sociale, réglant presque toute son évolution. Aussi, pendant longtemps, les historiens n'ont-ils jugé dignes de mémoire que les faits qui s'étaient passés sur cette scène illustre. On faisait tenir toute l'histoire — je parle de l'histoire intérieure — dans la vie des héros, dans les luttes de tribune, dans les journées populaires ou royales, dans les actes et les gestes grandioses, dans les épisodes éclatants.

Depuis on a compris que les événements qui frappent l'imagination, qui font du bruit, en coups de théâtre, ne sont ni les seuls importants ni même toujours les plus importants dans l'histoire d'une société ; on a compris que l'élaboration lente, quotidienne, uniforme, à demi voilée, par laquelle s'affermissent ou se détruisent insensiblement les institutions et les mœurs, est indispensable à étudier pour comprendre le progrès général. On a vu que, si Paris avait eu l'initiative de beaucoup de grands changements, de la plupart des grands changements, il ne les avait pas inspirés tous, et qu'en tous cas ces changements ne s'étaient faits que par toute la France s'accordant avec Paris.

A y regarder de près, on s'est aperçu que, même dans l'œuvre d'émancipation politique, c'était parfois la province qui avait pris les devants. Ainsi, pendant la Révolution, où se développa d'abord l'idée républicaine ? Sans doute, c'est à Paris, dans le salon d'une femme de lettres, que le mot de République fut prononcé pour la première fois, à la fin de 1790. C'est à Paris qu'en juin et juillet 1791, après la fuite de Louis XVI, des citoyens hardis demandèrent la République ; c'est à Paris que Condorcet s'en fit l'apologiste. Mais, tandis qu'à Paris les groupes politiques organisés hésitaient à renoncer à la monarchie et finissaient par s'y rattacher, c'est en province, à Montpellier, que se produisait la plus importante des manifestations républicaines. Le club des Jacobins de cette ville, dans une pétition à l'Assemblée nationale, osa demander la République, avec une décision, une netteté et un accord qui ne s'étaient pas rencontrés, même dans l'audacieux club parisien des Cordeliers. En 1792, c'est de Marseille et de Brest que des citoyens armés partirent pour décider et aider les Parisiens à renverser le trône, si bien que cette révolution fut aussi provinciale que parisienne, c'est-à-dire qu'elle fut nationale. La même année, c'est dans le Sud-Est de la France que la République fut proposée avec le plus de franchise. C'est dans le Sud-Est aussi que l'idée républicaine, une fois réalisée, fut maintenue, fortifiée jusqu'à nos jours, sans interruption, quand parfois Paris semblait déserter la cause de la République. La province donne donc, en un cas remarquable, pour un important progrès d'opinion, l'exemple d'une initiative aussi efficace que hardie. Elle donne aussi, elle donne surtout, et constamment, l'exemple du développement lent, continu, fécond d'une idée, d'une institution, soit qu'elle l'ait inventée elle-même, soit (et c'est le cas le plus fréquent) qu'elle l'ait reçue de Paris.

Considérez d'autre part que, si l'étude du développement des institutions départementales et municipales est la partie la plus importante de l'histoire contemporaine de la France, c'est seulement en province que ces institutions ont été et sont appliquées d'une manière normale, puisque celles du département de la Seine et de la commune de Paris ont toujours été exceptionnelles, extraordinaires. Il n'y a donc, dans cet ordre d'idées, que l'histoire provinciale qui soit, si je puis dire, caractéristique de l'ensemble de la France.

Depuis quelques années, ces vues tendent à s'imposer à la plupart des travailleurs. On est d'accord à comprendre que, dans l'histoire comme dans la réalité, Paris et la province sont inséparables, qu'on ne connaît vraiment la France que quand on la considère en ces deux éléments, qui se pénètrent et se mêlent sans cesse, et que, puisqu'on connaît assez bien l'histoire de Paris, il est temps d'étudier l'histoire de la province d'une manière complète et méthodique.

Cette étude est commencée, et il y a déjà d'intéressants, d'importants résultats. On a publié des bibliographies partielles de sources imprimées et de sources inédites ; il y a quelques bons inventaires sommaires des archives départementales et communales pour la période postérieure à 1790. On édite des recueils de documents relatifs à des villes et à des départements. Ainsi les communes de Brest et d'Amiens impriment le registre de leurs délibérations. Plusieurs départements font de même, sous diverses formes, par exemple ceux des Bouches-du-Rhône, de l'Hérault, de la Lozère, de la Haute-Vienne, de l'Yonne. On met aussi en œuvre les documents : il y a quelques histoires de communes, quelques histoires de départements, à certains points de vue ou pour certaines périodes. Il y a des quantités de monographies sur des individus, des coutumes, des institutions. Il y a vos réponses aux parties du questionnaire annuel du Comité des travaux historiques qui sont relatives à l'histoire contemporaine. Voilà déjà, en somme. une masse de résultats, petits ou grands.

Ces résultats, Messieurs, vous font honneur ; ils constituent un progrès, surtout en ce qu'ils marquent un assentiment général, chaque jour plus accentué, aux règles de la méthode historique. La principale de ces règles, à savoir qu'il faut toujours puiser aux sources, ne rien dire qu'on ne sache d'original, je constate avec joie qu'elle s'impose aux esprits les plus passionnés. On n'ose plus écrire sans reproduire ses références. Personne n'affirme plus d'autorité : des renvois à des livres, des cotes d'archives, un appareil critique, voilà des conditions de crédibilité qui semblent aujourd'hui indispensables à tout le monde. Jetez les yeux sur les monographies historiques publiées il y a cinquante ans, où presque tout était en assertions sans preuve, où il n'y avait qu'éloquence et littérature, et vous verrez quel progrès de méthode s'est effectué peu à peu, combien l'esprit critique se développe chaque jour. Oui, je crois qu'on peut dire que, dans les études sur l'histoire contemporaine, une école historique française s'annonce et se fonde déjà.

Nous pouvons donc nous vanter, sans trop de présomption, d'être dans la bonne voie.

Mais il faut bien avouer aussi que nous y entrons à peine, que nous y marchons à pas lents, sans accord, sans plan, sans but commun, et que, si les résultats acquis sont considérables, c'est surtout par rapport au passé.

Et d'abord, que de lacunes dans notre outillage bibliographique ! Nous n'avons même pas un moyen de connaître l'existence de nos diverses publications. La « Bibliographie générale des travaux historiques et archéologiques des sociétés savantes » n'est pas encore tout à fait achevée, et, quand elle sera achevée, il y manquera la nomenclature de nos travaux dans ces dix ou douze dernières années. C'est d'hier seulement que date l'entreprise d'un répertoire annuel de tous les travaux d'histoire moderne et contemporaine, et nous n'avons encore que l'année 1898. Remercions du moins les travailleurs isolés et courageux qui nous ont donné ce commencement et qui promettent une suite : il n'est pas de service plus urgent, plus indispensable à rendre à nos études. Ce n'est pas exagéré de dire que, sans un tel répertoire, tenu constamment à jour, nous ne pouvons rien faire. Nous en aurions besoin d'un autre, rétrospectif, remontant au moins à 1875 : nous ne l'avons pas, nous n'en avons même pas la promesse. Il nous le faut cependant, et c'est une telle nécessité que j'espère voir le besoin, comme on dit, créer bientôt l'organe.

Il y a des inventaires sommaires d'archives départementales et communales pour notre période. Mais qu'il y en a peu ! Les villes, les départements hésitent à en faire les frais. On m'assure qu'il en est, et d'excellents, qui restent manuscrits, sans qu'on puisse, faute d'argent, les imprimer ou les autographier. C'est à vous, Messieurs, à créer dans vos régions un mouvement d'opinion qui décide les conseils municipaux et généraux à ces utiles dépenses.

Ces recueils de documents relatifs à l'histoire d'un département ou d'une ville, que je signalais tout à l'heure, qu'ils sont rares ! Qu'ils avancent lentement ! Là où il en existe, ils ne dépassent guère l'époque de la Révolution, ou plutôt je ne crois pas qu'il y en ait encore un qui embrasse cette époque tout entière.

Les livres en forme de récits de faits ou de descriptions d'institution sont nombreux, et nous nous en sommes réjouis. Mais nous n'avons pas encore d'histoire complète d'un département ; nous avons peu d'histoires complètes de villes, j'entends d'histoires faites selon la méthode historique ; je dirais même que nous n'en avons pas, si récemment on ne venait d'esquisser un tableau vraiment méthodique du développement de la commune de Lunéville à tous les âges. Quant aux monographies diverses, — mémoires, contributions, notices, — oui, elles pullulent, et c'est tant mieux. Mais là, que d'efforts et de temps employés, perdus, à des sujets peu intéressants ! Quelle discordance entre les travaux, entre les travailleurs ! Quel éparpillement, parfois contradictoire, souvent stérilisant, des bonnes volontés !

L'esprit critique s'est développé ; on travaille d'après les textes. Sans doute, mais il est une partie de la méthode historique, à savoir le choix des faits, dont les règles semblent ignorées trop souvent, et (il faut bien nous l'avouer, puisque nous faisons notre examen de conscience) c'est là une des raisons pour lesquelles la production de notre jeune école historique n'est pas encore ce qu'elle devrait être, ce qu'elle sera.

Il y a encore des personnes qui ne savent à quel signe distinguer le fait important, intéressant, à élucider, d'avec le fait insignifiant, sans intérêt, à négliger. Ce signe, c'est le degré d'influence sur l'évolution du groupe ou de la société qu'on étudie. Si cette influence est évidente, importante, le fait est digne de l'histoire, il mérite une grande place. Si cette influence est douteuse, secondaire, il devra être relégué au second plan. Si cette influence est nulle, le fait, même célèbre, devra être négligé. Appliquez cette règle si simple aux actes des individus, aux actes des groupes, aux lois, aux vicis-

situdes des villes et des départements, aux changements successifs de l'esprit public, et vous verrez
qu'il n'y aura presque plus d'embarras à choisir,
dans la masse des faits, ceux qui sont dignes de
l'attention de l'historien.

Une autre difficulté, en présence de tant de variétés de l'activité française, de tant d'aspects sociaux, politiques, artistiques, moraux, c'est de savoir
à quel ordre de faits il faut s'attacher d'abord. Eh
bien! racontons en premier lieu, dans l'histoire com-
temporaine de la France, ce qu'il y a de plus urgent
à raconter, ce dont la connaissance préalable est la
plus nécessaire pour comprendre ensuite tout le
reste. Or, je crois qu'on ne peut presque rien comprendre, si on ne connaît bien, dans leur évolution,
ces deux formes essentielles de notre vie publique :
la commune et le département, — la commune,
issue (ou ressuscitée) spontanément du sol même de
notre nation en juillet et août 1789, élément primitif de la France nouvelle, foyer de l'esprit démocratique et patriotique ; — le département, institution
à demi artificielle, mais sortie des nécessités de l'histoire, et qui peu à peu a pris, en existant, en durant,
une sorte de vie propre, une sorte de personnalité,
qui va maintenant chaque jour s'accentuant davantage. Ces deux institutions, d'abord discordantes,
et qui, en 1793, se querellèrent jusqu'à la guerre
civile, les voilà, je crois, réconciliées, et, en tout cas,
c'est en elles et par elles que vit, sans trop de chocs,
sans trop de difficultés, la France contemporaine.

Étudions-les d'abord dans les principales parties de leur activité, administration, finances, politique. Que chaque département ait son histoire, de 1789 à nos jours, à tous les points de vue essentiels. J'allais dire : que chaque commune ait son histoire; mais c'est un vœu qui ne sera réalisable que longtemps après nous. En attendant, qu'il y ait dans chaque département au moins une bonne histoire d'une ville importante et d'une commune rurale. Quand nous aurons cela, une histoire de chaque département, une histoire de deux communes dans chaque département, alors nous pourrons commencer à entrevoir avec quelque clarté l'évolution générale de la France depuis 1789.

Les faits qui entreront dans ces monographies, nous savons où les trouver, à quels signes les choisir. Je crois que nous sommes aussi d'accord sur la manière, tout impartiale, tout objective, de les présenter. Mais qui fera ces monographies ? Y suffira-t-il d'un seul ouvrier pour chacune, ou en faudra-t-il plusieurs ? Sera-ce œuvre individuelle ou de collaboration ?

Messieurs, j'aborde ici la question que j'ai le plus à cœur, et, si j'ai accepté le périlleux honneur de vous parler aujourd'hui, c'est surtout pour avoir une occasion de vous rappeler la nécessité du travail collectif.

Quand l'histoire était œuvre d'éloquence ou de morale, un individu suffisait à discourir et à moraliser, à faire un beau morceau. Aujourd'hui que l'histoire tend à devenir une science et vise à reproduire dans toute leur vérité complexe les faits importants du passé, je ne dis pas qu'un individu intelligent et robuste n'arriverait pas à écrire, à lui tout seul, toute l'histoire d'un département ou d'une ville à tous les points de vue. Mais ces succès individuels, qui demandent des conditions de force mentale et de longévité exceptionnelles, seraient-ils assez nombreux et assez rapides pour nos besoins pressants? Aurions-nous, en cinquante ans, plus de deux ou trois œuvres? Partagez-vous le travail. Le meilleur mode de partage serait chronologique. Si chaque travailleur étudiait une petite période complète, si par exemple l'un étudiait le développement de la commune ou du département sous Louis-Philippe, l'autre sous la seconde République, et ainsi de même pour les autres périodes, il éviterait les abstractions dangereuses, il verrait et montrerait toute la réalité à un moment. Mais je vois bien qu'en fait chacun de vous préfère s'attacher plutôt à une partie des choses, où il se sent plus compétent. Eh bien! si vous adoptez cette manière de faire, qui a aussi ses avantages, que l'un étudie, dans toute la période contemporaine, les finances; l'autre, l'esprit public; un autre, les variations de la propriété foncière; un autre, les vicissitudes de l'industrie; d'autres, les mœurs, les classes, les idées: en chaque région et pour chaque sujet, vous aboutirez rapidement à une œuvre collective, où on pourra sans doute relever des disparates, des inégalités, mais dont chaque partie aura été faite avec la même méthode, selon le même plan, avec le temps et l'application nécessaires, et dont l'ensemble formera un élément, aussitôt utilisable, de l'histoire générale.

Pour diriger la confection de cette œuvre, il faut des groupes organisés. Nous en avons déjà : ce sont vos sociétés savantes. Il en est beaucoup qui ont admis l'histoire contemporaine dans le cadre de leurs études. Toutes, j'espère, se décideront bientôt à l'y admettre. Il s'est formé, il se formera des sociétés spéciales. Peut-être le plus sage est-il que les groupes existants, qui ont l'autorité, le prestige de la durée et des œuvres, élargissent eux-mêmes le cadre de leur personnel et de leurs travaux. Dans ces sociétés (anciennes ou nouvelles), au lieu de travailler isolément, chacun par vos seuls moyens, formez-vous en ateliers ; tracez en commun un programme, un plan ; distribuez-vous les morceaux à faire ; engagez-vous à aboutir à date fixe ; décidez que l'histoire de telle ville, de tel département sera prête ou partiellement prête en tant d'années ; admettez de nouveaux ouvriers ; enrôlez-en d'autres au dehors, pour des recherches très particulières et occasionnelles ; demandez à nos instituteurs, — dont le zèle est infatigable, quand il s'agit d'une œuvre nationale, — demandez-leur de scruter pour vos enquêtes les dépôts des mairies qui n'ont pas d'archivistes ; quand vous avez des recherches à faire en dehors de votre région, n'oubliez pas que vos sociétés ne sont pas isolées, qu'elles doivent se prêter aide mutuellement, que vous avez, dans le Comité des travaux historiques, un bureau central de correspondance ; en un mot, faites appel à tant de bonnes volontés qui ne sommeillent que parce qu'on ne les provoque pas à une œuvre commune. Ainsi le monument s'élèvera spontanément, joyeusement, par le concours quotidien de compagnons, non rivaux, mais fraternellement associés; le résultat sera prompt, fécond, intéressant pour votre petite patrie et pour votre grande patrie.

Je sais quelles objections soulève ce projet de travail en commun. La première, c'est qu'on est trop divisé par les différences d'opinion politique, et justement les études d'histoire contemporaine touchent plus que d'autres à la politique. Comment associer dans le même atelier des travailleurs qui, en tant que citoyens, se querellent sur la place publique ? Oui, répondrai-je : nous nous querellons comme citoyens ; oui, nos désaccords sont bruyants; oui, nos luttes sont âpres. Mais, si nous allons au fond des choses, sommes-nous si divisés que nous le semblons, que nous le croyons? N'y a-t-il pas une nation française dont le lien est formé par une adhésion commune aux principes de la Révolution de 1789? La petite et impuissante minorité qui, bruyante ou sournoise, espère encore voir périr ces principes, n'est-elle pas obligée à en afficher elle-même le respect, ou du moins à cacher son désir de les détruire? Les principes de 1789 sont le droit public des Français, le fondement même de notre patrie. Quelle est celle de nos sociétés savantes qui a jamais contesté, qui contestera jamais ces principes? C'est sur l'application qu'on en doit faire que nous sommes en désaccord. Sur les principes mêmes, nous sommes d'accord, à part quelques excentriques surannés qui, vivant en dehors de l'histoire et de la vérité, se montrent incapables, par cela même, d'études historiques. Tout historien digne de ce nom accepte le point de départ et les conditions essentielles de l'évolution de la moderne société française. Voilà le terrain de conciliation ; nous n'avons pas à y entrer, mais à y rester, pour y travailler en commun à l'étude du passé. Les querelles politiques sur l'application des principes, ces querelles indispensables au progrès, il y aura en France des lieux de travail où nous les suspendrons pour coopérer à l'élaboration de l'histoire de France, et, si elles sont devenues vives, injurieuses, n'est-ce pas une raison pour que les patriotes éclairés aiment à se réunir, à fraterniser dans un travail pacifique et impartial, à reformer par la collaboration studieuse le lien de fraternité établi en 1789 et en 1790, à vivre ensemble dans le passé national qu'ils élucideront par une même méthode rationnelle, selon des principes qui leur sont communs à tous et dont les querelles de la vie au jour le jour leur faisaient oublier la féconde et apaisante communauté?

Voici une autre objection, d'ordre plus matériel, et dont je ne dissimule pas la gravité. Comment, dira-t-on, travailler sans outils ? Les livres, les documents nous manquent. C'est vrai. Vous avez bien, dans les archives locales, dans les bibliothèques locales, les livres et les documents qui intéressent directement la ville ou le département, et encore ne les avez-vous pas tous. Mais les livres et les documents qui se rapportent, soit aux autres régions, soit à l'histoire générale, vous ne les avez pas, et, sans ces secours, vos œuvres sont stériles, à moins de voyages fatigants et coûteux. Je répondrai que, pour les documents manuscrits, la circulation est parfois autorisée d'archive à archive. Vous n'avez, j'en suis convaincu, qu'à le demander pour obtenir que cette circulation, jusqu'ici exceptionnelle, devienne régulière. Mais, chose curieuse ! si les documents qui sont uniques et dont la perte serait irréparable circulent un peu, les imprimés ne circulent pas du tout. La Bibliothèque nationale laisse voyager des pièces de son département des manuscrits; elle ne laisse pas envoyer en province, pour un séjour dans les autres bibliothèques, les volumes de son département des imprimés, même ceux, si nombreux et si importants pour nos études, qu'elle possède en double. Les bibliothèques des villes ne sont pas davantage circulantes; celles mêmes de vos sociétés ne circulent guère, que je sache. Or, l'histoire contemporaine exige l'usage d'un très grand nombre de livres pour la moindre recherche. Faute de ces livres, la production historique est arrêtée ou viciée. Voilà le

mal incontestable, évident, auquel il est urgent de
remédier. Eh bien ! si vous restez isolés, jamais
vous n'obtiendrez ce remède. Groupez-vous en ateliers ; l'argent que chacun de vous consacre à se
former pour lui seul une bibliothèque dérisoirement
insuffisante, qu'il en consacre une partie seulement
à former une bibliothèque collective, commune à
tout son groupe, circulante, et il aura à peu de frais
des instruments de travail, sinon complets, du
moins suffisants aux usages quotidiens.

Je sais qu'il y a des livres épuisés, et cependant
indispensables, que vos bibliothèques de groupe ne
pourraient acquérir. Eh bien ! je suis convaincu
que les refus opposés jusqu'ici aux individus ne
pourront être opposés longtemps à des groupes
sérieux, actifs, et qui justifieront de la nécessité
d'exceptionnelles et courtes communications à distance. Je n'ai point à rechercher ici les modes d'organisation de ces bibliothèques circulantes locales,
qui varieront selon les régions, ni les conditions
de cette circulation des grandes bibliothèques publiques, dont l'étranger nous offre l'exemple. Je
dirai seulement : associez-vous en ateliers, et les
outils s'offriront d'eux-mêmes à vos besoins, quand
vos volontés concertées et vos tentatives collectives
auront affirmé hautement ces besoins.

Maintenant que j'ai tâché de réfuter les principales objections contre la possibilité de ces associations pour le travail historique, permettez-moi de
dire encore quelques mots sur les premières œuvres

à faire. Je vous ai proposé, comme objets prochains de votre activité, l'histoire de chaque département, l'histoire d'une ville et d'un village dans chaque département. Il n'est pas indispensable que chacun de ces travaux forme un même volume ou un seul ouvrage : ce serait un inconvénient d'attendre que chaque partie fût prête pour la publier, et des résultats partiels seront tout de suite précieux. Parmi ces éléments d'une histoire de département ou de commune, en voici quelques-uns que je vous signalerai comme étant d'une utilité pressante. Il nous manque, aussi bien pour l'histoire générale que pour l'histoire locale, des nomenclatures, départementales ou communales, des fonctionnaires depuis 1789 et de ceux des individus qui ont exercé une influence réelle. Il nous faut des dictionnaires biographiques locaux. Pour l'histoire des communes, il y a un intérêt de premier ordre à insister sur la tentative faite pendant le Directoire en vue de remédier à l'éparpillement stérilisant de la vie communale par la création de ces municipalités cantonales dont le fonctionnement nous est mal connu, et que seuls les travailleurs provinciaux peuvent nous faire connaître. Pour l'histoire des départements, il y a une période obscure, c'est celle qui est antérieure à la loi de 1838, par laquelle les conseils généraux furent autorisés à imprimer leurs procès-verbaux. De 1800 à 1838, ces procès-verbaux sont inédits. Le Conseil général de la Haute-Vienne a rendu le service de publier, pour cette période, une excellente analyse de ses délibérations. Faites que cet exemple soit suivi.

En tout recueil, évitez les publications intégrales de tout l'inédit, où les faits intéressants sont noyés dans l'insignifiance et le fatras. Des résumés clairs et impartiaux, avec des citations entre guillemets, voilà le plan à suivre. A peu de frais, sans trop de peine et sans trop de temps, on donne ainsi des éléments qui, choisis et abrégés avec méthode, sont utiles et intéressants. N'encombrons pas les bibliothèques de gros volumes que personne ne lit : donnons l'indispensable. Que les recherches soient longues, et que les résultats soient courts.

Il n'est pas nécessaire que ces recueils, qui ne s'adressent qu'à un petit nombre de travailleurs, soient tirés à beaucoup d'exemplaires. Il n'est pas indispensable qu'ils soient publiés par les moyens ordinaires et coûteux de la typographie. On a maintenant des procédés rapides de polycopie, qui évitent les frais de composition et qui peuvent permettre de multiplier, à bas prix, les recueils de pièces historiques.

Ces livres et recueils ne formeraient pas, Messieurs, le seul objet de vos activités associées. Il vous serait facile, et grâce à cette association, de remédier aussi à un grand dommage historique dont nous souffrons : je veux parler de la rupture des traditions orales. Eh quoi ! direz-vous, est-ce que toutes les traditions ne sont pas écrites, imprimées ? Je vous accorderai, si vous voulez, qu'on écrit trop, qu'on imprime trop ; je veux dire par là qu'il arrive qu'on imprimé au hasard, sans méthode, sans discernement. Mais il est un ordre de faits qui, à certaines époques, confié presque tout à la tradition, s'efface presque tout : je veux parler de l'évolution de l'esprit public. Je vous ai signalé tout à l'heure la remarquable pétition républicaine que les Jacobins de Montpellier firent en 1791. Fut-elle l'effet d'un mouvement général d'opinion dans la région ou dans la ville? Fit-elle scandale ou fut-elle applaudie à Montpellier et dans l'Hérault? Nous savons que les Jacobins de Limoges la repoussèrent, que les Jacobins de Perpignan l'amendèrent. Mais nous ne savons pas ce qu'on en pensa dans le milieu même d'où elle était sortie. Il n'y eut là-dessus qu'une tradition orale, et elle est rompue. Sous le Directoire, où cependant on écrit et on imprime davantage, voici une lacune bien plus grave. La loi ayant contraint les assemblées électorales a se borner strictement aux opérations pour lesquelles elles seraient formées, les procès-verbaux de ces assemblées n'ont gardé aucune trace des opinions des électeurs et des élus. Sauf en deux ou trois grandes villes et pour quelques élections, il est presque impossible, sous le Directoire, de suivre les fluctuations de l'opinion publique, et, par exemple, de savoir jusqu'à quel point les élections de l'an V furent royalistes, jusqu'à quel point celles de l'an VI furent démocratiques. Les journaux restent presque partout muets sur ce sujet. Il n'y eut qu'une tradition orale, qui se brisa sous la Restauration, si bien que nous ne savons presque rien de précis sur l'état d'esprit des Français au point de vue politique pendant cette longue tentative d'une république normale. Cet état d'esprit nous échappe presque entièrement, et à tous les points de vue, pendant le Consulat et l'Empire, où la presse était muette par ordre. Il nous échappe en grande partie pour l'époque de la Restauration, où les journaux n'étaient pas esclaves, mais ne croyaient pas intéressant de noter les vicissitudes de l'opinion. Plus nous approchons de notre époque, plus il subsiste de traces écrites de ces vicissitudes. Mais, même aujourd'hui, comme ces traces sont insuffisantes! Que de faits, que de figures, que de paroles où se peignait la vie publique de la ville ou du département, que les journaux ne notent pas, précisément parce que tout le monde les voit, les entend, et qu'il semble que ce ne soit pas la peine de les noter! Le souvenir s'en efface parfois avant même que la génération qui en a été témoin ait disparu. Le développement intérieur des partis, l'organisation et l'action des comités électoraux, si importants dans notre démocratie, ne laissent presque aucune trace dans les documents imprimés. Chaque jour, des éléments essentiels à l'histoire politique de notre nation tombent ainsi dans l'oubli. Eh bien! Messieurs, n'est-ce pas une des tâches utiles de vos groupements de travailleurs que d'empêcher la rupture de celles des traditions orales qui sont vraiment utiles? Et ne devrait-il pas y avoir, dans chaque département, dans chaque ville, dans chaque village même, des témoins qui, à défaut de journalistes, trop occupés de l'actualité bruyante et insignifiante, enregistreraient pour l'avenir les manifestations caractéristiques de la vie publique? Méthodiquement conduit dans chaque région, sous les auspices d'une de vos sociétés, un tel enregistrement conserverait une partie de la matière de la véritable histoire.

Messieurs, tous ces travaux, qui sortiraient de vos associations, de vos ateliers, seraient désintéressés, comme doit l'être la science; j'entends par là qu'ils seraient impartiaux, encore que la partialité même puisse être utile en histoire quand elle produit des textes et des faits. Mais ce désintéressement ne se confondrait pas avec une curiosité purement spéculative, comme lorsqu'on s'occupe des civilisations disparues. Sans doute, quand on étudie l'histoire de la France contemporaine, il s'agit avant tout de *savoir*; c'est avant tout une œuvre de *science* que l'on fait. Mais, ici, il se trouve qu'en sachant, qu'en faisant savoir, on fait en même temps œuvre civique: on rend à la France, à la France de la Révolution, à notre France, le plus essentiel service. On lui donne conscience de son passé, de ce passé si proche et si vite oublié. Je sais bien qu'une élite en garde le souvenir, maintient la tradition, empêche que l'évolution ne soit contrariée, élabore l'avenir avec le passé. Mais quelles difficultés cette élite pensante ne rencontre-t-elle pas dans l'inconscience, dans le manque de mémoire de la masse ! Si toute la nation connaissait son passé, ses actes essentiels antérieurs, ses vraies gloires et ses vraies fautes, elle saurait ce dont elle est capable, elle s'orienterait, elle écouterait plus vite, et avec plus d'accord, la voix de la raison, qui est celle de l'histoire ; elle n'aurait pas à s'improviser une sagesse pour chaque occasion, et il n'y aurait plus ces désaccords accidentels entre les Français qui connaissent la France et ceux qui ne la connaissent pas. Oui, la connaissance de l'histoire fortifierait la personnalité de la France et lui donnerait les moyens de progresser plus consciemment, plus vite, et sans ces rétrogradations partielles qui ne proviennent que de l'ignorance. Si vos sociétés organisent leur travail historique, quel rôle utile, quel noble rôle elles peuvent jouer dans cet enseignement national où est la solution du problème politique et social ! Grâce à vous, Messieurs, la France démocratique peut arriver à se connaître enfin elle-même, et, se connaissant, à agir selon les lois de son évolution.

Ainsi, dans ces associations pour le travail historique, où tous nous serons aidés, encouragés les uns par les autres, où nous aurons tous la même méthode, un plan délibéré d'accord, des instruments communs, un but commun, où personne ne se sentira plus isolé et impuissant, chaque travailleur aura le sentiment joyeux de collaborer à la fois à une œuvre de vérité et à une œuvre nationale, de faire acte, non seulement de savant, mais de citoyen, et, en élucidant le passé, de préparer l'avenir. Ce n'est point là, Messieurs, un programme chimérique, un idéal irréalisable : pour organiser ainsi les études d'histoire contemporaine provinciale avec cette méthode, ce programme et ce but, il vous suffit de revenir à l'idée même qui a inspiré la fondation de vos sociétés; pour vous fortifier par le sentiment du grand service civique que votre science rendra à la nation, il vous suffit de vous rappeler que vous êtes des Français modernes, les fils de la Révolution de 1789 et les serviteurs de ses principes.

II

LE TUTOIEMENT PENDANT LA RÉVOLUTION

On sait que, pendant une partie de la Révolution, l'usage régna de se tutoyer entre Français et Françaises. On sait aussi que cet usage fut éphémère ; mais on ignore peut-être de quelle manière et quand il fut introduit, de quelle manière et quand il disparut ; et comme ce fut là, après tout, une des tentatives les plus célèbres et les plus hardies pour changer nos mœurs sociales et fonder chez nous la démocratie sur la fraternité, il n'est pas sans intérêt de rechercher les circonstances les plus notables et les plus certaines sur l'origine et la fin du tutoiement révolutionnaire.

L'idée du tutoiement ne naquit pas, comme on semble le croire, de l'instinct de basse envie, par exemple de l'insolence d'un ouvrier du faubourg Saint-Antoine, voulant s'égaler, par une grossière familiarité, à un noble ou à un bourgeois. Non, les ouvriers parisiens et le peuple des artisans eurent, au contraire, pendant toute la Révolution, le sentiment par trop modeste qu'ils étaient des frères inférieurs dans la famille sociale, des frères ayant moins de droits que les citoyens instruits et riches, et, par exemple, ils subirent sans trop de murmures une législation bourgeoise qui ne leur permettait pas de se coaliser contre les patrons. La conception d'une démocratie vraiment égalitaire ne prit pas naissance dans les ateliers et dans les boutiques, mais dans les salons, les clubs et les journaux de quelques privilégiés, bourgeois ou nobles. Ainsi, ce sont des bourgeois et des nobles, un Robespierre, un Condorcet, qui inspirèrent aux citoyens *passifs* le désir de devenir citoyens *actifs*, et qui prêchèrent la réforme démocratique du droit de suffrage. La première motion d'établir la République en France fut faite par un petit groupe de lettrés, qui eurent beaucoup de mal à persuader aux ouvriers parisiens qu'on pouvait se passer de roi. De même, la réforme démocratique des mœurs fut imaginée et popularisée par des gens délicats et bien élevés, qui appartenaient aux hautes classes de la société.

Il me semble bien que la première personne qui ait engagé les Français à se traiter vraiment en égaux, par le tutoiement réciproque, c'est une femme de naissance noble, la fille du chevalier Guynement de Keralio, professeur à l'École militaire, membre de l'Académie des inscriptions et belles-lettres, rédacteur du *Journal des savants*.

M¹¹ᵉ Keralio, suivant l'exemple de sa mère, femme auteur), avait publié des romans, des livres d'histoire, des traductions. Elle épousa un avocat liégeois, devenu très français, nommé François Robert, bon garçon, au teint coloré, à l'âme chaude, au talent médiocre peut-être, mais loyal et franc, ardent révolutionaire, et qui, plus tard, représenta le département de Paris à la Convention nationale. M⁰⁰ Robert, née Keralio, était, d'après M⁰⁰ Roland, qui ne l'aimait pas, « une petite femme spirituelle, adroite et fine ». Patriote en 1790, comme on disait alors, mais patriote démocrate, quand tant d'autres se contentaient du régime bourgeois établi en 1789, et patriote républicaine, quand presque personne ne croyait encore la République possible ou souhaitable, et quand M⁰⁰ Roland elle-même soutenait le système monarchique, elle eut un salon où se forma le premier groupement des républicains en parti, et cela dès la fin de l'année 1790, et c'est son mari qui, en novembre 1790, lança le premier manifeste républicain. De plus, elle fonda un journal, *le Mercure national et Révolutions de l'Europe*, journal démocratique, dont elle était la rédactrice en chef, et dont les principaux collaborateurs étaient, outre son père et son mari, Hugou de Bassville et Antoine Tournon.

M⁰⁰ Robert était-elle, comme nous disons, féministe? Oui et non. C'est-à-dire qu'elle ne fit pas de thèse féministe; mais, partant de cette vue que la démocratie et la République, c'est la fraternité, elle crut que la fraternité devait reposer sur l'alliance de l'homme et de la femme pour l'œuvre sociale et politique. De là ces Sociétés fraternelles des deux sexes qui se formèrent à Paris, à la fin de 1790, afin d'instruire le peuple, d'amener l'égalité par la fusion des classes, de détruire le système bourgeois et ce trône qui en était la clef de voûte, de fonder la démocratie et la République.

Si on veut être vraiment frères, il faut supprimer dans le langage les usages qui rappellent les anciennes inégalités sociales, il faut se tutoyer. Voilà l'idée qui vint à la brave petite Mme Robert, et qu'elle fit approuver à son grave papa, de l'Académie des inscriptions, et à son bon homme de mari. On va rire d'eux, mais qu'importe? Ce sont les égoïstes et les sots qui riront, et peut-être même que ce pédant de Robespierre, qui justement est le collègue de Mme Robert à l'Académie d'Arras, va hausser les épaules. Tant pis : on se risque, et cependant on n'ose pas d'abord signer sa motion. C'est sous le pseudonyme de C. B..., homme libre, dans le *Mercure national* du 14 décembre 1790 (1), sous forme d'article-lettre intitulé : *Sur l'influence des mots et le pouvoir de l'usage*, qu'on propose le tutoiement (2). Il n'y eut pas de scandale, et on ne rit pas trop. Cela

(1) Cinq mois plus tôt, le 6 juillet 1790, Nicolas Bonneville avait écrit à Louis XVI (pour lui conseiller de se rallier franchement à la cause populaire) une lettre où il le tutoyait. Mais ce n'était là qu'un tutoiement poétique, comme quand Boileau tutoyait Louis XIV en vers. On trouvera un extrait de cette lettre dans le *Catalogue d'une importante collection d'autographes* (Paris, Charavay, 1862, in-8), p. 151, n° 224.

(2) Cet article se termine ainsi : « Je te prie donc, *la François Robert* ou bien : *Louise Robert*, d'insérer cet article dans *votre* journal vraiment patriotique. »

parut logique. Déjà, les mots de *citoyen*, de *citoyenne* (1) commencent à remplacer, dans les Sociétés fraternelles, ceux de *Monsieur* et de *Madame* (2).

(1) Sur l'emploi du mot de *citoyen*, voir Mercier, *Nouveau
Paris*, t. II, p. 165.

(2) A ce sujet, M. Francisque Mège veut bien nous communiquer la note suivante : « Dans le tome Iᵉʳ des manuscrits de Gaspard-Antoine Beaulaton, avocat à Riom, conservés aux archives départementales du Puy-de-Dôme, figure,
à la page 241, un *Rapport du comité de règlement de la Société des amis de la Constitution de Riom*, lu dans la séance
du 11 janvier 1791. C'est un rapport fait par Beaulaton sur
une proposition de Romme, qui voulait interdire aux membres
de la Société de s'interpeller dans leurs réunions *par le
nom de Monsieur*, admettant seulement les interpellations
par le nom patronymique et le nom de famille. Romme
avait déjà fait cette proposition au mois de septembre 1790 ;
on l'avait acceptée et on l'avait mise aussitôt en pratique,
non sans quelque difficulté. Mais on ne put pas s'accoutu-
mer à cette innovation. Le comité ne croit pas que cette
proposition amène, comme le croient ses auteurs, une plus
grande fraternité entre les membres de la Société. La fraternité ne dépend pas d'une expression. C'est un sentiment
de cœur qui doit être libre et ne peut être l'effet d'une délibération, d'une prescription réglementaire.

« Une fraternité commandée tient encore de l'ancien régime. »

Le rapport qualifie ainsi la proposition : « Une loi qui
tend à substituer l'apparence de la fraternité à la fraternité
même, qui fait de tous les membres de cette Société autant
de frères pendant qu'ils sont dans l'enceinte de cette salle
et dont l'exécution et le sentiment ne peuvent exister que
pendant six jours par semaine ; une loi, enfin, qui, tendant
à nous séparer en quelque sorte de la société, semblerait
faire de nous une secte séparée et distincte, un corps particulier... Nous remarquerons ici que, pour la cinquième
ou sixième fois, cet objet est mis en délibération et qu'il
est temps, enfin, que nous prenions un parti définitif. En
conséquence, votre comité, convaincu que la fraternité ne
doit, ne peut naître entre les membres de cette Société que
de leurs sentiments respectifs les uns à l'égard des autres ;
que la majorité ne peut, en fait de sentiments, faire la loi à

Reliure serrée

Dès 1791, on dit, dans ces sociétés, la *citoyenne* Robert, et elle signe *Sœur Louise Robert* un discours sur les hôpitaux. Le tutoiement fut-il réellement essayé dès lors ? Je ne sais. Mais, à partir du 10 août 1792, les Sociétés populaires s'y exercent et l'emploient usuellement dans leurs débats intérieurs.

En 1793, le tutoiement est le signe, à Paris, des opinions démocratiques avancées. Mais Robespierre et les dirigeants semblent s'en offusquer encore. Ce sont les sociétés populaires qui vont, par un effort concerté, obtenir que cet usage démocratique s'impose. Unanimement, elles envoient à la Convention une députation (1), qui se présente à la barre le 10 brumaire an II. L'orateur de cette députation, un certain Nalbec, s'exprime ainsi (2) :

la minorité ; qu'il est impolitique, immoral et contraire à la Constitution de forcer qui que ce soit à affecter de donner un signe extérieur d'un sentiment qu'il n'a pas ou ne peut pas avoir ; convaincu, enfin, que la proposition de M. Romme ne peut avoir d'exécution ; que la base sur laquelle elle repose n'est pas juste ; qu'il ne peut en résulter aucun avantage, et qu'elle serait le germe d'une foule d'inconvénients ; votre comité, convaincu de ces vérités, vous propose de laisser aux membres de la Société la liberté pleine et entière de s'interpeller comme chacun le jugera à propos, et d'après son sentiment particulier. Cette liberté est seule la sauvegarde de la vraie fraternité. » Le manuscrit n'indique pas si la Société accepta les conclusions présentées par Beaulaton au nom du comité du règlement. Il est à présumer cependant qu'elle persista dans les dispositions peu favorables qu'elle avait montrées précédemment pour la proposition Romme. »

(1) Cette députation était « nombreuse », d'après le *Journal des Débats et des Décrets*. p. 140.

(2) *Bulletin de la Convention*, séance du 10 brumaire an II.

Citoyens représentants,

Les principes de notre langue doivent nous être aussi chers que les lois de notre République.

Nous distinguons trois personnes pour le singulier, et trois pour le pluriel ; et, au mépris de cette règle, l'esprit de fanatisme, d'orgueil et de féodalité nous fait contracter l'habitude de nous servir de la seconde personne du pluriel, lorsque nous parlons à un seul. Beaucoup de maux résultent encore de cet abus : il oppose une barrière à l'intelligence des sans-culottes, il entretient la morgue des pervers ; et l'adulation, sous prétexte de respect, éloigne les principes des vertus fraternelles.

Ces observations communiquées à toutes les Sociétés populaires, elles ont arrêté, à l'unanimité, que pétition vous serait faite de nous donner une loi portant réforme de ces vices. Le bien qui doit résulter de notre soumission à ces principes sera une preuve première de notre égalité, puisqu'un homme quelconque ne pourra plus croire se distinguer en tutoyant un sans-culotte, lorsque celui-ci le tutoiera ; et de là moins d'orgueil, moins de distinctions, moins d'inimitiés, plus de familiarité apparente, conséquemment plus d'égalité.

Je demande, au nom de tous mes commettants, un décret portant que tous les républicains français seront tenus, à l'avenir, pour se conformer aux principes de leur langage en ce qui concerne la distinction du singulier au (*sic*) pluriel, de tutoyer sans distinction ceux ou celles à qui ils parleront en seul, à peine d'être déclarés suspects comme adulateurs et se prêtant par ce moyen au soutien de la morgue, qui sert de prétexte à l'inégalité entre nous.

Philippeaux demanda l'insertion de l'adresse au *Bulletin*. Cela suffirait, selon lui, pour que les citoyens adoptassent le tutoiement (1).

(1) *Moniteur*, réimpression, t. XVIII, p. 214.

Basire aurait voulu un décret qui rendît le tutoiement obligatoire. Mais la Convention s'y refusa, et, se rangeant à l'avis de Philippeaux, décréta « que la pétition du citoyen Nalbec serait insérée au *Bulletin*, avec une invitation à tous les citoyens à n'user dans leur langage que d'expressions propres à pénétrer tous les esprits des principes immuables de l'égalité » (1).

Le 21 brumaire, Basire revint à la rescousse et redemanda un décret impératif. Mais Thuriot objecta que la réforme n'était pas encore assez mûre dans l'opinion et qu'il fallait attendre que la raison eût fait plus de progrès. La Convention passa à l'ordre du jour.

Le décret était bien inutile, car le Comité de salut public avait adopté, dès le 10 brumaire, l'usage du tutoiement. Ce jour-là même, il tutoya Robert Lindet, alors en mission, dans une lettre officielle qu'il lui écrivit (2). Il employa encore parfois le *vous* dans quelques autres lettres officielles, par inadvertance. Puis il s'astreignit absolument à la règle du tutoiement.

Et tout le gouvernement, toutes les administrations, toute l'armée, qui formait alors vraiment une grande fraternité militaire, adoptèrent le tutoiement, qui passa dans les mœurs, fut réellement obligatoire, ne choqua plus personne et fut prati-

(1) *Procès-verbal de la Convention*, t. XXIV, p. 226.
(2) *Recueil des actes du Comité de salut public*, t. VIII, p. 146.

qué gaiement, d'abord avec application, puis par habitude devenue presque inconsciente, parce que la démocratie entrait réellement dans les mœurs.

En l'an II, le succès d'une comédie par Dorvigny, *la Parfaite égalité ou les Tu et les Toi*, montre à quel point l'usage du tutoiement était accepté par l'opinion.

C'est quand la démocratie fut mise en échec, après thermidor, quand s'obscurcit le grand idéal fraternel de la Révolution, qu'on en revint au *vous*.

On lit dans la *Vedette ou Gazette du jour* du 11 nivôse an III : « Les *tu* et *toi* disparaissent de la conversation, et l'on s'aperçoit qu'ils ne se représentent pas aussi souvent dans le style épistolaire. Quelques individus moroses vous tutoient encore ; vous leur répondez par *vous* : ils balbutient et ne savent plus que dire ; ils reprennent à voix basse et modeste le *vous*. C'est ce qu'on remarque surtout quand on voit des femmes rudoyées du *tu-toi*. »

Le 21 ventôse suivant, au café de Foy, un citoyen s'étant permis de tutoyer un général, celui-ci se fâcha et il s'ensuivit une rixe (1).

Un critique hargneux, philosophe repenti et récemment touché de la grâce, La Harpe, dans une de ses leçons à l'École normale, en prairial an III, protesta contre le tutoiement, par deux arguments dont le lien m'échappe :

(1) Rapport de la Commission administrative de police du 22 ventôse an III (Arch. nat., F 1 c III, Seine, 15).

1° Parce que le tutoiement existe dans des pays despotiques comme la Russie ;

2° Parce qu'il y a des inégalités morales et sociales fondées sur la nature et la raison (1).

C'est donc bien la démocratie qu'on attaquait, quand on attaqua le tutoiement.

Il semble avoir presque entièrement passé de l'usage, entre particuliers, à partir de l'échec que subit la cause démocratique en prairial an III (2).

Quant à l'usage officiel, le Comité de salut public le maintint longtemps dans sa correspondance, et il s'obstina à tutoyer les représentants en mission jusqu'à la fin de la Convention. Cependant, le 9 fructidor an III, il lui échappe d'écrire *vous* au représentant Casenave (3). Plus de règle : en vendémiaire an IV, il écrit généralement *vous* (4), et en brumaire an IV, il reprend presque constamment l'usage du tutoiement.

Les conventionnels se tutoient entre eux, dans les séances, jusqu'à la fin de prairial an III (5). En messidor, ils se disent *vous*.

(1) Voir le *Républicain français* du 26 prairial an III.
(2) En floréal, l'usage du tutoiement était encore fréquent dans les rapports officiels. Ainsi, dans une lettre du 4 floréal an III, Chevillon, ex-agent du Conseil exécutif, tutoie Aubry, membre du Comité de salut public. (Arch. nat., AF II, 203.)
(3) Arch. nat., AF II, 328.
(4) Arch. nat., AF II, 40.
(5) Même un simple citoyen ose tutoyer le président de la Convention, dans la séance de la Convention du 22 prairial an III (*Moniteur*, réimpression, t. XXIV, p. 665).

Le tutoiement avait disparu plus tôt dans l'armée. Le 1er frimaire an III, Hoche emploie encore le *tu* dans ses lettres de service aux généraux sous ses ordres ; il commence à employer le *vous* à partir du 10 frimaire (1).

Il semble bien qu'après la Convention l'usage du tutoiement ait généralement disparu.

Remarquez qu'il disparut avec la démocratie, avec les mœurs démocratiques. Il ne fut pas l'effet de grossières et basses passions d'envie, d'un sot égalitarisme. Ce fut une des formes, je le répète, du noble idéal fraternel d'après lequel nos pères voulurent construire leur cité, et cette forme fut imaginée par des lettrés, par des hommes distingués et élevés à l'école de la grande philosophie du xviiie siècle, associés à des femmes spirituelles et raisonnables, par un groupe d'élite qu'unissait l'amour de l'humanité. Cet usage éphémère du tutoiement marque donc un moment notable de notre évolution sociale et mérite autre chose que les dédains de l'histoire.

14 juin 1898.

(1) *Vie de Hoche*, par Rousselin, t. II, pp. 111, 115. Sur la disparition du tutoiement, voir diverses pièces de la correspondance militaire citées par Savary, *Guerre des Vendéens et des Chouans*, t. IV, pp. 363, 365, 373, 378, 406, 407, 408, 413, 473 ; t. V, pp. 9, 30, 84, 87, 254, 259, 280, 308, 327, 345, 351, 352 ; t. VI, pp. 6, 17. — Le 10 floréal an III, des représentants en mission écrivent *vous* au général en chef de l'armée d'Italie (*Moniteur*, réimpression, t. XXIV, pp. 457, 458).

III

LA CONVENTION NATIONALE DE MONACO

Je feuilletais les papiers si intéressants de la mission des conventionnels Grégoire et Jagot dans le futur département des Alpes-Maritimes, au début de l'année 1793, quand je rencontrai un document singulier et inattendu : un extrait du procès-verbal de la « Convention nationale de Monaco » (1). Eh quoi! la minuscule principauté eut donc une Convention nationale! Mais voici des arrêtés et proclamations de sa Société populaire : elle eut donc ses Jacobins! Quel est ce général Millo, libéral et réactionnaire à la fois, vaniteux et brave homme! Les Monégasques eurent donc leur La Fayette? Il ne leur manque même pas un Louis XVI; mais, plus sages que nous, ils expulsèrent leur prince ou le laissèrent partir dès la première heure et, pendant que l'auguste fugitif gravissait précipitamment les marches de l'escalier de la Turbie, pour prendre la route de Paris, nul de ses sujets ne s'avisa de le saisir par les basques de

(1) Arch. nat., D § 1, 25.

son habit brodé. Bon voyage, M. de Matignon! Tandis qu'à Paris un gendarme vous gardera à vue, on va chez vous jouer au peuple, en petit comité, et singer gravement la Révolution française sur le rocher fleuri de Monaco, sous les orangers de Menton et dans les ruelles sordides de Roquebrune.

I

Sur cette miniature de Révolution, ne cherchez rien dans le livre, estimable d'ailleurs, où l'abbé Tisserand, aumônier du lycée de Nice, a conté, sans trop de déclamation cléricale, l'histoire du département des Alpes-Maritimes de 1789 à 1815. M. Tisserand a eu recours aux archives départementales : mais il n'a même pas eu l'idée, pourtant élémentaire, de demander aux Archives nationales une recherche sur son sujet. Les papiers des représentants en mission lui auraient appris par le menu toute l'histoire, si instructive, de l'annexion et de l'organisation à la française du comté de Nice et de la principauté de Monaco. Je vois cependant, dans le récit un peu trop sommaire du bon abbé, que, dès 1790, Monaco était, comme Nice, un repaire d'émigrés. Un régiment de chasseurs des Ardennes y tenait garnison, en vertu de conventions entre le prince et le roi de France ; il existe une lettre d'un sous-officier de ce régiment au maire d'Antibes où les manœuvres des émigrés sont exposées de plaisante et naïve façon.

Le 28 septembre 1792, le général d'Anselme franchit le Var à gué (il n'y avait pas encore de pont) et entre à Nice sans coup férir : la garnison piémontaise l'avait abandonnée la veille. Indignés de cette lâcheté du commandant Pinto, les habitants accueillent bien les Français. On admire en souriant la sœur de d'Anselme déguisée en aide de camp et brave comme les demoiselles Fernig. Tout se passe en douceur. Les Jacobins de Grasse viennent fonder un club à Nice; il compte bientôt quinze cents membres. D'Anselme établit une administration provisoire, une municipalité, un tribunal criminel et civil. Le 28 octobre, la Convention reçoit une adresse des Niçois, qui demandent à être Français. Le 4 novembre, députation des corps administratifs provisoires, qui expriment le même vœu. La Convention décrète qu'elle attendra, pour en délibérer, de connaître la volonté formelle du peuple niçois. Le 11 janvier, deux députés du ci-devant comté de Nice sont à la barre. L'un d'eux, Blanqui, futur conventionnel, père de l'économiste et du célèbre révolutionnaire, déclare que, « convoqué et réuni en assemblées primaires, le peuple de la ville et ci-devant comté de Nice a exercé son premier acte de liberté et de souveraineté en votant des remerciements à ses libérateurs et demandant, à l'unanimité et par acclamation, la réunion du pays de Nice à la République française ».

Le président Vergniaud répond aux députés de Nice, les fait placer à ses côtés, après leur avoir donné, au nom de la Convention, le baiser fraternel.

Cette unanimité des Niçois était-elle sérieuse?

Voici comment les choses se passèrent.

Une assemblée de citoyens niçois se réunit, le 4 janvier 1793, à Nice. Elle était composée, d'après un procès-verbal officiel, de huit sections de la ville et territoire de Nice et des communes environnantes, Sainte-Agnès, l'Escarène, Aspremont, Châteauneuf, Villefranche, Paillon, Saint-André, Eza, Falicon, etc. C'était la majorité, non l'unanimité du pays de Nice. Cette assemblée prit le titre pompeux et bizarre de : CONVENTION NATIONALE DES COLONS MARSEILLAIS, voulant rappeler que Nice était une colonie de Marseille. C'est cette « Convention » qui fut unanime à voter la réunion du comté à la France, et il est certain qu'il y eut alors, sauf dans les régions montagneuses du nord et du nord-est, régions perdues, sans routes, sans nouvelles, sans fort courant français, un vif mouvement de sympathie pour la Révolution.

La Convention, néanmoins, hésita à opérer l'annexion. Le Comité diplomatique craignait de mécontenter les libéraux anglais et de nous aliéner les dernières sympathies que nous pouvions avoir gardées dans ce pays. Cependant le zèle des Niçois se refroidissait : ils craignaient de s'être compromis inutilement pour la France, si on ne les annexait

pas, et, à la paix, d'être livrés aux vengeances pié-
montaises. Le 31 janvier, la Convention décida en
principe qu'elle acceptait le vœu librement émis
par le peuple souverain du ci-devant comté de Nice,
et déclara qu'il ferait partie intégrante de la République française.

Le 4 février, un quatre-vingt-cinquième département fut créé avec le territoire du comté et les communes de la rive gauche du Var. Il s'appelait *Alpes-
Maritimes* et avait Nice pour chef-lieu. Les conventionnels Grégoire et Jagot, commissaires dans le
Mont-Blanc, furent chargés d'aller l'organiser.

Leur mission fut très difficile, aussi militaire
qu'administrative. Il fallut reprendre Sospello aux
Piémontais, qui nous l'avaient repris. Grégoire se
montra aussi actif que le furent, en d'autres occasions, ses collègues Carnot, Saint-Just et Levasseur :
« Je suis tenté de rire, écrivit-il dans ses mémoires,
en me rappelant qu'au camp de Brau, au-dessus de
Sospello, j'ai, sous le canon piémontais, parcouru
à cheval et en habit violet les rangs des divers
bataillons et que je les ai tous harangués. »

III

Et Monaco ?

Le peuple souverain de Monaco ne voulait pas
que sa révolution se confondît avec celle du peuple
de Nice.

En octobre 1792, il avait encore son prince, et il avait déjà une société populaire, club modéré monarchiste, à l'instar des Jacobins Saint-Honoré au temps où l'on croyait à la bonne foi de Louis XVI. Ce club faisait au prince une opposition vive et tracassière, mais légale.

Le prince une fois parti, Monaco, Menton et Roquebrune se formèrent en assemblées primaires (13 janvier 1793), et chacune d'elles, après avoir prononcé la *souveraineté du Peuple* et demandé à devenir partie intégrante de la République française, nomma quatre représentants, qui se réunirent le 19, à Monaco. Ces douze se constituèrent gravement en CONVENTION NATIONALE DE MONACO. Le lendemain dimanche, il y eut dans la ville un grand *Te Deum*, accompagné de quarante coups de canons (canons donnés jadis par Louis XIV), du brûlement des titres de la noblesse du pays et de celui du pavillon du ci-devant prince. Le soir, illumination générale.

La Convention nationale de Monaco voudrait bien envoyer des délégués à sa sœur, la Convention nationale de France. Mais le voyage serait coûteux et l'argent manque. On se borne à prier le général Brunet, successeur provisoire d'Anselme, de faire connaître le vœu des Monégasques. La lettre de Brunet est lue à Paris dans la séance du 2 février. Le 14 février, sur le rapport de Carnot, la Convention décrète l'annexion de la principauté.

Mais cette annexion n'alla pas toute seule, et, à en juger par le registre de correspondance de Grégoire et de Jagot, la *francisation* de Monaco ne fut pas la moindre difficulté de leur mission.

Malgré le départ du prince, le commandant de la place de Monaco n'avait pas changé. C'était le général Millo, maréchal de camp, incertain entre les deux partis, en apparence favorable à la Révolution, et entretenant néanmoins une correspondance active avec le prince exilé.

Le 26 janvier, la Société populaire de Monaco demanda la destitution du général : elle l'avait mandé à sa barre et ses explications lui avaient paru insuffisantes. La Convention nationale de Monaco manda à son tour le général. Il se fit représenter par son fils, sous prétexte de maladie, déclara qu'il avait brûlé les lettres du prince, sauf une, la remit à la Convention de Monaco. On en fit saisir d'autres à la poste et on les remit aux représentants en mission.

D'autre part, le 24 février, les électeurs monégasques choisirent Millo pour maire. Ces faits firent craindre aux représentants que la place de Monaco ne fût livrée aux Piémontais.

Millo tenta de se justifier par une lettre aux commissaires de la Convention, en date du 5 mars 1793 :

A l'arrivée du général de l'armée à Nice, dit-il, je l'ai informé de la situation où je me suis trouvé à Monaco depuis que le peuple de cette ci-devant principauté s'est proclamé libre et souverain. Sans cesse contrarié, menacé, tracassé de toutes les manières, et par le club, et par la Convention de ce pays, je m'en suis plaint au général

Brunet, qui commandait provisoirement l'armée ; ce général a bien voulu me confirmer dans le commandement temporaire de la place, dont on voulait me priver malgré un décret de l'Assemblée nationale qui a déclaré qu'il me serait conservé ; il a aussi autorisé mon absence pour venir attendre ici l'arrivée du général de l'armée et me mettre à l'abri des vexations auxquelles j'étais exposé. Le général de l'armée a cru devoir attendre votre arrivée pour concerter les moyens de me conserver mon état et empêcher que je ne fusse troublé ni inquiété dans l'exercice de mes fonctions. Permettez-moi, citoyen commissaire, de m'adresser à vous, etc.

Attaché par devoir et par inclination au ci-devant prince de Monaco, j'ai soutenu avec fermeté ses droits de souveraineté et de juridiction aux termes de son traité avec la France, et en cela j'ai satisfait à mon obligation. Du jour que le peuple s'est proclamé libre et souverain, j'ai cessé et je me suis contenu dans les bornes que la circonstance m'a prescrites. Néanmoins, on n'a jamais cessé de clabauder contre moi et depuis on a fait arrêter à la poste toutes les lettres à mon adresse...

Oui, il a correspondu avec le prince. Mais il a soixante ans de service, vingt campagnes « de guerre » et des blessures. Il peut, il veut garder sa place. Il sollicite tout au moins des représentants « de l'auguste Convention nationale » une retraite à laquelle il a droit.

Non seulement il ne garda pas son commandement, mais il fut destitué de ses fonctions de maire par arrêté des représentants, en date du 31 mars, arrêté fortement motivé et où on reconnaît la main de Grégoire. Le premier inscrit sur le tableau fut désigné comme maire provisoire, et on convoqua les électeurs pour le 8 avril.

Le 8 avril, ils se réunirent en assemblée primaire dans l'église paroissiale de Monaco, et, avertis par le président de l'Assemblée qu'il était inutile de mettre dans l'urne le nom de Millo, ils le réélurent néanmoins par 112 voix sur 138 votants.

Les représentants cassèrent encore cette élection. Le maire *par intérim*, Lanciarez, continua à administrer, et je n'ai pu découvrir ce qu'il advint de cette tempête dans un verre d'eau.

IV

Le 4 mars 1793, la Convention nationale de Monaco s'était réunie pour recevoir Grégoire et Jagot et pour se dissoudre. Le procès-verbal de cette séance est un document curieux, dont on me permettra de citer de longs extraits :

Un membre instruit la Convention (de Monaco) que les commissaires de la Convention nationale de France, chargés de l'organisation du département des Alpes-Maritimes, viennent d'arriver dans cette ville. La Convention décrète que quatre de ses membres se porteront auprès desdits commissaires pour les féliciter sur leur heureuse arrivée. et, à cet effet, ont été nommés les citoyens Rey. Giordani et Saussa.

La députation, de retour, annonce que les commissaires de la Convention nationale de France vont se rendre dans son sein. Après quelques instants ils paraissent dans la salle. Parvenus au côté droit du président, ils présentent leurs pouvoirs pour organiser le département des Alpes-Maritimes, et ensuite ils déclarent que la Convention nationale de France, d'après la demande qui lui a été faite, a décrété la réunion de la ci-devant principauté de Monaco à la République française, et qu'elle fait partie du département des Alpes-Maritimes. On fait lecture du décret dont la teneur suit :

« *Décret de la Convention nationale du 14 février 1793.* La Convention nationale, constante dans les principes qu'elle a consacrés par ses décrets des 19 novembre et 15 décembre derniers, confirmant la résolution qu'ils annoncent d'aider et secourir tous les peuples qui voudront conquérir leur liberté, sur le vœu libre et formel qui lui a été adressé par plusieurs communes étrangères, circonvoisines ou enclavées, réunies en assemblées primaires, faisant usage de leur droit inaliénable de souveraineté, à l'effet d'être réunies à la France, comme partie intégrante de la République, après avoir entendu le rapport de son Comité diplomatique, déclare, au nom du peuple français, qu'elle accepte ce vœu, et, en conséquence, décrète ce qui suit :

« La ci-devant principauté de Monaco est réunie au territoire de la République et fait partie du département des Alpes-Maritimes. »

Lecture faite du décret et vérification faite des pouvoirs des commissaires, le président témoigne aux commissaires la joie que les représentants du peuple souverain de Monaco ont de cette heureuse réunion. Les citoyens Grégoire et Jagot, commissaires de la Convention nationale, expriment à leur tour le plaisir qu'ils ressentent qu'un peuple libre et souverain se soit réuni par un vœu librement émis à la République française.

Ensuite, l'un des commissaires proclame, au nom de la loi, la dissolution de la Convention nationale de la ci-devant principauté de Monaco. Il demande ensuite que la nouvelle administration provisoire prête le serment de fidélité à la République française. Ce serment de fidélité a été prêté avec enthousiasme par tous les membres et les citoyens présents.

Après la prestation du serment, les commissaires ont donné les baisers de paix et de fraternité de la part de la Convention nationale de France au peuple de la ci-devant principauté de Monaco dans la personne du président de la nouvelle administration.

Les commissaires annoncent que l'administration provisoire et le tribunal civil et criminel de Nice ont nommé une commission chargée de venir témoigner au peuple de Monaco le plaisir que cette réunion leur causait. Cette commission a été annoncée et introduite. L'un des commissaires de l'administration, dans un discours qu'il a prononcé, a présenté l'assurance des sentiments d'affection et de fraternité qui désormais vont unir le peuple niçois avec ses nouveaux frères... »

V

Millo avait été remplacé, comme commandant de place, par le brave Bizanet, commandant du bataillon de l'Isère, celui-là même qui dirigera si intrépidement la défense de Berg-Op-Zoom en 1813 et 1814.

Bizanet envoya aux représentants, en style de sansculotte ou de grognard, de curieux rapports sur la situation politique et morale de Monaco. Par exemple, il écrit le 13 mars 1793:

Deux confréries de pénitents existaient, noirs et blancs.

et les citoyens les composant voudraient, je ne sais par quel intérêt, conserver une de ces confréries, à laquelle ils se réuniraient tous. C'est depuis trois jours l'objet de leur assemblée et le sujet de leur pétition, qui vous parviendra sans doute. Quant à moi, qui crois qu'on ne peut se repentir que d'un crime fait ou à faire, j'ignore ce qu'ils méditent, mais je hais les pénitents.

Cependant, comme je passe pour un mauvais plaisant, l'ordre public n'a pas été troublé, et je me suis tu.

La rivalité de Menton avec Monaco, à qui aura le district, fait aussi son effet, et cela mène à savoir des vérités de l'une et l'autre ville qui peuvent devenir importantes.

Dans chacune, il y a trois partis :

Le parti aristocrate, le parti patriote *menant* et le parti patriote *mené*.

De la difficulté de réussir naît pour un Français républicain le désir d'entreprendre. Ça ira tout de même...

Autre lettre en date du 8 avril, le jour où le général Millo est réélu maire contre la France :

Citoyens commissaires,

C'est un meurtre de vous distraire de vos importantes opérations pour vous parler du petit et mauvais pays de Monaco.

Les trois quarts et moitié sont mauvais patriotes, et on me craint ici plus qu'on ne m'aime. Si vous avez le temps d'écouter le citoyen porteur de la présente, il vous expliquera ma position. J'y suis fermement inébranlable et je réponds de tous les mouvements sur ma tête. Ça ira, ça ira, ça ira...

C'est la question religieuse qui faillit brouiller la

bourgoisie monégasque avec la France, et c'est au club que l'opposition se produisit.

Le président du club était Alphonse Beauchamp, qui se mit à la tête du parti anti-français et anti-révolutionnaire. On a de lui une affiche aux Monégasques : il y invite l'unanimité de ses concitoyens à se rendre au club, où il promet des délibérations calmes et courtoises. Il voulait étouffer la minorité révolutionnaire sous la masse des modérés. Puis il jeta le masque et publia un *factum* contre la République française, où les modérés, tous les partisans de Millo prirent le mot d'ordre. Straforelli, un des administrateurs provisoires, fit une réponse qui releva le courage du parti français : Beauchamp dut s'enfuir.

Au milieu de mars, un certain Gastaldi, cousin de Millo, fit au club une motion pour dispenser du serment civique les religieux, prêtres et moines et pour conserver les confréries dénoncées par le brave Bizanet. Il paraît que le club prit des arrêtés conformes. Le 21 mars, il envoya quatorze de ses membres aux représentants en mission pour se justifier. A la suite de cette démarche, les représentants écrivirent au club sans doute par la plume de Grégoire :

Si quelqu'un vous persuadait, citoyens, que l'on veut attenter à la religion sainte que nous professons, il serait un calomniateur de la Convention nationale de France. On ne touche qu'aux abus, et la religion, pure et belle comme elle sortit des mains de son divin auteur, conservera sa majesté. Voulez-vous démentir complètement tous ceux qui disent que l'on touche à la religion ? Soyez plus assidus que jamais à remplir les devoirs qu'elle impose, les vertus qu'elle commande.

Le 23, le club répondait par l'organe de son comité pour remercier et se soumettre.

Grégoire, à la fin de sa lettre, avait parlé en général de secours de bienfaisance organisés par la République. Les Monégasques prennent la balle au bond :

« Nos députés, écrivent-ils, nous ont fait part des secours de bienfaisance auxquels nous participerons bientôt : notre confiance en nos représentants nous est un sûr garant de notre félicité future. »

Cette « félicité » prosaïque que rêvent les Jacobins de Monaco, ils la trouveront plus tard dans l'établissement de la roulette.

La fermeté du bon et brave Grégoire fit rentrer dans l'ordre la turbulente petite ville, où le commandant Bizanet parvint même à lever une compagnie de 17 canonniers indigènes. Mais les soucis, ridicules et harcelants, qui vinrent à Jagot et à Grégoire de la minuscule principauté, ne contribuèrent pas peu à leur rendre agréable l'heure du départ, et cette satisfaction perce jusque dans la lettre d'adieu et de félicitation qu'ils adressèrent, le 3 mai 1793, aux administrateurs provisoires de Monaco, chefs du parti français (1).

6 juin 1887.

(1) Grégoire avait eu d'autres ennuis, à Nice même. Le clergé du lieu lui suscitait des difficultés, quand il voulait

dire sa messe à Sainte-Réparate, comme il ressort de ce document anonyme : « *Nice, ce 31 mars 1793.* — Ce matin à 11 heures et demie environ, à la sacristie de Saint-Augustin, l'abé Barta, au moment qu'il voulait s'habiller pour aller dire la messe, s'adressant aux citoyens Louis-Félix Gassin, Michel Pourreau, Jean-Louis Mignon, et le moine Nicolas, il a dit que dans le courrant de la même matinée à Sainte-Réparate le chanoine Gallideri, quoique ignorant, avait donné une réponse bien sage au citoyen Grégoire, et en expliquant le fait a dit que le citoyen Grégoire avait été à Sainte-Réparate pour dire la messe, et que ledit chanoine Garidelli lui avait fait observer que, s'il voulait fonctionner n'aurait trouvé ni abbé ni prêtres pour l'assister à ses fonctions, ni des chandelles pour allumer, et que de plus les gens qui se trouvaient dans l'église le voyant fonctionner s'en seraient sorties de l'église ; lui ayant aussi fait observer que lui Garidelli d'autre part était chargé de la part du ci-devant évêque des fonctions et que n'avait pas non plus la croche (*sic*) pastorale. Faisant entendre par cette relation aux citoyens présents que les fonctions d'un évêque ou d'un prêtre assermenté étaient suspectes, et que l'évêque Grégoire ne pouvait faire telles fonctions dans le diocèse. » Pauvre abbé Grégoire ! La vengeance des réfractaires le poursuivait partout.

IV

LA DIPLOMATIE DU PREMIER COMITÉ DE SALUT PUBLIC (1)

§ 1er

LE DÉCRET DU 13 AVRIL 1793

Dès sa seconde séance, le 8 avril 1793, le Comité de salut public (2) avait décidé « de faire concourir en même temps les plans de campagne et de négo-

(1) Ces études ont paru dans la revue *la Révolution française*, année 1890, avant la publication de la partie correspondante de l'ouvrage de M. A. Sorel, *l'Europe et la Révolution française*. Si excellent que soit cet ouvrage, il nous a semblé que nos études, sur un point spécial de l'histoire diplomatique de la Révolution, pouvaient offrir une certaine utilité, ne fût-ce que par les nombreux extraits de la correspondance diplomatique que nous y avons donnés.

(2) Élu les 6 et 7 avril 1793, ce Comité était formé de neuf membres : Barère, Delmas, Bréard, Cambon, Danton, Guyton de Morveau, Treilhard, Delacroix (d'Eure-et-Loir), Robert Lindet. Sur son organisation et son fonctionnement, outre mon *Recueil des actes du Comité de salut public*, t. III à V, voir mon *Histoire politique de la Révolution*, pp. 331 et suivantes.

ciation », et, le 10 avril, il avait chargé Danton de s'occuper, conjointement avec Barère, des affaires étrangères. Il lui semblait donc que le péril où nos revers en Belgique et la trahison de Dumouriez avaient jeté la France ne pouvait être conjuré que par des négociations, qui, si elles ne procuraient pas la paix, pourraient du moins avoir pour résultat de retarder la marche des armées ennemies et donneraient le temps de réorganiser les forces françaises. Et l'exécution de ces projets diplomatiques était confiée au politique avisé qui passait pour avoir, en septembre et octobre 1792, négocié secrètement et heureusement la retraite des Prussiens. Mais, depuis cette époque, l'attitude belliqueuse et menaçante de la France, les maximes qu'elle avait professées, semblaient devoir fermer toute voie à des pourparlers de paix, si on ne rompait au plus tôt, devant l'Europe, avec cette conduite et ces principes et si, par une déclaration éclatante, on ne rendait les négociations acceptables à ces rois qu'on n'avait pu vaincre.

Ce fut l'objet du décret du 13 avril 1793.

Pour comprendre la portée de ce décret, il faut se rappeler quel langage la Révolution avait précédemment tenu à l'Europe.

Le 22 mai 1790, dans le décret sur le droit de paix et de guerre (art. 4), la Constituante avait déclaré « que la nation française renonçait à entreprendre aucune guerre dans la vue de faire des conquêtes et qu'elle n'emploierait jamais ses forces contre la liberté d'aucun peuple ». Et cet article fut inséré dans la Constitution de 1791.

A cette déclaration si rassurante, et en même temps si conforme à l'esprit du xviiie siècle et au droit nouveau, l'Europe monarchique répondit par la déclaration de Pilnitz (27 août 1791) : le roi de Prusse et l'empereur d'Allemagne se concertaient en vue de mettre leurs armées en activité pour intervenir dans nos affaires intérieures et rendre à Louis XVI son ancien pouvoir; la Russie et la Suède s'alliaient contre nous ; nos représentants à l'étranger étaient insultés ; une croisade contre la France se préparait presque partout.

Il est sûr qu'alors les peuples manifestèrent, malgré leurs gouvernements, une sympathie pour la France et qu'il y eut en Europe une contagion des idées révolutionnaires. On crut chez nous que, si la guerre éclatait, les rois verraient partout leurs sujets se soulever contre eux. Alors naquit l'idée de la propagande armée, qui n'était ni dans la lettre ni dans l'esprit du décret du 22 mai 1790. Brissot disait aux Jacobins, le 30 décembre 1791 : « C'est une croisade de la liberté universelle... Chaque soldat dira à son ennemi : Frère, je ne viens pas t'égorger, je viens te tirer du joug où tu gémis ; je viens te montrer le chemin du bonheur. Comme toi j'étais esclave : je me suis armé, le tyran a disparu ; me voilà libre, tu peux le devenir ; voilà mon bras... » Et, en idée, Brissot *municipalisait* l'Europe. Vainement Robespierre objectait : « Personne n'aime les missionnaires armés, et le premier conseil que donnera la nature et la prudence, c'est de les repousser comme des ennemis. » Et il ajoutait que l'invasion de l'Allemagne « pourrait réveiller l'idée de l'embrasement du Palatinat et des dernières guerres, plus facilement qu'elle ne ferait germer les idées constitutionnelles, parce que la masse du peuple, dans ces contrées, connaît mieux ces faits que notre constitution ». L'illusion de la propagande armée fut la plus forte, et c'est en partie sous l'empire de cette illusion que fut votée la déclaration de la guerre au roi de Bohême et de Hongrie (20 avril 1792).

Après le 10 août, surtout après Valmy, après la conquête de la Savoie et de Nice, après l'invasion de l'Allemagne et de la Belgique, l'imagination des républicains français s'exalta. Il leur sembla que les peuples leur tendaient les bras. Les Girondins, y compris le sage Condorcet, se laissèrent aller à ce mirage. Danton lui-même, si ennemi des chimères, avait déclaré, dès le 27 septembre 1793, qu'en créant la Convention la France avait créé « un grand comité d'insurrection générale des peuples ».

Le 19 novembre 1792, sur la motion de Carra et de La Revellière-Lépeaux, la Convention rendit le décret suivant, qui eut un retentissement immense et funeste:

La Convention nationale déclare, au nom de la nation française, qu'elle accordera fraternité et secours à tous les peuples qui voudront recouvrer leur liberté et charge le pouvoir exécutif de donner aux généraux les ordres nécessaires pour porter secours à ces peuples et défendre les citoyens qui auraient été vexés ou qui pourraient l'être pour la cause de la liberté.

En même temps, ordre était donné aux généraux « de faire imprimer et proclamer ce décret en diverses langues dans toutes les contrées qu'ils parcourront avec les armées de la République » (1).

Aussitôt des paroles et des actes réalisent ces menaces, même à l'égard de gouvernements avec lesquels la France est en paix, en particulier à l'égard du gouvernement britannique. Le 28 novembre, la Convention reçoit à sa barre des Anglais et des Irlandais établis à Paris, qui la félicitent de ses victoires. « De tous ces prétendus gouvernements, disent-ils, ouvrage de la fraude des prêtres et des tyrans coalisés, il ne restera bientôt qu'un honteux souvenir. Les peuples, éclairés par votre exemple, rougiront d'avoir courbé si longtemps des têtes serviles sous un joug avilissant pour la nature humaine. » Le président Grégoire répondit : « ...La royauté est en Europe ou détruite ou agonisante sous les décombres féodaux, et la déclaration des droits, placée à côté des trônes, est un feu dévorant qui va les consumer. » Survint, séance tenante, une députation de la Société constitutionnelle de

(1) Le 1ᵉʳ janvier 1793, Kersaint parut même étendre ce devoir d'affranchissement au monde entier, nommément à l'Amérique.

Londres : « ... Il ne serait pas étonnant, dit-elle, que, dans un court espace de temps, il arrivât aussi des félicitations à une Convention nationale d'Angleterre. » Et elle lut une longue adresse républicaine. Grégoire répondit : « ... Les défenseurs de notre liberté le seront un jour de la vôtre (1). »

Le résultat de ces imprudences généreuses fut de nous aliéner presque toute l'Europe, peuples et rois. Nous perdîmes nos amitiés anglaises, qui étaient réelles, puissantes. Maret, en mission secrète à Londres, écrivit le 2 décembre 1792 à Le Brun que le décret du 19 novembre servait de prétexte à Pitt pour ne pas reconnaître la République française. Et notre ambassadeur Chauvelin exposa, dans une dépêche du 7 décembre, que Sheridan était venu lui dire, de la part de Fox et des whigs, que l'opposition ferait cause commune avec Pitt « pour repousser toute idée de l'assistance des Français pour les affaires intérieures de l'Angleterre ».

Cette *assistance* se produisit bientôt sous une forme menaçante (2). Le 31 décembre, le ministre

----

(1) On trouvera le texte complet de tous ces documents dans le *Moniteur*, réimpression. t. XIV, p. 592.

(2) Toutes les pièces qui prouvaient l'ingérence indiscrète et agressive de la France dans les affaires intérieures de l'Angleterre furent réunies et imprimées à Londres dans une publication, sans doute gouvernementale, dont voici le titre, qui est significatif : *A collection of adresses transmitted by certain english clubs and societies to the National Convention of France; the decree of the Executive Council respecting the Scheldt; and extracts from several treaties, respecting the navigation of that river; and also certain decrees of the National Convention ; Le Brun's report ; the speeches of MM. Cam-*

de la marine, Monge, envoya une circulaire aux Sociétés populaires des villes maritimes, où on lisait :

Le roi et son parlement veulent nous faire la guerre. Les républicains anglais le souffriront-ils? Déjà ces hommes libres témoignent leur mécontentement et la répugnance qu'ils ont à porter les armes contre leurs frères les Français. Eh bien! nous volerons à leur secours, nous ferons une descente dans cette île, nous y lancerons cinquante mille bonnets de la liberté, nous y planterons l'arbre sacré, et nous tendrons les bras à nos frères républicains. La tyrannie de leur gouvernement sera bientôt détruite. Que chacun de nous se pénètre fortement de cette idée. Excitons-nous les uns les autres à défendre la liberté des peuples : la nôtre y est attachée.

Ces provocations imprudentes et la conquête de la Belgique par les Français jetèrent la nation anglaise dans les bras de Pitt.

Nos annexions furent un autre grief contre nous : elles parurent un manquement cynique à la promesse que nous avions spontanément faite à l'Europe.

On se rappelle comment la France, après avoir juré qu'elle ne ferait pas de conquêtes, fut amenée presque forcément à en faire.

Nos armées une fois maîtresses de Nice, de la Sa-

<hr>

bon, Dupont and Kersaint ; with several other interesting papers lending chiefly to shew the general views of France with respect to this and other countries ; to wich are added extracts from the seditious resolutions of the english societies; a list of these societies. London, printed for J. Debrett, Picadilly. 1793, in-4 de 49 pages (Bibl. nat., Nc., 2577).

voie, de la rive gauche du Rhin, de la Belgique, les formes de notre liberté y furent implantées. Mais allions-nous laisser indépendants ces peuples émancipés par nous ? Il n'y fallait guère songer, puisque la guerre avec l'Europe continuait et se faisait dans leur pays même. Et puis nous tenions enfin les frontières naturelles de la France : allions-nous y renoncer ?

« Les limites de la France, dit Danton, sont marquées par la nature. Nous les atteindrons dans leurs quatre points : à l'Océan, au Rhin, aux Alpes, aux Pyrénées. » (Discours du 31 janvier 1793, pour l'annexion de la Belgique.) Et, le 14 janvier suivant, Carnot parla dans le même sens.

Quant au décret du 22 mai 1790, portant qu'on ne ferait pas de conquête, l'Europe, en nous attaquant, ne nous avait-elle pas déliés de ce serment ? Ce décret, on ne le violera pourtant pas : on le tournera. Les peuples conquis réclameront *spontanément* leur annexion. On sollicitera plus ou moins fortement cette spontanéité (décret du 15 décembre 1792). Et, en effet, on provoque, on obtient des adhésions, et les annexions sont décrétées. Elles le sont moins par principe, par préméditation, que par nécessité de guerre et par intérêt.

Ainsi, d'une part, nous intervenons dans les affaires intérieures des peuples (1), d'autre part nous

(1) Le projet girondin de Constitution, publié le 16 février 1793, portait titre XIII, art. 4 : « Dans ses relations avec les nations étrangères, la République française respectera

annexons. Nos ennemis ont beau jeu pour présenter la France comme une nation perfide, comme une voisine impossible. Encore si nous étions vainqueurs! Mais nous voilà battus, nous évacuons la Belgique, la rive gauche du Rhin.

C'est alors que le Comité de salut public est créé (7 avril) et que Danton prend, avec Barère, la direction de la diplomatie. Son bon sens, ses relations avec les libéraux anglais, lui font comprendre la faute commise et où il a sa part. Déjà, dans son discours du 10 mars, il avait tendu aux Anglais républicains d'outre-Manche une main plus discrète. Il sent que, tout en combattant, il faut préparer les voies pour négocier. Mais, comment négocier avec des gouvernements qu'on a juré de détruire? Comment? En revenant sur ce serment, en donnant une orientation nouvelle à la politique extérieure française, en renonçant au beau programme utopiste de la Révolution universelle, en rapportant bruyamment le décret du 19 novembre 1792.

L'occasion se présenta le 13 avril 1793. Dans cette séance, on donna lecture à la Convention d'une lettre des représentants du peuple Briez et du Bois du Bais (Valenciennes, 11 avril), qui avaient reçu de Cobourg diverses communications et transmettaient une proclamation du même Cobourg. On

les institutions garanties par le consentement de la généralité du peuple. » C'était dire que la République ne respecterait, dans les nations étrangères, à peu près aucune institution.

réclama la lecture de ces pièces. Robespierre (en perfide rival de Danton) demanda la peine de mort « contre quiconque proposerait, de quelque manière que ce soit, de transiger avec les ennemis ».

Danton prononça alors un discours très sensé, que le *Moniteur* reproduit en ces termes :

Il faut bien saisir le véritable objet de la motion qui vient d'être faite, et ne pas lui donner une étendue que n'a pas voulu lui attribuer son auteur. Je demande qu'elle soit ainsi posée : « La peine de mort est décrétée contre quiconque proposerait à la République de transiger avec des ennemis qui, pour préliminaire, ne reconnaîtraient pas la souveraineté du peuple. » Il est temps, citoyens, que la Convention nationale fasse connaître à l'Europe qu'elle sait allier la politique aux vertus républicaines. Vous avez rendu, dans un moment d'enthousiasme, un décret dont le motif était beau sans doute, puisque vous vous obligiez de donner protection aux peuples qui voudraient résister à l'oppression de leurs tyrans. Ce décret semblerait vous engager à secourir quelques patriotes qui voudraient faire une révolution en Chine. Il faut, avant tout, songer à la conservation de notre corps politique et fonder la grandeur française. Que la République s'affermisse, et la France, par ses lumières et son énergie, fera attraction sur tous les peuples.

Mais voyez ce que votre position a d'avantageux, malgré les revers que nous avons éprouvés. La trahison de Dumouriez nous donne l'occasion de faire un nouveau scrutin épuratoire de l'armée. L'ennemi va être forcé de reconnaître que la nation veut absolument la liberté, puisqu'un général victorieux, qui avait promis à nos ennemis de leur livrer, et son armée tout entière, et une partie de la nation, ne leur a porté que son misérable individu. Citoyens, c'est le génie de la liberté qui a lancé le char de la Révolution. Le peuple tout entier le tire, et il s'arrêtera aux termes de la raison. Décrétons que nous ne nous mêlerons pas de ce qui se passe chez nos voisins; mais décrétons aussi que la République vivra, et condamnons à mort celui qui proposerait une transaction autre que celle qui aurait pour base les principes de notre liberté. (*On applaudit.*)

Et le décret suivant fut rendu, séance tenante :

La Convention nationale déclare, au nom du peuple français, qu'elle ne s'immiscera en aucune manière dans le gouvernement des autres puissances; mais elle déclare, en même temps, qu'elle s'ensevelira plutôt sous ses propres ruines que de souffrir qu'aucune puissance s'immisce dans le régime intérieur de la République ou influence la création de la Constitution qu'elle veut se donner.

La Convention nationale décrète la peine de mort contre quiconque proposerait de négocier ou de traiter avec des puissances ennemies qui n'auraient pas préalablement reconnu solennellement l'indépendance de la nation française, sa souveraineté, l'indivisibilité et l'unité de la République, fondée sur la liberté et l'égalité.

Robespierre demanda que la Convention déclarât qu'elle n'entendait pas nuire aux droits des pays réunis à la République française et que jamais elle ne les abandonnerait aux tyrans avec lesquels elle est en guerre. La Convention, sur la motion de Ducos, passa à l'ordre du jour, motivé sur ce que les contrées réunies faisaient partie intégrante de la République.

C'est en vain que les partisans de la propagande

armée essayèrent de prendre leur revanche. Le 24 avril 1793, Anacharsis Cloots posa les *Bases constitutionnelles de la république du genre humain*. Il voulait faire décréter que les conventionnels n'étaient pas seulement députés de la France, mais du genre humain.

Dans la même séance, Robespierre vint au secours des partisans de l'intervention. Lui qui avait jadis tant raillé Brissot, il proposa quatre articles de propagande violente, intolérante, intolérable, à insérer dans la constitution :

Article 1er. Les hommes de tous les pays sont frères, et les différents peuples doivent s'entr'aider selon leur pouvoir, comme les citoyens du même État.

Article 2. Celui qui opprime une nation se déclare l'ennemi de toutes.

Article 3. Ceux qui font la guerre à un peuple pour arrêter les progrès de la liberté et anéantir les droits de l'homme doivent être poursuivis par tous, non comme des ennemis ordinaires, mais comme des assassins et des brigands rebelles.

Article 4. Les rois, les aristocrates, les tyrans, quels qu'ils soient, sont des esclaves révoltés contre le souverain de la terre, qui est le genre humain, et contre le législateur de l'univers, qui est la nature.

Ces articles ne furent pas adoptés. Le conventionnel Robert s'en moqua indirectement dans son discours du 26 avril :

Laissons aux philosophes, dit-il, laissons-leur le soin d'examiner l'humanité sous tous ses rapports : nous ne sommes pas les représentants du genre humain. Je veux donc que le législateur de la France oublie un instant l'univers pour ne s'occuper que de son pays ; je veux cette espèce d'égoïsme national, sans lequel nous trahirons nos devoirs, sans lequel nous stipulerons ici pour ceux qui ne nous ont pas commis, et non en faveur de ceux au profit desquels nous pouvons tout stipuler. J'aime tous les hommes ; j'aime particulièrement tous les hommes libres ; mais j'aime mieux les hommes libres de la France que tous les autres hommes de l'univers. Je ne chercherai donc pas quelle est la nature de l'homme en général, mais quel est le caractère du peuple français.

La Constitution montagnarde reproduisit en ces termes (Art. 118 et 119.) le décret pacifique du 13 avril : « Le peuple français est l'ami naturel des peuples libres. Il ne s'immisce point dans le gouvernement des autres nations ; il ne souffre pas que les autres nations s'immiscent dans le sien (1). »

Ce décret fut encore expliqué et fortifié dans les instructions générales aux agents diplomatiques du 1er juin 1793 :

Par leur conduite, ils feront l'éloge de nos principes ; par leurs discours, ils en développeront les avantages sans cependant se permettre des comparaisons qui pourraient faire revivre les soupçons et les défiances. Ils prouveront que le gouvernement que la France s'est donné est celui qui convient le plus à ses habitants, et ils insisteront fortement sur

_____

(1) Ces articles furent adoptés dans la séance du 18 juin. Voir le débat entre Grégoire et Barère, *Moniteur*, réimpression, t. XVI, p. 688, et *Procès-verbal*, t. XIV, pp. 76-77.

le principe que toutes les nations ont le droit imprescriptible de se donner la constitution qui leur paraît la plus propre à assurer le bonheur général. » Et c'est alors qu'ils rappelleront le décret du 13 avril. Ils ne se prononceront pour aucun parti politique dans le pays où ils seront accrédités, à moins d'instructions contraires.

D'autre part, chaque représentant de la France à l'étranger eut l'ordre de faire connaître au gouvernement près duquel il était accrédité et de commenter pacifiquement cette déclaration de la France.

Ce changement dans la politique extérieure de la Convention était gros de conséquences, et, le 16 avril, Barère put dire à la tribune, au nom du Comité :

« Vous avez, par un décret, rendu à l'unanimité, posé vous-mêmes, il y a trois jours, les bases solides de la paix de l'Europe. »

Nos ennemis furent fort embarrassés d'un acte de sagesse si imprévu, et les rois furent privés d'un de leurs arguments pour entraîner à leur suite leurs sujets contre nous. Nos amis se réjouirent. Le 6 mai, Thomas Paine félicita Danton et lui écrivit que ce décret « était un acte préalable nécessaire pour le rétablissement de la paix » (1). Le même jour, notre ministre en Suisse, Barthélemy, en accusant réception du décret, écrivait : « Il est trop honorable pour la nation française pour que nous ne devions pas être assurés qu'il sera reçu avec

(1) Dr Robinet, *Danton émigré*, p. 139.

reconnaissance et admiration par les peuples neutres et amis et entendu avec réflexion et crainte par les rois qui nous font la guerre (1). »

En outre, le Comité de salut public obtint de la Convention de l'argent pour ses projets diplomatiques : le 16 avril, six millions pour se renseigner à l'étranger ; le 3 mai, un crédit illimité pour aider nos alliés. Ces mesures, prises publiquement, apprirent à l'Europe, d'une manière officielle, que la diplomatie du Comité de salut public allait entrer en jeu.

§ 2

NÉGOCIATIONS AVEC L'ANGLETERRE

Voilà par quels actes généraux le Comité de salut public manifesta ses intentions de négocier et, en changeant l'orientation de la politique extérieure de la France, donna une base possible à la paix.

Il faut maintenant parler des négociations qu'il tenta.

Commençons par l'Angleterre : c'est surtout à elle que s'adressait le décret du 13 avril, puisque c'est surtout elle qui avait protesté contre le décret du 19 novembre.

(1) *Les Papiers de Barthélemy*, publiés par J. Kaulek, t. II, pp. 238-239.

Pourquoi étions-nous en guerre avec l'Angleterre? C'est la France qui avait, la première, déclaré la guerre à l'Angleterre (ainsi qu'à la Hollande), le 1er février 1793. Les motifs officiels de cette déclaration étaient la malveillance systématique du monarque anglais, le refus de reconnaître notre ministre, la prohibition des assignats en Angleterre, l'*Alien bill*, la protection accordée aux émigrés, les armements récents, une escadre anglaise envoyée à l'embouchure de l'Escaut, l'expulsion de Chauvelin, la coalition secrète de la Grande-Bretagne avec l'empereur, la Prusse et la Hollande.

Au moment même où la Convention déclarait la guerre à l'Angleterre, la Chambre des communes discutait un message du roi, en date du 28 janvier, qui demandait une augmentation des forces de mer et de terre, « pour maintenir la sécurité et les droits de ses propres domaines, pour aider ses alliés et pour s'opposer aux vues d'agrandissement et d'ambition de la part de la France, qui seraient en tout temps dangereuses aux intérêts généraux de l'Europe, mais qui le sont particulièrement aujourd'hui qu'elles s'allient à la propagation de principes qui mènent à la violation des devoirs les plus sacrés et sont entièrement subversifs de la paix et de l'ordre de toute société civile ».

L'adresse approbative que demanda Pitt en réponse à ce message fut votée (1).

_____

(1) Au fond du cœur, Pitt voulait-il la guerre? C'est en

Le 11 février, nouveau message du roi. La France a déclaré la guerre à l'Angleterre : il compte sur l'appui de son peuple « pour prévenir l'extension de l'anarchie et de la confusion, et pour contribuer à la sécurité et à la tranquillité de l'Europe ». Dans le débat qui eut lieu le 12 à la Chambre des communes au sujet de ce message, Pitt résuma les motifs de la guerre en disant que la France avait violé ses promesses de ne pas faire de conquête, adopté un système d'ambition et d'agrandissement, un système politique de destruction générale, enfin soulevé l'Europe entière en la menaçant dans ses fondements par le décret du 19 novembre 1792. Et, parmi les pièces à charge qu'il produisit contre la France, il plaça le discours athée que le conventionnel Dupont avait prononcé le 14 décembre. Il obtint le vote d'une adresse où il était dit « que la Chambre et la Nation s'uniront pour maintenir l'honneur de sa couronne et venger les droits de son peuple, en opposant une barrière impénétrable à des principes qui menacent la tranquillité des nations ; que les objets les plus chers aux Anglais

Angleterre une opinion nationale qu'il ne la voulait pas. (Voir par exemple l'*Histoire gouvernementale de l'Angleterre*, par sir G. Cornewall Lewis, trad. Mervoyer, p. 122.) Il paraît que, dans le cabinet, il combattait les tendances belliqueuses du roi. La vérité est, je crois, qu'il n'était pas opposé à l'idée de faire la guerre, mais à l'idée de la déclarer. Il voulait se faire attaquer. Il réussit. Il nous fit alors une guerre sans merci avec une sorte de joie furieuse, comme si cette guerre comblait ses vœux. Oui, il l'avait, non pas voulue, mais désirée.

sont la conservation de leurs lois, de leur liberté, *de leur religion*, et qu'ils reconnaissent que, dans cette circonstance, ces biens précieux sont tous exposés ».

Vainement Fox avait proposé, sous forme d'amendement, que la guerre ne fût faite que « pour repousser les attaques de la France et la forcer à consentir aux conditions de paix qu'exigent la dignité de la couronne et la sécurité de l'Angleterre et de ses alliés ». Cet amendement fut rejeté, et l'Angleterre persista à déclarer que, si elle se battait contre nous, c'était pour défendre ses lois, sa liberté et *sa religion*. Elle annonçait ainsi une guerre mystique, et c'est pour sa foi qu'elle prenait les armes.

Mais bientôt le gouvernement britannique changea de langage.

Quand Dumouriez eut livré à l'ennemi quatre conventionnels et le ministre de la guerre français, les ministres d'Angleterre et d'Autriche à La Haye firent passer aux États généraux une note où ils disaient « que quelques-uns des détestables régicides étaient déjà dans le cas d'être soumis au glaive de la loi », et ils engageaient les Hollandais, s'ils en arrêtaient d'autres, « à les livrer entre les mains de la justice pour servir de leçon et d'exemple au genre humain ». Sheridan flétrit cette note au Parlement et en demanda le désaveu. Pitt ne la désavoua qu'à moitié. Il dit qu'il ne s'agissait que du châtiment des conventionnels prisonniers, que les cours alliées ne se chargeraient pas de ce châtiment, mais livreraient les coupables à « l'autorité compétente ». En même temps, il répudiait implicitement la guerre de principes proclamée dans l'adresse du 12 février et déclarait son intention *d'obtenir des indemnités pour le passé et des sûretés pour l'avenir* (1).

Cette déclaration fut encore accentuée à la conférence d'Anvers (7 avril 1793), où le ministre d'Angleterre, lord Auckland, avoua hautement que chaque puissance devait tâcher de se garnir les mains. « Quant à l'Angleterre, dit-il, elle veut faire des conquêtes, et elle les gardera. » Et il ajouta que la France devait être réduite à un véritable néant politique (2). En réalité, l'Angleterre convoitait Dunkerque, nos colonies ; elle voulait détruire notre marine, nous abaisser. Pitt nous avait annoncé une guerre de principes : il nous faisait une guerre de rapine.

Que, dans de telles conditions, au début d'une telle guerre, après avoir lui-même déclaré cette guerre, le gouvernement français ait jugé honorable et avantageux d'entamer une négociation, c'est ce qui semblerait à peine croyable, si on ne considérait comment la déclaration de guerre s'était produite. Si paradoxale que cette assertion puisse paraître, il n'en est pas moins indubitable que le gouvernement français était opposé à la déclaration

(1) Sur ces faits, voir Bourgoing, *Histoire diplomatique de l'Europe pendant la Révolution française*, t. III, pp. 23-25.
(2) Note du prince de Cobourg à l'empereur, dans Morti-mer-Ternaux, *Histoire de la Terreur*, t. VI, p. 524.

de guerre. Le ministre des affaires étrangères, Le Brun, qui était resté sous l'influence de Danton, ne voulait pas de cette déclaration. Il fit tout le possible pour prévenir la rupture avec l'Angleterre. Mais il avait à lutter en France contre la propagande guerrière de Brissot et de ses amis qui, maîtres du Comité diplomatique, égaraient l'opinion et entraînaient la Convention. Ils avaient, jusque dans le Conseil exécutif, des alliés qui contrecarraient ouvertement la diplomatie de Le Brun. Quoique, le 27 décembre, sur l'ordre de Le Brun, Chauvelin eût déclaré au gouvernement anglais que le décret du 19 novembre ne concernait pas l'Angleterre et que la France ne s'immiscerait pas dans les affaires intérieures de cette nation amie, le ministre de la marine, Monge, n'en lança pas moins, le 31 décembre, sa circulaire aux Jacobins des villes maritimes (1), et Pitt, dans son discours du 1er février 1793, à la Chambre des communes, eut beau jeu pour taxer la France de perfidie. Au moment le plus critique de la querelle et puisque le cabinet ne voulait pas négocier avec M. de Chauvelin, Le Brun envoya à Londres un chargé d'affaires, Maret, qui y arriva après l'expulsion de Chauvelin et n'y resta que huit jours, sans rien entreprendre, parce qu'il se sentait aussi paralysé par la propagande guerrière de Brissot que par la mauvaise volonté de Pitt. Il est évident que la politique de Le Brun était de ne point déclarer la

(1) Voir plus haut, p. 57.

guerre et d'attendre, avec prudence et dignité, que l'Angleterre nous la déclarât. Follement chevaleresques, les Girondins crurent qu'il était de la dignité de la France de prendre les devants et obtinrent de la Convention cette déclaration qui consolida la situation intérieure de Pitt et que le Conseil exécutif provisoire dut subir, la mort dans l'âme.

Le gouvernement anglais connaissait parfaitement ces vrais sentiments du gouvernement français et d'une partie des membres dirigeants de la Convention. Bien qu'il feignît un grand étonnement aux ouvertures secrètes qui lui furent faites par Le Brun, il n'en fut pas autrement surpris. Il savait bien que Le Brun et Danton voulaient la paix, et il sentait que leurs négociations, en pleine guerre, visaient à préparer la base future de la paix en fortifiant l'opposition parlementaire contre le cabinet belliqueux présidé par Pitt.

Cette opposition avait demandé hautement le maintien de la paix. Pitt répondait : Les Français veulent la guerre. Ils se refusent à tout pourparler. Si M. de Chauvelin, disait-il, avait demandé quelque explication avant de partir, il eût été écouté. Et pourquoi M. Maret, son successeur, n'a-t-il pas fait la moindre communication ? Fox répondait : Mais vous aviez chassé M. de Chauvelin ; pouvait-il honorablement rester ? Ce débat avait lieu dans la séance de la Chambre des communes du 12 février 1793. Trois ans plus tard, le 10 mai 1796, Fox s'écriait à la tribune : « Tout me porte donc à penser que nous sommes les agresseurs, parce que, d'après les lois établies entre les nations, nous avons refusé de donner à la France l'occasion de réparer ses torts envers nous. » A peu près la même thèse avait été soutenue, le 1er février 1793, dans la protestation faite à la Chambre des lords contre les préparatifs de guerre par les lords Lansdowne, Lauderdale, Derby et Stanhope (1).

Le Conseil exécutif pensa qu'il serait habile d'offrir à Pitt, même maintenant que la guerre était déclarée, cette explication qu'il reprochait hypocritement à la France de n'avoir pas cherchée, et c'est ainsi qu'il entama des pourparlers en vue de fortifier la thèse pacifique de l'opposition anglaise (2).

Le jour même de la déclaration de guerre, 1er février 1793, Le Brun écrivit à lord Grenville une lettre où il marquait, en termes émus, la douleur

(1) On trouvera le texte de ces protestations dans l'*Annual Register* de 1793, pp. 128 à 130.

(2) On voit que les négociations commencèrent avant la création du Comité de salut public, si bien que celui-ci semble s'être borné à s'approprier la politique extérieure du Conseil exécutif. Mais cette politique était l'œuvre du chef du Comité, Danton, sous l'influence duquel Le Brun ne cessa pas, je le répète, d'être placé. D'autre part, depuis le 25 mars, Danton faisait partie du Comité de défense générale et était ainsi mêlé officiellement aux affaires. Certes, nous ne sommes pas de ceux qui croient que Danton seul a tout fait, tout dirigé à partir du 10 août : mais il est indéniable (et, sans parler des apologistes, MM. de Sybel et Sorel l'ont démontré) que cet homme d'État joua, à l'époque dont nous parlons, un rôle prépondérant dans les affaires diplomatiques de la France.

que lui causait la perspective des hostilités entre les deux nations ; il demandait, en termes presque amicaux, que les communications restassent libres entre Douvres et Calais ; enfin il ajoutait, en post-scriptum, qu'un Anglais ami de la France, David Williams, ferait part de vive voix à lord Grenville des vrais sentiments du peuple français sur cette guerre déplorable (1).

(1) Voici, d'après les archives de notre ministère des Affaires étrangères, le texte de cette lettre, qui est, croyons-nous, inédite :

« Paris, 1er février 1793, l'an II de la République française.

« Mylord,

« Le citoyen Chauvelin, à son retour de Londres, m'a remis l'ordre qui lui avait été signifié, de la part de Sa Majesté britannique, de quitter l'Angleterre avant le 1er février.

« Quel qu'ait été le motif de cette mesure, qui ne peut être considérée que comme un commencement d'hostilités, les représentants de la République française et son Conseil exécutif n'ont rien à se reprocher. Pour maintenir la bonne harmonie entre les deux peuples, ils ont épuisé tous les moyens qui pouvaient se concilier avec la dignité d'une grande nation.

« Je ne puis cependant m'empêcher de vous exprimer mes regrets d'une mesure qui aura les suites les plus funestes pour l'humanité et pour le repos de l'Europe. Les guerres antérieures entre les deux nations n'ont été que des guerres de gouvernement. Les peuples n'y prenaient part qu'autant que leur commerce et leur navigation y étaient intéressés. L'épuisement des finances mettait de part et d'autre un terme aux animosités ministérielles.

« Une guerre vraiment nationale va succéder à ces luttes de l'ambition. Une haine implacable pourra prendre la place des sentiments d'estime qui unissaient les deux nations. La ruine entière d'un des combattants sera peut-être l'unique terme de ce combat sanglant. Je ne vous dirai pas qui sera responsable de toutes les calamités qui en

Peu de temps après, un mémoire fut rédigé dans les bureaux des Affaires étrangères, sur les moyens d'ouvrir les négociations avec l'Angleterre. On y voit trop bien quelles étaient alors, en février ou en mars 1793 (1), les dispositions et les espérances du gouvernement français, pour que nous ne le reproduisions pas en entier :

seront la suite. L'histoire et une postérité impartiale en jugeront.

« Cette rupture paraissant aujourd'hui inévitable, il est du moins à désirer que, pendant la guerre, les communications entre les deux pays ne soient pas entièrement interrompues. Un nombre déterminé de paquebots, enregistrés dans les ports de Calais et de Douvres et autorisés par les deux gouvernements, pourraient continuer à entretenir cette communication de la même manière qu'elle s'est faite dans la dernière guerre. Je vous prie de proposer cette mesure à Sa Majesté britannique et de me faire connaître ses intentions pour que, de notre côté, nous puissions prendre des mesures analogues.

« J'ai l'honneur d'être, avec une considération distinguée, Mylord, etc.

« P. S. — J'ai chargé votre concitoyen David Williams de remettre cette lettre à Votre Excellence. Les conversations que j'ai eues avec lui m'ont laissé pendant quelque temps l'espoir de maintenir la bonne harmonie entre les deux pays. Tous ses vœux tendaient à ce but si désirable Mais le Conseil britannique en a décidé autrement. Puisse le philanthrope David Williams, en vous entretenant des dispositions qu'il a dû observer dans le peuple français, vous ramener à des sentiments plus pacifiques et plus convenables à l'intérêt des deux pays ! »

(1) Ce mémoire est sans date. Une note marginale, écrite postérieurement, l'attribue au mois d'août 1793. Mais il est évident qu'il se rapporte au début des hostilités.

Projet de négociation avec l'Angleterre pour la détacher de la coalition.

La guerre avec l'Angleterre n'est pas encore sérieusement entamée. Aucun coup décisif n'a encore été frappé, et les Anglais ni nous n'avons d'orgueil de nos victoires, ni notre honneur respectif à venger. Il est donc temps encore de négocier, mais ce temps est précieux, il faut bien se garder de le laisser perdre. Jamais on ne vit en Angleterre une opposition si faible au gouvernement, et jamais l'opinion publique ne fut plus unanime pour la guerre contre la France.

Fort de l'opinion publique, il n'est rien que le cabinet britannique n'ose entreprendre, et ses actes les plus arbitraires sont, dès qu'il le désire, palliés d'un *bill d'indemnification*. Cependant les gens sages, les paisibles et riches négociants, ne voient rien à gagner dans cette guerre. Ils sentent que les manufactures cesseront de travailler et ils craignent l'oisiveté du peuple dans un pays où il ne peut vivre par le revenu territorial.

Dans cette disposition des esprits, le moment est très favorable pour frapper un grand coup à cette opinion publique qui, avec les moyens de corruption, fait la force des ministres. Ceux-ci ont su persuader au peuple que la France n'avait jamais voulu la paix, que les divers agents qu'elle avait envoyés dans ce pays n'y avaient été que dans le dessein de gagner du temps si nécessaire aux préparatifs de la guerre contre un ennemi aussi fort que la Grande-Bretagne. C'est donc au peuple qu'il faut prouver le désir qu'a toujours eu la République de conserver la paix avec ses voisins. Si on y réussit, on diminue l'influence du ministère, on paralyse ses moyens et on le force d'entamer une négociation qui mènera à la paix la plus durable, puisqu'elle sera faite du consentement des deux peuples.

Ce plan de négociation doit être profondément combiné, mûrement réfléchi et loyalement exécuté.

Il serait bien, pour y mener, qu'un membre de la Convention demandât que, vu l'espèce de négligence qu'on attribue au ministère de la marine, son chef fût chargé, sous un très bref délai, de donner un état des forces navales de la République, l'état de celles prêtes à être mises en mer et de celles qui doivent y être mises en campagne. Il est important que ces états soient faits avec emphase et peut-être exagérés, car il faut penser que c'est pour attaquer l'esprit public de l'Angleterre que l'on travaille, et le gouvernement anglais a su persuader à ce peuple que nous ne pouvions mettre en mer vingt vaisseaux de ligne. Il faudrait que le ministre, en rendant compte de notre situation maritime, demandât la permission à la Convention de lui faire la destination de nos forces et l'époque de leur départ.

A la suite de ce rapport, un membre féliciterait la Convention des forces de la République, et en présagerait d'heureux succès. Il dirait pourtant qu'il ne peut s'empêcher, en voyant des apprêts si terribles, de déplorer le sang prêt à couler pour de vains préjugés. Alors il développerait les prétextes qui ont engagé les divers rois ligués à nous faire la guerre. Il montrerait qu'aucun peuple libre n'y a d'intérêt. Mais, écrasant de toute l'indignation d'un peuple libre la perfide maison d'Autriche, il montrerait que c'est à ses menées secrètes, à ses vues ambitieuses que nous devons les nombreux ennemis qui s'apprêtent à nous combattre, et que c'est à ces mêmes menées, à ces mêmes vues que les peuples devront la perte de leur sang, de leur prospérité, de leurs trésors. Il montrerait le roi de Prusse comme un vrai Don Quichotte, qui s'est mêlé de cette cause sans savoir ni pourquoi ni comment. Il développerait là les intérêts politiques qui engageraient plutôt la Prusse à s'unir à nous qu'à l'Autriche. Ce développement peut fournir beaucoup d'idées et doit être profond. Mais, cependant, il conviendrait que ce membre montrât qu'un peuple républicain ne craint jamais la guerre, quand c'est pour la liberté qu'il combat. Si le roi de Prusse veut des combats, qu'il se présente et se rappelle les plaines de Champagne. S'il veut la paix, qu'il le dise, et il verra que ce même peuple, qui trouve son agression trop ridicule pour la craindre, ne refusera pas d'écouter des ouvertures de paix. Pour l'Espagne, il montrera la perfidie de sa conduite envers le peuple qui, en 1791, arma pour la défendre. Passant alors à la Hollande et à l'Angleterre, il montrera la première comme soumise aux volontés de l'autre. C'est là qu'il faudrait employer tout le talent de l'orateur, rappeler la prédilection particulière qu'a toujours eue le peuple français pour les Anglais; rappeler les égards avec lesquels tous ceux de cette nation qui se sont trouvés en France pendant la Révolution ont été traités, et déplorer les calamités dont ces deux nations, faites pour être unies, vont être victimes; montrer surtout dans ces discours les plus grands ménagements pour le gouvernement britannique; répéter souvent que, puisque le peuple anglais aime son gouvernement, c'est qu'il convient à ses mœurs, à ses usages, et que jamais la France n'a cherché à en subvertir l'ordre; terminer en disant que, puisqu'il fallait combattre, il espérait que nous prouverions aux Anglais, par notre courage et la générosité de nos actions, que nous sommes dignes d'être ses (*sic*) amis.

Un autre membre, montant à la tribune, appuierait les justes raisons du préopinant et se joindrait à lui pour gémir sur les calamités de la guerre. Il ferait plus : il demanderait que la Convention donnât un grand exemple à l'Europe et qu'elle lui fît voir qu'au moment où ses guerriers se ceignaient partout des lauriers de la victoire, n'écoutant que les devoirs de l'humanité et de la fraternité qui doivent exister entre deux gouvernements libres, elle ordonnât au Conseil exécutif (tout en déployant les forces de la République) de faire un dernier effort pour prouver au gouvernement et au peuple anglais que jamais la nation française n'avait désiré la guerre avec lui, et de porter au cabinet de Saint-James des paroles de paix qui lui fissent sentir la magnanimité d'un grand peuple, qui aime mieux la paix que la gloire.

Cette mesure, si elle était adoptée (faite dans un vague tel qu'elle ne compromettrait pas le secret des négociations futures), aurait sans doute un grand effet sur le peuple anglais, puisqu'elle lui prouverait, quoi qu'on lui ait dit, que jamais nous n'avons cherché la guerre avec lui. Par là, l'opinion publique ne soutiendrait plus les ministres; elle les forcerait à écouter les propositions qu'on lui (*sic*) ferait tout en se battant, et peut-être éviterait-on la guerre. Si, contre toute attente, si, contre toute probabilité, le gouvernement anglais se croyait assez fort, et s'il était assez fou pour préférer la guerre et refuser d'entendre nos négociateurs, alors, sans hésiter, il faudrait faire un manifeste très détaillé à tous les peuples, et surtout aux Anglais, qui leur fît voir leurs droits et l'oppression sous laquelle ils gémissent. Ce manifeste serait vraiment un appel à tous les peuples contre la tyrannie.

Si la mesure était adoptée par la Convention, alors le Conseil dépêcherait un courrier à M. Pitt pour lui demander des passeports et un sauf-conduit pour un envoyé et sa suite qui, en conformité des ordres de la Convention, viendrait porter au cabinet de Saint-James des paroles de paix qui, si elles étaient refusées, seraient suivies de tous les efforts d'un peuple généreux et libre contre l'oppression de ses droits.

Je ne vois pas que le débat proposé par l'auteur du mémoire (inspiré peut-être par Barère) ait eu lieu à la Convention. Mais la négociation fut entamée, par l'intermédiaire d'un Anglais de bonne volonté, qui se trouva ainsi jouer un assez grand rôle dans les affaires de notre pays (1).

Il s'appelait James Tilly Matthews.

Il n'est pas facile de découvrir la vérité sur la personne, les antécédents, la vraie condition de ce négociateur mystérieux et à demi masqué (2). Nous ne savons de lui que ce que lui-même a bien voulu nous en apprendre. Dans un mémoire du 30 floréal an III, il dit qu'il n'est pas Anglais, mais Gallois, et que, depuis César, les habitants du pays de Galles sont connus par leur amour de la liberté. « Je puis encore ajouter que ma mère est d'une famille française, du nom de Tilly, qui fut obligée de quitter la France à la révocation de l'édit de Nantes. J'ai été baptisé sous ce nom. Je suis porté sur les registres de baptême sous le nom de James Tilly, et, comme les armoiries sont en usage dans mon pays, j'ai toujours eu des armes françaises dans mon écusson.

(1) L'importance de la mission de Matthews a déjà été mise en lumière par M. le baron Ernouf dans son livre sur *Maret, duc de Bassano*, Paris, 1878, in-8, p. 141, et surtout par M. Albert Sorel dans son étude sur *la Politique de Danton*, parue dans la *Revue bleue* des 14 et 21 septembre 1889. Barère, dans ses *Mémoires* (t. II, p. 97), a fait allusion à ces négociations, mais sans qu'on puisse savoir s'il veut parler de Matthews ou d'un certain Mitchell, dont il sera question plus bas.

(2) Nous ne connaissons aucune biographie, même anglaise, de Matthews. Il n'est pas nommé dans l'ouvrage intitulé : *Englishmen in the french revolution*, par John G. Alger, Londres, 1889, in-8.

Je ne prends pas généralement le nom de Tilly, parce que dans mon pays il y aurait de l'ostentation à prendre trois noms. Ainsi je me contente de celui de mon père, excepté quand il s'agit de quelque acte de propriété, où je ne manque jamais de les insérer tous. L'Assemblée constituante a réintégré dans leurs droits de citoyens tous les descendants des réfugiés français : j'ai résolu aussitôt de profiter de cette faveur et de quitter l'Angleterre, parce que je n'aimais pas les principes de son gouvernement. C'est en conséquence de cette résolution que j'ai commencé à prendre un si vif intérêt aux affaires de la France. » Il ajoute qu'il ne déteste pas les Anglais, mais leur gouvernement (1).

Matthews passait pour être très lié avec des membres de l'opposition et aussi avec certains ministres qui avaient soutenu, dans le cabinet anglais, la politique de paix, notamment avec lord Hawkesbury. Il est certain qu'il était considéré dans le monde politique anglais et y avait de très hautes relations. Quand il se présenta à Le Brun, il put lui remettre, à titre de références, deux lettres autographes de lord Grenville, à lui adressées, lettres assurément insignifiantes en elles-mêmes, mais dont les formules courtoises donnaient une bonne idée de la situation sociale du destinataire (2).

(1) Ministère des affaires étrangères, *Angleterre*, t. 587, p. 589.
(2) Ces deux lettres, ou plutôt ces deux billets, sont en date du 7 et du 20 février 1793 : on les trouvera au ministère des affaires étrangères, *Angleterre*, vol. 585,

Lié depuis longtemps avec Reinhard, secrétaire de l'ambassade de la République à Londres, il fut présenté à Maret en décembre 1792, et lui fit des offres de service. Encouragé, il s'employa avec beaucoup de zèle et il fit passer à Roland un mémoire sur les manœuvres employées par le cabinet britannique pour accaparer les grains et autres provisions destinées à la France. En janvier 1793, il s'entremit pour éviter la rupture. A la fin de mars 1793, il partit pour Paris (1). Cette mouche du coche était bien renseignée et sut forcer l'attention de Le Brun par un premier et très réel service. C'est par Matthews qu'on apprit que l'Angleterre songeait à s'emparer de Dunkerque d'un coup de main, et c'est grâce à lui que la France put éviter cette surprise. En même temps, il faisait prévoir la trahison de Paoli ; il dévoilait les visées anglaises sur la Corse et sur Toulon. C'est aussi par lui que Le Brun apprit le projet de triple alliance qui devait être négocié à Londres, par Mercy-Argenteau, entre l'Angleterre, l'Autriche et la Prusse. Il offrait de préparer les voies à une négociation française, qui traverserait celle-là, et de procurer des passeports à un envoyé français.

(1) Voir *ibid.* une lettre de Le Brun (8 mars) aux municipalités de Boulogne et de Calais. Il leur envoie un passeport anonyme pour un Anglais qui doit débarquer prochainement dans l'un ou l'autre de ces ports et qu'elles reconnaîtront au signalement. En cas d'hésitation, on lui demandera s'il connaît les citoyens Maret et Mourgues. On le traitera avec beaucoup d'égards. — Le 30 mars, les officiers municipaux de Calais annoncent l'arrivée de l'étranger en question.

Le Brun accepta ces offres. Il rendit compte au Conseil exécutif, le 2 avril, « que, d'après des notions assez précises qu'il reste encore quelque espérance d'entrer avec le gouvernement anglais dans des négociations de paix, il avait cru devoir, sans compromettre la dignité de la République et suivant la proposition qui lui en a été faite, faire à ce sujet une démarche pour procurer les moyens de faire passer à Londres un négociateur. » Et l'arrêté suivant fut pris : « Le Conseil, considérant que son devoir est de ne négliger aucun moyen d'éviter les calamités que la guerre qui s'est allumée menace d'entraîner, approuve les mesures prises par le ministre. »

Matthews partit aussitôt, emportant deux lettres pour lord Grenville, qui devaient être remises à ce ministre par un notaire de Londres, M. Salter. C'est lui-même évidemment qui avait indiqué à Le Brun ce mode de communication, dont le gouvernement anglais affecta de se moquer. La première lettre demandait des passeports pour un négociateur; la seconde disait que ce négociateur serait Maret (1).

La négociation fut soigneusement cachée à l'opi-

(1) Voici le texte de la lettre au notaire Salter et des deux lettres à lord Grenville :

1° « Le ministre des affaires étrangères à M. John Salter, notaire public, à Londres.

« Paris, le 2 avril 1793, l'an II de la République française.

« Monsieur,

« Vous voudrez bien remettre à S. E. mylord Grenville, ministre et secrétaire d'État de Sa Majesté britannique

nion française. Quand Matthews voulut s'embarquer à Boulogne, la municipalité de cette ville l'arrêta, ainsi que son secrétaire. Le Comité de salut public lui écrivit, le 9 avril, de laisser passer ces deux Anglais, mais sans la mettre dans la confidence.

Matthews ne revint à Paris qu'au commencement de juin. Il apportait une réponse négative de lord

au département des affaires étrangères, la lettre ci-jointe n° 1, et, si Son Excellence la demande, celle aussi ci-jointe n° 2, de la part de la République française.

« Je suis avec considération, monsieur, etc. »

2° « Paris, le 2 avril 1793, l'an II de la République française.

« Mylord,

« La République française, désirant terminer tous ses différends avec la Grande-Bretagne et mettre fin à une guerre qui, par l'acharnement avec lequel elle serait probablement faite, ne manquerait pas de répandre des maux affreux sur l'humanité et sur les deux nations, j'ai l'honneur de demander à Votre Excellence, comme ministre de Sa Majesté britannique, un passeport et sauf-conduit pour une personne qui se rendrait à Londres, munie de pleins pouvoirs à cet effet.

« M. John Salter, notaire public à Londres, remettra cette lettre à Votre Excellence et, à condition qu'il en sera requis, une seconde contenant le nom de la personne qui aura la confiance de la nation.

« J'ai l'honneur d'être, etc. »

3° « Mylord,

« En conséquence de la première lettre que j'ai eu l'honneur d'adresser à Votre Excellence et dans le but de ramener la paix, j'ai l'honneur de vous informer que le citoyen Maret sera députe pour rendre à nos nations respectives cet inestimable bienfait.

« Je n'ai pas besoin de rappeler à Votre Excellence que trois personnes accompagneront le citoyen Maret : un secrétaire, un valet de chambre et un courrier, mais je réclame pour eux la protection nécessaire. »

Grenville à Le Brun, en date du 18 mai, et dont voici le texte :

Whitehall, 18 mai 1793.

Monsieur,

La lettre que vous m'avez écrite en date du 2ᵉ du mois passé m'a été remise le 27 du même mois.

La demande que vous m'y faites d'un passeport pour une personne qui se rendrait à Londres munie de pleins pouvoirs de la part de ceux qui exercent actuellement le pouvoir en France ne peut être accordée. Le roi n'a que trop de motifs pour ne pas permettre la résidence dans ses États d'aucun agent de la part de la France, avant que d'être assuré qu'on y a entièrement changé de principes et de conduite à l'égard des autres nations.

Sa Majesté ne juge pas à propos de se départir en ce moment de sa détermination de ne pas reconnaître, dans les circonstances actuelles, une nouvelle forme de gouvernement en France. Mais, si on y est réellement disposé à terminer la guerre qu'on a si injustement déclarée à Sa Majesté et à ses alliés et à leur donner une juste satisfaction, sûreté et indemnisation, on pourra transmettre par écrit aux généraux des armées sur la frontière les propositions que l'on aura à faire à cet effet. Ce moyen de communication éviterait les difficultés de forme, et l'on pourrait alors juger de la nature de ces propositions et de l'esprit qui les dirige.

J'ai l'honneur d'être, Monsieur, votre très humble et très obéissant serviteur.

GRENVILLE (1).

(1) Le même jour, lord Grenville avait adressé à Matthews ce billet :

« Whitehall, 18th May 1793.

« Sir,

« I have the honor to acknowledge your letter of the 16th,

En dépit de cette réponse officielle de lord Grenville, la mission de Matthews n'avait cependant pas
été, à l'en croire, sans résultats. Il avait réussi, disait-il, à empêcher la conclusion du traité de triple
alliance proposé par Mercy-Argenteau. Il apportait
de nouveaux renseignements sur les plans de la
coalition. Enfin, ayant conféré avec divers membres
du cabinet anglais, il avait obtenu communication officieuse des conditions que ce cabinet mettait à la paix. La première de ces conditions, inexé-
cutable, était le rétablissement de la monarchie en

in return to which I can only inform you, that I am not
authorised to give to you any answer on the subject to
which it relates.

« I have the honor to be, Sir, your most obedient humble
servant.

« GRENVILLE. »

« James Matthews, Esq., etc., etc., etc. » (Ce sont ces *etc.*
honorifiques qui avaient été refusés à notre ministre Chauvelin après le 10 août.) — D'autre part le comte de Starhem-
berg écrivit à Thugut, de Londres, le 24 mai 1793 : « ... Je par-
lai ensuite à lord Grenville des deux lettres qui lui ont été
écrites par M. Le Brun et que Votre Excellence trouvera dans
la gazette anglaise ci-jointe. Il me dit qu'on n'avait pas pu ne
pas lui répondre à cause des considérations que le Gouvernement anglais doit toujours avoir pour la nation, mais il
m'assura en riant que par la réponse (qu'il me communi-
quera incessamment) on renverrait le négociateur à M. le
prince de Cobourg et à M. le duc d'York, qu'on aurait
soin de prévenir en conséquence. » (Vivenot, *Quellen*, etc.,
t. III, p. 79.) Mercy à Thugut, à propos de la même affaire,
Bruxelles, 28 mai 1793 : « ... Jusqu'à ce que nos liaisons soient
plus solidement établies avec l'Angleterre, je crains toujours
qu'elle ne nous échappe dans ses pourparlers avec les Français, et je vais me tenir en sentinelle à l'armée pour y observer de plus près ce qui pourra survenir auprès du duc
d'York.. » (*Ibid.*, t. III, p. 81.)

France sous la forme de la constitution de 1791. Pour prix de ses services, le négociateur bénévole demandait une somme de onze mille livres sterling, alléguant la fable invraisemblable qu'il avait dû corrompre deux membres du cabinet anglais afin d'amener l'échec de Mercy. Il voulait aussi qu'on lui fît cadeau d'un bien national et demandait le titre de consul général de France à Londres.

Ces demandes ne furent pas accordées à Matthews ; mais le Comité de salut public crut devoir persister, malgré la lettre de lord Grenville, dans le projet de négociation. Et pourtant le ministre des affaires étrangères Le Brun, décrété d'arrestation au 2 juin, était alors prisonnier chez lui sous la garde d'un gendarme ! C'est le jour même de son arrestation qu'il communiqua au Comité les ouvertures secrètes de Matthews (1). Il fut autorisé à y donner suite et, le 6 juin, il écrivit à lord Grenville la lettre suivante :

(1) Arrêté du Comité de salut public du 2 juin 1793 : « Sur l'observation faite par un membre que le citoyen Le Brun, ci-devant ministre des affaires étrangères, a quelques propositions et ouvertures à communiquer au Comité, relativement à notre situation politique avec l'Angleterre, le Comité a arrêté que les citoyens Lindet et Barère se transporteront aujourd'hui auprès du citoyen Le Brun, pour y recueillir tous les renseignements qu'il pourra donner sur ce point. — J.-F.-B. DELMAS, CAMBON fils aîné, F. BERLIER, L.-B. GUYTON. » (Ministère des affaires étrangères, Correspondance d'Angleterre.)

Paris, le 6 juin 1793, l'an II de la République.

Monsieur,

Je n'ai reçu que depuis quelques jours la lettre que vous m'avez fait l'honneur de m'écrire le 18 du mois dernier.

Vous m'informez que le roi d'Angleterre ne peut permettre la résidence dans ses États d'aucun agent de la part de la France, avant que d'être assuré qu'on y a entièrement changé de principes et de conduite à l'égard des autres nations.

Je dois vous assurer, Monsieur, que les principes de la République française seront toujours les mêmes et qu'elle ne permettra jamais qu'une puissance étrangère s'immisce dans son gouvernement intérieur. Quant à la conduite de la France, elle sera constamment loyale envers ses amis et vigoureuse envers ses ennemis.

Vous parlez, Monsieur, de *guerre injuste*, de *satisfaction*, *d'indemnité*. Je vous demanderai si c'est la nation française qui a accueilli les mécontents des autres nations, qui les a stipendiés pour porter le fer et la flamme dans les autres pays; si c'est elle qui a porté atteinte aux traités en couvrant leurs frontières d'hommes armés; si c'est elle qui a répandu à pleines mains un or corrupteur pour y exciter des guerres civiles; si c'est elle qui, par un raffinement inouï de barbarie, a voulu les priver des denrées qui leur étaient destinées; enfin si c'est elle qui a renvoyé avec dédain les ministres publics qui lui apportaient en leur nom des assurances de paix et de fraternité.

Le roi de la Grande-Bretagne, dites-vous, ne peut reconnaître l'autorité de *ceux qui exercent actuellement les pouvoirs du gouvernement en France*. Il est malheureux, Monsieur, qu'une vaine étiquette de Cour fasse couler le sang des peuples. La République française est tellement au-dessus de ces formes, qui entravent les communications entre les différentes contrées de l'Europe, qu'elle n'est aucunement éloignée d'adopter le mode que vous proposez à cet égard, quoiqu'il soit moins propre à terminer d'une manière satisfaisante le différend qui s'est élevé entre les gouvernements respectifs.

Vous avouerez, au reste, que, de quelque manière qu'on envisage ce mode, les propositions qui seront transmises de part et d'autre aux généraux des armées sur nos frontières ne pourront être accueillies qu'autant que l'on reconnaîtra réciproquement l'autorité *de ceux qui exercent les pouvoirs du gouvernement.*

J'ai l'honneur d'être, Monsieur, votre très humble et très obéissant serviteur (1).

D'autre part, le Conseil exécutif provisoire, sur le rapport de Le Brun (2), prit, le 8 juin, cet arrêté :

(1) Le même jour, Le Brun écrivit au président du Comité de salut public : « Citoyen président, j'ai fait part avant-hier au Comité de la lettre que m'a écrite le ministre des affaires étrangères de la Grande-Bretagne. J'avais préparé un projet de réponse, et je me disposais à vous l'envoyer pour obtenir l'approbation du Comité, lorsque j'ai reçu par la poste d'aujourd'hui une lettre anonyme timbrée d'Angleterre le 28 mai. Elle ne contient que cette seule phrase : *Sir ! did you ever write to Pitt about the peace ? What answer did he give you ?* C'est-à-dire, Monsieur, avez-vous jamais écrit à Pitt au sujet de la paix ? Quelle réponse vous a-t-il donnée ? J'ai cru reconnaître l'écriture ; je vais m'en assurer et je consulterai ensuite le Comité sur le parti à prendre. Je m'imagine toujours que la nation anglaise est déjà lasse de la guerre et que le ministre est fort embarrassé. Il faut donc profiter du moment. J'envoie aussi au Comité les instructions générales sur la conduite à tenir par les agents politiques de la République en pays étrangers. Je prie le Comité de vouloir bien s'en occuper incessamment, et me faire savoir s'il l'approuve. LE BRUN. (Arch. nat., AF II, 63, dossier 217, pièce 13.)

(2) On trouvera le texte de ce rapport, daté du 7 juin, dans la *Correspondance d'Angleterre,* aux Affaires étrangères.

Le ministre des affaires étrangères annonce que, sur la proposition faite au cabinet britannique d'admettre en Angleterre des commissaires pour négocier l'échange des prisonniers, le secrétaire d'État, lord Grenville, offre de faire passer toute communication concernant les prisonniers et toute autre ouverture par le canal du général Murray, commandant une division anglaise à l'armée de Cobourg.

Le Conseil exécutif provisoire, après avoir mûrement délibéré sur cette proposition, considérant que, malgré le style hautain dans lequel cette lettre est conçue et malgré le mode extraordinaire de communication qui y est indiqué, il est de l'intérêt de la République de ne pas sacrifier le sort des prisonniers et d'autres objets également importants pour de vaines formalités ; considérant, en outre, que des commissaires nommés pour négocier un cartel avec le général Murray pourront en même temps sonder les dispositions du gouvernement anglais et faciliter des ouvertures propres à ramener la paix entre les deux peuples ;

Arrête ce qui suit :

1º Il sera nommé sans aucun délai deux commissaires qui se transporteront sur-le-champ à l'armée du général Custine pour négocier, avec le général Murray, un cartel pour l'échange des prisonniers, tant Anglais que Hollandais, conformément aux principes établis par la loi du 25 mai.

2º En faisant le choix de ces commissaires, le ministre des affaires étrangères proposera des hommes qui réunissent beaucoup d'adresse et de circonspection à des connaissances politiques, sans cependant être connus dans la diplomatie.

3º Il leur donnera des instructions particulières pour les mettre à même de jeter adroitement ou de recevoir des ouvertures de paix ; ces instructions poseront sur deux hypothèses : d'une paix séparée avec l'Angleterre et la Hollande, ou d'une pacification générale avec toutes les puissances.

4° Le présent arrêté sera porté dans la journée au Comité de salut public pour recevoir son approbation, et dès demain le ministre des affaires étrangères prendra les mesures pour le mettre à exécution.

Le même jour, le Comité de salut public accorda expressément son approbation.

Les deux commissaires nommés à l'armée de Custine pour cette mission diplomatique furent le Mayençais Georges Forster, ami de la France et observateur délié, et le citoyen Pétry (1), qui avait résidé en Angleterre et aux États-Unis. Des instructions conciliantes et vraiment pacifiques furent préparées pour eux par le nouveau ministre des affaires étrangères, Deforgues, intime ami de Danton.

Mais, le 10 juillet 1793, Danton fut renversé du pouvoir, et la Convention renouvela le Comité de salut public dans un sens robespierriste. La politique belliqueuse succéda presque aussitôt à la politique de négociation, et les instructions de Forster et de Pétry furent modifiées après coup et approuvées par le Comité le 21 juillet. En voici le passage essentiel :

... Il n'est aucunement question de faire, du moins dans ce moment, à l'Angleterre, des propositions sé-

---

(1) Il avait d'abord été question du citoyen Coquebert, aide de camp de Custine.

rieuses. Ils se borneront à s'entretenir fréquemment avec les agents anglais chargés de négocier avec eux, à se prêter aux ouvertures qui pourraient être faites, même à les provoquer et à laisser entrevoir la possibilité d'un rapprochement, protestant néanmoins qu'ils n'ont aucune instruction et que les vœux qu'ils font personnellement pour le rétablissement de la paix les portent à espérer que ce sentiment deviendra général dans les deux nations. Ils ajouteront qu'ils se chargeraient volontiers de transmettre au Conseil exécutif les ouvertures qui pourraient leur être faites à cet égard (1), s'ils n'avaient lieu de croire que les prétentions exagérées et les dédains du ministère britannique révolteront la nation française, toujours disposée à arrêter l'effusion du sang, mais bien résolue à ne traiter avec ses ennemis qu'en souveraine ; que la morgue diplomatique des cabinets de l'Europe ne peut en imposer à un grand peuple qui a su vaincre les tyrans de toute espèce, qui a maintenu son indépendance contre toute l'Europe, et qui, après avoir bravé les armées des rois les plus puissants, rougirait de recevoir la loi de leurs ministres. — Ils n'écouteront pas ceux qui parleront de la reconnaissance de la République française (2). La République existe ; elle existe de droit par la nature, et de fait par la volonté et par les moyens.

Si l'on avait encore la présomption d'entretenir les commissaires de réparations, de satisfactions, d'indemnités, ils répondront que, s'il fallait examiner les motifs de la guerre injuste qu'on a forcé la République de repousser, elle aurait les premiers droits à une indemnité, et, si l'on insistait sur cette prétention étrange, ils diront froidement que, pour payer les dettes de cette nature, la République ne connaît d'autre monnaie que le fer.

1) Dans le texte primitif, antérieur du 10 juillet, la phrase s'arrête ici, folio 142.

2) Au contraire, dans le texte primitif, cette reconnaissance était un des avantages à obtenir.

En somme, Forster et Pétry se borneront à se renseigner surtout sur les bruits de discorde entre la Prusse et l'Angleterre, à propos du mariage projeté entre les deux princes de Prusse et les princesses de Mecklembourg-Strelitz et non plus avec des princesses d'Angleterre, comme on l'avait concerté, et à propos de la prise de Dantzig par le roi de Prusse, qui veut y créer une marine. Ils chercheront aussi à savoir s'il est vrai que l'Angleterre ne veut autoriser l'échange de la Bavière qu'à condition de prendre elle-même Anvers et la Flandre entre l'Escaut et la mer.

La mission des commissaires à l'armée du Nord ne pouvait, dans ces conditions, aboutir à rien. Ils n'arrivèrent même pas à entrer en pourparlers avec le général anglais, et leur correspondance (datée de Cambrai, août-septembre 1793) est insignifiante comme leur mission.

L'opposition anglaise avait été parfaitement instruite des négociations de paix, et les journaux avaient publié les deux lettres de Le Brun remises à lord Grenville par l'entremise de Matthews et du notaire Salter (1). C'est pourquoi, le 17 juin 1793,

(1) Le ministre des États-Unis connaît par ouï-dire cette négociation dès le début. Le 19 avril 1793, il écrit à Jefferson : « J'aurais dû vous dire que j'ai appris comme un *on dit* que l'on cherche à détacher la Grande-Bretagne de la coalition et à conclure une paix séparée avec elle ; mais je suis convaincu que ce projet échouera à cause de la nature seule des personnes qui s'en occupent, sinon pour d'autres raisons. » *Mémorial du Gouverneur Morris*, trad. par A. Gandais, t. II, pp. 307-308.

Fox proposa une adresse pour le rétablissement de la paix. Il dit que, si les actes des républicains français étaient blâmables, ceux de la coalition qui avait démembré la Pologne ne l'étaient pas moins.

Burke répliqua que, par rapport à l'Angleterre, la Pologne pouvait être considérée *comme un pays dans la lune*. Alors Pitt allégua l'instabilité gouvernementale de la France : « A chaque phase de leurs révolutions successives, nous avons dit : Nous avons eu le pire des spectacles, la mesure de l'iniquité est comble ; nous ne serons pas plus longtemps froissés et étonnés par la vue de crimes renouvelés et de monstruosités croissantes. Et le courrier suivant nous donnait lieu de nous reprocher à nous-mêmes notre crédulité, en nous apprenant de nouveaux crimes et des monstruosités encore plus effrayantes.

« ... Si nous traitions avec Marat, avant la fin de la négociation il retomberait dans la lie populaire dont il est sorti et laisserait la place à un scélérat encore plus désespéré que lui (1). »

----

(1) On trouve un écho du langage du gouvernement anglais relativement à la mission de Matthews dans le passage suivant de l'*Annual Register* de 1793, pp. 131-132 : « About this time a very curious and unexpected proposal, for an amicable negotiation with France, was made by the french minister Le Brun, if the letters delivered to lord Grenville may deserve that appellation. But as they have been mentioned by other writers, they cannot be omitted by us. (Suivent les deux lettres de Le Brun au notaire Salter et une lettre de James Matthews du 21 mai 1793, attestant l'authenticité de ces pièces.) The proposal to commence a negociation of so much importance by the intervention of a notary public is as ridiculous as it was unusual. At the same time, it

La motion de Fox fut repoussée par 187 voix contre 47.

Cependant il y eut un nouveau simulacre de négociations, qui ne fut peut-être au fond qu'une tentative d'espionnage et dont l'initiative vint d'Angleterre. Le 17 juillet 1793, à Paris, on arrêta un Anglais, nommé Archibald Mitchell. Il écrivit à Deforgues qu'il avait un passeport de lord Grenville. Il se dit un des vingt-quatre magistrats chargés de la police de Westminster. Il demanda à revenir à Londres. Sans doute, il n'a pas de mission, mais il a vu le secrétaire de lord Grenville, et lui a fait part de son idée de se rendre à Paris en négociateur bénévole pour amener la paix. Il offre de porter une lettre à lord Grenville et même d'emmener avec lui un Français. « Je suis sûr, dit-il, qu'il ne sera fait aucune opposition à son séjour *libre* à Londres ou à son retour à Paris. » En même temps, il remettait un mémoire où il disait que l'obstacle à la paix était l'absence de gouvernement établi en France, et conseillait aux Français de confier le pouvoir exécutif

would have been highly improper for the british Government to engage in treaties with every faction in France whose successful crimes had given it a transient ascendancy : nor would such a pliant, accommodating policy, have gained any thing but disgrace and misfortune. Besides, Le Brun was known to be equally rash and faithless, and to have been among the foremost of those who whished to involve France in a war with this country : a circumstance which formed one of the criminal charges that conducted him to the guillotine. Nor can we omit the observation, that almost immediatly after this strange, irregular proposal was made, the party who pretended to make it were no more. »

à trois Consuls (*sic*). Il entrait même dans des détails minutieux sur le mode d'élire ces trois Consuls.

Le 18, le ministre écrivit au Comité de sûreté générale pour lui demander d'éloigner cet homme, qui est sans doute un espion, « et qui vraisemblablement n'affecte de présenter des plans absurdes que pour mieux cacher ses intrigues secrètes et son espionnage. » Le 23, Mitchell envoya trois autres mémoires, où les vues ingénieuses ne manquent pas. Le 26, Deforgues dénonça encore cet Anglais au Comité de sûreté générale. Il ne veut, dit-il, avoir aucun rapport avec cet homme, dont les plans sont extravagants, mais « qui annonce quelque talent ». En réalité, Deforgues avait peur de se compromettre, s'il paraissait revenir à la politique dantoniste des négociations secrètes, et il ne fut plus question de Mitchell (1).

Quant à Matthews, quoiqu'il n'eût pu obtenir aucune indemnité du gouvernement français, il s'obstina dans son rôle de négociateur bénévole. Il revint à Londres au mois de juillet, y conféra de nouveau, dit-il, avec ses amis du cabinet, obtint d'eux des conditions plus acceptables et partit en août pour se rendre en France par la Belgique. Il débarqua à Ostende et, arrivé dans le département de l'Aisne, à Hirson, écrivit à Danton une lettre dont

---

1. Plus tard, en décembre 1793, le gouvernement français reçut d'Angleterre une autre invitation à négocier, sous forme de lettre de l'Anglais Miles à Noël, ministre de la République à Venise.

l'original manque, mais dont nous avons trouvé, aux archives des Affaires étrangères, la traduction suivante :

Copie d'une lettre écrite par Matthews au citoyen Danton.

Hirson, le 20 août 1793.

Citoyen Danton (1),

J'ai écrit par un courrier de cet endroit à mon ami confidentiel... (2), qui, s'il est chez lui, ira vous trouver sur-le-champ; mais, dans la crainte qu'il n'y soit pas, je vous prie de m'envoyer par le porteur un passeport pour aller à Paris, où je vous expliquerai ce qui est nécessaire pour le bien de la République. Mais un objet ne doit pas être différé, pas même jusqu'à l'expédition du passeport : envoyez sur-le-champ à Dunkerque une centaine de vos meilleurs canonniers avec 4 ou 6 pièces de grosse artillerie et des fourneaux pour chauffer des boulets; car l'information que je vous ai donnée, lors de mon dernier séjour à Paris, va être vérifiée; les batteries flottantes sont achevées, et l'armée est en marche pour attaquer la ville.

Pitt (qui a essayé de me faire arrêter dans les Pays-Bas) s'est aussi assuré de quelques-uns des habitants; néanmoins, à en juger du temps qui s'est écoulé, je ne doute pas que vous ne soyez complètement préparés. Si cette attaque peut être repoussée, j'espère qu'il en résultera un grand bien. Car, depuis quelques jours, il s'est élevé une dispute entre le duc d'York et Cobourg, ce qui pourra nous être d'une grande utilité, si nous en tirons un parti convenable. D'un autre côté, ayant trouvé tous mes amis aussi fermes qu'ils l'étaient en décembre

(1) Ces deux mots sont raturés.
(2) Ici un nom propre raturé et illisible.

dernier, il faut que Pitt fasse la paix ou qu'il quitte la place. Je dois remettre toutes les autres particularités jusqu'à mon arrivée à Paris. Je dois vous faire observer seulement qu'il est nécessaire que je ne sois connu que de vous et de M. Barère, car une découverte me priverait des moyens de remplir ma promesse envers la République.

Faites expédier le passeport au nom de James Mitchel, américain. Je vous prie aussi d'en expédier un pour Francis Willis, américain, que j'ai été obligé d'emmener avec moi d'Ostende, parce que je ne connais pas assez bien votre langue.

Veuillez bien ne vous communiquer qu'à M. Barère, et ne négligez pas l'affaire de Dunkerque.

Je porte avec moi les papiers anglais jusqu'au 13 de ce mois.

Cette fois, Matthews devait rencontrer en France le pire accueil. Il reçut son passeport, mais fut arrêté à Vervins, n'obtint qu'à grand'peine de continuer sa route et dut laisser son secrétaire en prison dans cette ville. A Paris, Deforgues ne voulut même pas le recevoir et il ne put s'entretenir qu'avec le citoyen Otto, chef de la 1re division, qui parlait très bien l'anglais. Otto fit pour Deforgues un résumé de sa première entrevue avec Matthews :

« Dès le mois de mars, lui dit Matthews, il aurait été facile d'en venir à un accommodement. Il s'était formé dans le cabinet britannique un parti très fort contre la guerre. Je fus chargé de faire ici des propositions. Elles parurent exorbitantes; mais on n'a pas considéré que, dans tous les cas, on demande le plus pour avoir le moins. Le point principal sur lequel le cabinet anglais ne cédera jamais, c'est qu'avant la conclusion de la paix il y ait en France un pouvoir exécutif quelconque, qui puisse être, près des étrangers, l'organe de la volonté générale. D'après mes observations, il a cru que, parmi les hommes marquants en France, Danton et Barère sont ceux (1) avec lesquels il pourrait négocier avec le plus de confiance, parce que, ne s'étant pas fortement prononcés pour aucun parti, ils n'étaient pas dans le cas de perdre si tôt leur influence. Danton surtout jouit (2) en Angleterre d'une grande considération. »

Matthews ajoute que les premières dispositions du cabinet anglais étaient favorables à la France, qu'il se serait contenté d'obtenir l'île de Tabago. Mais, depuis, les sorties violentes faites dans la Convention nationale et la révolution du 31 mai « ont fortifié Pitt dans son ancienne opinion qu'il n'y avait en France aucun pouvoir stable ». Il craignit que les ouvertures qu'il avait faites ne fussent connues de l'opposition, et il envoya en Flandre le major Graham pour arrêter Matthews. Celui-ci en fut informé par ses amis après son retour en Angleterre où il s'était, dit-il, rendu secrètement, pour conférer avec des hommes « confidentiels » du cabinet.

____

(1) Ces mots : « Danton et Barère sont ceux », sont raturés dans l'original et remplacés par ceux-ci : « Il y en avait plusieurs. »

(2) Ces mots : « Danton surtout jouit », sont raturés et remplacés par ceux-ci : « Et qu'ils jouissaient déjà. »

Aujourd'hui, continue-t-il, la majorité du cabinet anglais est disposée à négocier. Il va faire connaître les conditions proposées, à condition « qu'on ne lui fera jamais de questions sur les noms des personnes qui l'emploient ».

« Le temps presse. Le sort de Dunkerque déterminera les mesures ultérieures du cabinet anglais. Il est instant que, vers le 10 septembre, je sois de retour à Londres. Je sais que, vers cette époque, Mercy doit s'y rendre pour conclure une triple alliance entre l'Autriche, la Prusse et l'Angleterre. Mercy a été renvoyé par le ministre anglais, il y a trois mois, parce que par mon entremise on espérait un accommodement. Mais, si Dunkerque était pris, et que je ne revinsse pas avec une réponse satisfaisante, il n'y aurait plus moyen de remédier aux négociations de Mercy. »

Et il termine en donnant ce conseil salutaire : « Ne comptez pas sur le peuple anglais, si nous avons des succès au dehors : le peuple favorise le ministre, et c'est ce que l'opposition craint le plus. »

Dans une seconde entrevue, il transmit ce qu'il appelait les propositions anglaises, en termes qu'une note d'Otto résume ainsi :

L'Angleterre renonce au rétablissement des émigrés en France. Elle laisse cet objet à la générosité de la nation.

Elle renonce aussi à la demande qu'elle avait faite touchant l'organisation de notre gouvernement.

Elle est prête à faire avec nous un traité de commerce, mais elle n'envisage pas cet article comme une condition de la paix.

Elle demande que tous les décrets qui ont été la cause de la guerre ou qui ont été lancés depuis contre l'Angleterre soient révoqués;

Que nous acceptions sa médiation pour une paix générale et que nous ne fassions aucune cession de territoire, en faveur de telle puissance que ce soit, que de concert avec elle;

Que nous lui fassions le sacrifice d'une de nos possessions aux Antilles (c'est Tabago qu'elle paraît avoir principalement en vue);

Que les princes allemands possessionnés en France soient indemnisés;

Que le Pape le soit également;

Que la Savoie et le comté de Nice soient rendus;

Qu'on laisse partir tranquillement la famille de Capet et que la nation lui fasse un traitement annuel.

L'Angleterre offre de son côté :

1° De reconnaître la République;

2° De faire avec elle un traité d'alliance;

3° De garantir les limites de la France (1).

(1) Matthews communiqua aussi un plan de la triple alliance en vue de démembrer la France :

1° Le roi de Sardaigne aura tous les départements français au delà du Rhône;

2° L'Autriche aura l'Alsace et la Lorraine;

3° Le roi de Prusse gardera sa part de Pologne et recevra les électorats ecclésiastiques sécularisés;

4° L'Autriche se mettra en possession de la Bavière;

5° L'Espagne pourra étendre ses conquêtes jusqu'au département de la Gironde. C'est peut-être Matthews qui remit à Otto la carte coloriée de la France ainsi démembrée qui se trouve au ministère des affaires étrangères, *Mémoires et documents : France*, vol. 650, folio 275.

Matthews était-il réellement autorisé à transmettre les propositions qu'il formulait en termes si nets? Lui-même avouait qu'elles n'étaient que le résultat de ses entretiens avec une partie du cabinet anglais, et se donnait comme un ennemi de Pitt, dont il ne pouvait conséquemment pas se dire l'interprète. Le second Comité de salut public crut devoir mépriser une ouverture qui lui apparut comme une intrigue dantoniste. Otto, par prudence personnelle, prit soin d'écrire les observations suivantes pour dégager sa responsabilité :

« Il est indubitable que M. est envoyé directement pour sonder nos dispositions. Mais, pour mettre le cabinet anglais à couvert des sarcasmes de l'opposition, il fait tout ce qui dépend de lui pour nous engager à faire ces propositions comme venant de nous-mêmes, et il donne les assurances les plus fortes qu'elles seront agréées. Il propose d'en être le porteur ; mais, suivant lui, il est essentiel qu'il soit muni de pleins pouvoirs, dont il ne fera usage qu'envers le ministre. M. est profondément versé dans la politique de son pays ; il est personnellement lié avec lord Hawkesbury, dont il paraît être l'agent, quoiqu'il refuse d'en convenir. — Il se charge des préliminaires et il promet d'obtenir sans délai l'admission d'un agent public de la République pour négocier un traité définitif. »

Le 2 septembre, Matthews revint voir Otto et le supplia de se hâter de le mettre en rapport avec un membre du Comité. Si on diffère, dit-il, tout est perdu. Il est encore en son pouvoir d'empêcher la triple alliance, etc.

Otto répondit qu'il avait transmis ses propositions à Hérault-Séchelles pour le Comité.

Matthews insista : Otto le renvoya à Hérault, qui parlait l'anglais (Matthews ne savait pas un mot de français).

Le 7, le 8 et le 9 septembre, Matthews écrivit : 1° au Comité ; 2° à Hérault ; 3° à Danton (ces lettres sont insignifiantes) : il n'eut pas de réponse. A force de faire antichambre dans le Comité de salut public, il finit par rencontrer Hérault. Mais celui-ci le repoussa durement. Effrayé de la loi qui ordonnait l'arrestation des étrangers, il demanda un passeport. Mais, le 6, le Comité de salut public avait décidé qu'il serait arrêté et que les scellés seraient apposés sur ses papiers.

On se borna à le mettre sous la surveillance d'un gendarme, dans l'hôtel de la rue Grange-Batelière, où il était descendu. Il put s'y rencontrer avec un autre négociateur bénévole, qui s'occupait alors de réconcilier la France et la Prusse, le baron d'Esebeck.

Le malheureux Matthews tomba dans la plus profonde détresse. Il vécut de la charité que lui fit son domestique. Et cependant il ne cessait d'écrire au ministre des affaires étrangères, tantôt pour offrir des conseils, tantôt pour demander des secours. Il s'indignait du mépris qu'on lui témoignait. « Je nie, disait-il le 29 brumaire an II, que j'aie trahi l'Angleterre. J'ai un attachement égal pour les deux pays, et, si je suis né en Angleterre, je préfère la cause de la France. Je suis d'un côté d'extraction française et je sers l'Angleterre en contribuant à sauver la France ; car, si la République est détruite, la liberté anglaise est indubitablement perdue. A l'égard des plans, je les ai achetés, et je ne doute pas que Pitt n'ait acheté les vôtres. L'Angleterre ne m'a rien confié, et j'ai annoncé depuis longtemps le dessein de me faire naturaliser en France. Je suis donc sans inquiétude à cet égard. »

Après thermidor, on eut pitié de lui. La Commission des relations extérieures adressa au Comité de salut public, le 6 nivôse an III, un long rapport sur Matthews; elle y constatait ses services et reconnaissait que ses avis opportuns avaient sauvé Dunkerque, que Le Brun lui avait fait de vive voix des promesses d'argent et elle demandait au Comité d'allouer à Matthews la somme de 15.000 livres en assignats, afin qu'il pût s'acquitter envers son créancier, le propriétaire de l'hôtel Grange-Batelière, et quitter la France.

Nous ne savons si Matthews reçut ce secours. Le 30 floréal an III, il envoya au gouvernement français un nouveau et long mémoire sur les moyens de faire la paix avec l'Angleterre. Nous perdons ensuite la trace de ce mystérieux personnage.

Telles furent les négociations secrètes du premier Comité de salut public et de Danton avec l'Angleterre. Si elles n'aboutirent ni à amener la paix, ni même à fortifier l'opposition parlementaire anglaise, ce n'est pas que le point de départ et le mode de ces négociations fussent mauvais. Danton et ses amis échouèrent parce que les dissensions intérieures de la France firent éclater aux yeux des Anglais l'instabilité et la faiblesse de notre gouvernement. La révolution du 2 juin 1793 ôta tout prestige au Comité de salut public. L'Europe sut que le ministre des Affaires étrangères, l'auxiliaire de Danton, négociait du fond d'une prison. Bientôt Danton lui-même fut renversé du pouvoir par la Convention. Adroitement commencées, ces négociations avec l'Angleterre se perdirent ainsi dans le vide.

§ 3

HOLLANDE

Le 1er février 1793, la Convention n'avait pas seulement déclaré la guerre à la Grande-Bretagne, mais aussi à la Hollande, qui, à la remorque de la cour de Londres depuis le traité de 1788, avait pris une attitude hostile après le 10 août. A la nouvelle de cette journée, les États généraux avaient signifié au ministre de France, M. de Maulde, leur résolution de ne plus communiquer avec lui. Le *Moniteur* du 6 septembre 1792 annonça que le stathouder ne se faisait pas faute de fournir à l'armée austro-prussienne de l'argent, des vivres et des munitions.

Les autres griefs de la France sont résumés dans le préambule de la déclaration de guerre. Il y est dit « que le stathouder, dont le dévouement servile aux ordres des cabinets de Saint-James et de Berlin n'est que trop notoire, a, dans le cours de la Révolution française et malgré la neutralité dont il protestait, traité avec mépris les agents de France, accueilli les émigrés, vexé les patriotes français, traversé leurs opérations, relâché, malgré les usages reçus et malgré la demande du ministère français, des fabricateurs de faux assignats ; que, dans ces derniers temps, pour concourir aux desseins hostiles de la Cour de Londres, il a ordonné un armement par mer, nommé un amiral, ordonné à des vaisseaux hollandais de joindre l'escadre anglaise, ouvert un emprunt pour subvenir aux frais de la guerre, empêché les exportations pour la France, tandis qu'il favorisait les approvisionnements des magasins prussiens et autrichiens ».

C'est une guerre de propagande que la Convention fit au gouvernement hollandais. Elle prit en main la cause des patriotes bataves vaincus en 1787. Elle soutint le Comité insurrectionnel d'Anvers qui, la veille de la déclaration de guerre, lançait en Hollande des proclamations où les habitants de ce pays étaient invités à ne plus obéir au stathouder. Elle accueillit les vœux du Comité des patriotes bataves établi à Paris. Elle forma une légion batave. C'est à la tête des révolutionnaires hollandais que Dumouriez entra en Hollande. Après la prise de Bréda, la Convention, sur le rapport de Cambon, rendit un décret qui révolutionnait le pays batave, comme on avait révolutionné la Belgique.

Mais l'échec de nos armes à Aix-la-Chapelle rendit inutile ce commencement de conquête et d'organisation. Dumouriez évacua la Hollande, puis la Belgique.

Le Comité de salut public n'avait pas à négocier avec le stathouder. Il continua seulement à favoriser les proscrits hollandais réfugiés en France. On sait que les projets avortés en 1793 devaient réussir en l'an III et amener la fondation de la République batave.

§ 4

AUTRICHE ET PRUSSE

Sur le continent, c'est vers la Prusse et l'Autriche que devait se tourner de préférence l'attention du Comité de salut public.

Pourquoi étions-nous en guerre avec ces deux puissances ?

Sans remonter aux causes lointaines ni même à la déclaration de Pilnitz, rappelons les motifs officiels allégués par l'Assemblée législative quand, le 20 avril 1792, elle avait déclaré la guerre au roi de Bohème et de Hongrie. Ces motifs étaient la protection ouverte accordée aux Français rebelles par la Cour de Vienne, le concert provoqué et formé par elle avec plusieurs puissances de l'Europe contre l'indépendance et la sûreté de la nation française, le refus de François II de renoncer à ce concert et même de répondre à une dernière note pacifique de la France en date du 11 mars 1792, enfin sa déclaration qu'il soutiendrait les droits des princes possessionnés en France.

L'Autriche répondit par un manifeste assez habile, où elle tâchait d'établir que l'attaque venait de la France (1). Le roi de Prusse fit, de son côté, un manifeste où il se déclarait, comme membre de l'Empire, obligé de venir au secours de l'Empereur (2). Mais il alléguait aussi un autre motif (3), celui de faire cesser l'anarchie en France et d'y établir un

1. On trouvera dans le *Courrier de l'Europe* (Bibl. nat. N d. 34) du 27 juillet 1792 le texte de cette *contre-déclaration*, qui est datée du 5 juillet 1792.

2. Voir dans l'*Annual Register* de 1792, p. 225, la « brève exposition des raisons qui ont déterminé le roi de Prusse à prendre les armes contre la France », datée de Berlin, le 24 juillet 1792; il y est dit que l'empire d'Allemagne a été attaqué sur deux points : 1° les Pays-Bas autrichiens, qui font partie de l'Empire (cercle de Bourgogne) ; 2° les États du prince évêque de Bâle. Voir aussi *ibid.*, p. 236, un long manifeste de l'Empereur et du roi de Prusse, 4 août 1792.

3. D'autre part, il existait entre la Prusse et l'Autriche un traité d'amitié et d'alliance défensive, convenu dès le 25 juillet 1791 et signé le 7 février 1792.

pouvoir légal sur les bases essentielles d'une forme monarchique. Enfin, les deux puissances s'entendent pour une déclaration commune, à la veille d'envahir la France. C'est le manifeste du duc de Brunswick, où il est dit que la guerre a lieu pour rétablir Louis XVI dans sa liberté et dans son pouvoir, et où les deux cours alliées déclarent « qu'entraînées dans la guerre présente par des circonstances irrésistibles elles ne se proposent d'autre but que le bonheur de la France, sans prétendre s'enrichir par des conquêtes » (1).

Ainsi, c'est en apparence pour rendre service à Louis XVI que la Prusse et l'Autriche prennent les armes. Mais, au fond, les intérêts des Bourbons les préoccupent peu. A la mort de Louis XVI, qui aurait dû surexciter leurs sympathies pour la maison de France, ils montrent une indifférence cynique pour la cause de la famille royale. Le comte de Provence, réfugié en Westphalie, proclame Louis XVII et se

(1) Il y eut en tout trois manifestes du duc de Brunswick : 1º celui du 25 juillet 1792, dont nous venons de parler; 2º celui du surlendemain 27 juillet, où il déclarait « que, si, contre toute attente, le roi, la reine, ou quelque autre personne de la famille royale venait, par la perfidie de quelques habitants de Paris, à être enlevé de cette ville, toutes les villes qui ne se seraient pas opposées à son passage subiraient le même châtiment que les Parisiens, et la route que prendraient ceux qui enlèveraient le roi et la famille royale serait marquée par des exemples analogues à des crimes qui ne méritent aucune grâce » (Courrier de l'Europe du 14 août 1792); 3º celui du 28 septembre 1792, où, au nom de l'Empereur et du roi de Prusse, il réclamait la mise en liberté de la famille royale et le rétablissement de Louis XVI sur le trône.

déclare régent : il ne peut se faire reconnaître ni par l'Autriche, ni par la Prusse, ni par l'Angleterre, ni par une autre cour que celle de Russie, laquelle, en le reconnaissant, n'a d'autre but que de s'opposer à un démembrement éventuel de la France.

Une seconde occasion s'offre à nos ennemis pour faire connaître leur véritable intention : c'est la trahison de Dumouriez. Cobourg publie alors (5 avril 1793) une proclamation où il dit qu'acceptant les vues de Dumouriez, il coopérera avec lui « à rendre à la France un roi constitutionnel, la constitution qu'elle s'était donnée et par conséquent les moyens de la rectifier, si la nation la trouvait imparfaite ». Il ajoute : « Je déclare par conséquent ici, sur ma parole d'honneur, que je ne viendrai nullement sur le territoire français pour y faire des conquêtes, mais uniquement et purement aux fins que j'ai ci-dessus indiquées. »

Mais la trahison de Dumouriez n'ayant pas avancé la cause des alliés, on changea brusquement de langage et on décida au congrès d'Anvers (7 avril 1793) de substituer à la guerre de principes la guerre de conquêtes. Une nouvelle proclamation fut imposée à la signature de Cobourg (9 avril). Il y révoquait expressément la précédente, expression de ses « sentiments personnels »; il y annonçait la rupture de l'armistice conclu avec Dumouriez et y annulait *toutes* ses déclarations antérieures, parmi lesquelles se trouvait l'engagement de ne pas faire de conquêtes.

Pour le dire en passant, cette seconde proclamation de Cobourg eut pour effet de rallier tous les Français patriotes autour de la Convention et du Comité de salut public.

Ainsi nos ennemis prussiens et autrichiens ne sont pas plus désintéressés que nos ennemis anglais.

Heureusement qu'ils ne peuvent se mettre d'accord entre eux. L'Autriche convoite l'Alsace et rêve l'échange de la Bavière contre la Belgique, c'est-à-dire que l'électeur de Bavière ira régner à Bruxelles et que la Bavière deviendra autrichienne. Mais ce plan déplaît à la Prusse, à l'Angleterre et à l'électeur lui-même.

La Prusse veut une part de la Pologne. Elle craint que la Russie ne la lui donne pas. Aussi, en 1792, hésite-t-elle à s'engager à fond contre nous. Des plaines de Champagne, elle regarde en arrière, elle négocie avec la France, elle bat en retraite au plus vite. Quand enfin, en janvier 1793, elle tient sa province polonaise, alors c'est l'Autriche qui l'inquiète. Le jour où François II apprit le traité de partage de la Pologne, il se vit joué, il renvoya ses ministres, appela Thugut, réclama la Belgique accrue de places françaises et expédia Mercy-Argenteau à Londres pour y réclamer une compensation. L'agrandissement de la Prusse l'inquiétait bien plus que celui de la Russie.

Quand le Comité de salut public arrive aux affaires, la querelle entre l'Autriche et la Prusse est à l'état aigu. Mais il ressort de la situation respective de ces deux puissances que la première a un intérêt majeur à la continuation de la guerre contre nous, tandis que la seconde n'y a intérêt que pendant le temps nécessaire pour qu'elle puisse se fortifier en Pologne.

C'était en France une idée accréditée qu'on se trouvait à la veille d'une paix avec la Prusse, dont la conséquence immédiate serait une alliance offensive et défensive contre l'Autriche.

Dès le 12 octobre 1792, on préparait, dans les bureaux de Le Brun, les bases de cette alliance et, le 22 janvier suivant, on envoyait au citoyen Noël, à Londres, copie d'un projet où l'imagination française s'exaltait dans les termes suivants :

Ainsi, au printemps prochain, lorsque le moment d'ouvrir la campagne serait arrivé, et que l'Autriche, confiante dans l'appui de la Prusse, aurait préparé de grands efforts pour attaquer les Français sur le Rhin, on publierait subitement la conclusion de la paix séparée de la Prusse et de la France. L'armée prussienne, sortant de ses quartiers d'hiver en Franconie, et jointe à 12.000 Hessois, tomberait à l'improviste sur la Bohême, par Eger. Une autre armée prussienne, ou entrerait dans la Silésie, ou combattrait les Russes dans la Pologne, assistée des patriotes polonais dont le nombre et l'animosité augmentent tous les jours.

Les Turcs s'avanceraient également du côté de la Pologne, ainsi que dans le bannat de Temesvar et en Croatie, en suivant le plan de leur première campagne de 1788, et à l'aide des Valaques, qu'il ne serait pas impossible de faire insurger.

Les Français feraient face à l'armée autrichienne sur

le Rhin et parviendraient bientôt à les chasser totalement de cette partie de l'Allemagne, du Brisgau, des villes frontières, etc.

Dans le même temps, nos armées du Midi les attaqueraient par le Piémont et les chasseraient de la Lombardie.

Notre flotte de la Méditerranée entrerait dans la mer Noire et faciliterait un débarquement des Turcs dans la Crimée (1).

Ces rêves ne se réalisèrent pas : il était encore trop tôt pour que la Prusse eût intérêt à se retirer de la coalition. Mais elle n'était plus pour l'Autriche qu'une auxiliaire équivoque. Quand le Comité de salut public arriva aux affaires, l'inertie calculée de Brunswick avait empêché l'Autrichien Wurmser de s'emparer de l'Alsace, et le roi de Prusse semblait borner ses vœux à reprendre Mayence. C'est alors que le partisan le plus bruyant de l'alliance prussienne, Custine, proposa son célèbre plan de campagne (9 avril) : il consistait à réunir l'armée de la Moselle et une partie de celle du Rhin à l'armée du Nord et des Ardennes, afin d'écraser les Autrichiens et de reconquérir la Belgique. Ce plan supposait qu'on n'aurait, pendant ces opérations, rien à craindre du côté du Rhin. Pour cela, il fallait négocier, non seulement avec l'électeur palatin, mais avec la Prusse.

(1) Par une lettre datée de Nice, le 5 mars 1793, le général Biron s'offrit à Le Brun pour négocier avec le roi de Prusse. Il est sûr d'être bien reçu. S'il n'est pas choisi comme négociateur et si le négociateur est Maret, il offre de lui donner une lettre. (*Corr. de Piémont*, folio 503.)

Un intermédiaire bénévole s'offrait pour cette négociation : c'était le baron Louis d'Esebeck, ministre du duc de Deux-Ponts. Il avait été arrêté à Deux-Ponts, le 25 février 1793, par ordre de l'adjudant général Guadet, qui voulait le punir d'avoir protesté contre la publication du décret du 15 décembre dans le duché. Transféré dans la prison militaire de Metz, il écrivit lettre sur lettre pour être élargi, alléguant son grand âge et ses infirmités. Le ministre de la guerre, Bouchotte, n'osa pas prendre de décision. Cependant le duc de Deux-Ponts réclamait vivement son ministre. Tous deux faisaient des offres de service, en vue d'une entremise pacifique. Pour tirer cette affaire au clair, Le Brun envoya Dubuisson en mission secrète à Metz : il devait causer avec d'Esebeck et s'entendre avec Custine. Il avait reçu des instructions orales auxquelles il est fait allusion dans ses instructions écrites (4 mai 1793). C'est probablement à la suite de ses entretiens avec Dubuisson que d'Esebeck écrivit à Le Brun, le 25 mai, qu'il « ne négligerait aucune occasion à rendre service à la République, après avoir été mis en liberté et qu'il ferait tout ce qui est en son pouvoir pour seconder le citoyen Desportes dans ses négociations ».

Desportes fut en effet le diplomate auquel on confia le soin de suivre cette affaire, quand on vit qu'elle était sérieuse (1). Il avait été nommé, le

____

(1) Dubuisson ne resta pas à Metz. Par une lettre du 27 mai 1793, Le Brun l'autorisa à se rendre à Bâle : il devait

24 février 1793, ministre plénipotentiaire de la République près le duc de Wurtemberg. Il n'avait pas encore rejoint son poste. Le Brun l'envoya à Metz avec mission de conférer avec M. d'Esebeck et de tâcher de le faire mettre en liberté. Il arriva à Metz le 24 mai et écrivit le lendemain au département :

Je suis arrivé hier soir en cette ville. J'y ai trouvé les députés Montaut, Soubrany, Meunier (*sic*) et Le Vasseur, d'après les ordres desquels vous savez qu'on a amené ici pour otages la princesse héréditaire de Nassau-Saarbruck et toute la régence de son beau-père. Leur intention m'a paru être de faire servir cette dame et ses baillis à l'échange de leurs quatre collègues détenus à Maëstricht. Mais je crois qu'y compris la princesse, que son mari vous donnera toujours pour rien, ce n'est pas avec de tels personnages qu'ils accompliront une si louable vue. Je crois encore que de semblables expéditions, si elles étaient souvent répétées, comme peut-être on se le propose, produiraient le plus pernicieux effet. L'expérience nous prouve combien les peuples *non régénérés* tiennent à leurs magistrats subalternes. Enlevez leurs princes : ils resteront immobiles; mais privez-les de deux ou trois baillis : ils crieront à l'injustice, ils se démèneront, ils vous voueront une haine éternelle. Est-il de notre intérêt de nous aliéner en ce moment, par des injustices mesquines, l'esprit des Allemands?

Le but unique de mon voyage à Metz étant la délivrance du baron d'Esbeck, il m'a fallu voir ce matin une infinité de citoyens pour me faciliter l'entrée de la prison. Car c'est une affaire d'État que la détention de ce plus que

s'y enquérir sur l'esprit public en Allemagne et en particulier sur l'effet produit dans le Palatinat et dans la Bavière par le projet d'échange de la Bavière contre la Belgique.

simple baron : le Français, toujours enfant, mesure encore à la longueur des cordons l'importance qu'il apporte aux personnes...

Quand Desportes eut vu d'Esebeck, il jugea ses ouvertures intéressantes et demanda un passeport au roi de Prusse pour voyager en Allemagne. Le prince de Hohenlohe le lui envoya aussitôt et, s'il ne reçut pas ce papier, c'est qu'il fut intercepté en route. A cette occasion, Desportes écrivit à Le Brun la lettre suivante, où il développait tout le plan de négociation :

Metz, 9 juin 1793.

La facilité du prince [de] Hohenlohe à me délivrer ce sauf-conduit cessera de vous surprendre, citoyen ministre, lorsque j'aurai eu l'honneur de vous assurer qu'un des plus ardents souhaits du roi de Prusse est que la République voie sans regret la sécularisation des trois électorats ecclésiastiques. Ce changement de système dans la constitution germanique peut ouvrir à son ambition de nouveaux moyens d'agrandissement. Il peut donner à sa puissance, si la France le permet, ce degré de hauteur auquel le prince brûla toujours d'atteindre. Son astucieux cabinet guette depuis longtemps quelque point de contact, quelque rapprochement avec nous : il croit en saisir l'occasion dans mon arrivée en Allemagne. Si nos négociations doivent lui procurer le plus léger avantage, le machiavélique Frédéric-Guillaume, digne en ce point de son prédécesseur, trouvera sur l'instant mille prétextes pour rompre avec l'Autriche, et le moment n'est pas loin peut-être où nos armées ne seront plus que spectatrices de leurs combats,

Jusqu'à présent, le fardeau de la guerre a pesé spécialement sur la cour de Vienne; mais elle est épuisée. Les interpellations les plus vigoureuses ont été faites à celle de Berlin; on l'invite à sortir de cette inaction profonde dans laquelle elle tient ses forces sur nos frontières, ce qui trompe depuis deux campagnes tous les vœux des deux cours impériales. L'Autriche et la Russie croyaient faire servir à leur seul intérêt l'esprit chevaleresque et borné du roi de Prusse. C'était pour favoriser leurs vues qu'elles lui avaient mis les armes à la main. Mais l'adresse du cabinet de Berlin a bien autrement su faire tourner la chance. Si les circonstances nous eussent permis d'armer les Turcs contre les Russes, il n'est pas douteux que Catherine n'eût partagé le sort de l'Empereur et que Frédéric-Guillaume n'eût seul gagné à la triple alliance.

Il est donc assuré que ce prince, parvenu par le second partage au *nec plus ultra* de ses désirs de ce côté, va suivre les conseils de son cabinet, qu'il va revenir à ses amis naturels, les Français, desquels il pense encore obtenir quelque chose au midi de ses États, et qu'il abandonnera peut-être honteusement à nos efforts l'Autriche, qui ne peut lui servir à rien.

La délivrance du baron d'Esebeck doit donc nous procurer, par le rapprochement de la maison palatine, une voie secrète de négociation avec la cour de Prusse. Je réponds que cette cour accueillera avec transport notre première ouverture. Mais cet empressement même exige toute notre prudence, toute notre circonspection. Si le Comité de salut public ne trouve point d'inconvénient à ce que j'établisse ici une relation indirecte avec la Prusse, j'aurai l'honneur de lui adresser un mémoire dans lequel je lui développerai les vues principales sur lesquelles cette négociation peut être entamée et la marche que je présume que nous devons suivre avec un cabinet aussi perfide que celui de Berlin.

Dans ce mémoire, il précisa.

Il demandait que, pour prix de leur neutralité, on offrît à la Bavière l'électorat de Mayence (moins Mayence, qui serait république) et une moitié de celui de Trèves, et à la Prusse les provinces de Juliers et de Berg, l'électorat de Cologne, l'autre moitié de celui de Trèves.

Le 6 juin, le Comité de salut public avait été officiellement saisi de cette question par une lettre de Le Brun qui lui demandait la mise en liberté de M. d'Esebeck : « D'après l'intérêt que l'électeur palatin paraît y mettre, disait le ministre, et d'après la réconciliation de ce dernier avec le duc de Deux-Ponts (1), cette délivrance est une occasion d'amener l'électeur à des démarches utiles à l'armée de la République (2) et d'entamer les négociations projetées avec les princes palatins. » Il n'était pas question dans cette lettre de négociations directes avec la Prusse. Mais le ministre communiqua au Comité la lettre de Desportes et fut sans nul doute autorisé verbalement à agir. En effet, les propositions que l'on connaît furent communiquées au quartier général prussien par un agent français à Mannheim (3).

(1) Cette réconciliation des deux branches palatines se faisait par crainte de voir l'Autriche prendre la Bavière.

(2) M. d'Esebeck offrait en effet de procurer sur-le-champ beaucoup de chevaux et de fourrages à l'armée du Rhin.

(3) Il s'appelait P.-L. Corbeau, lieutenant-colonel d'artillerie. Dans la *Correspondance du Palatinat et de Deux-Ponts aux Affaires étrangères*, il n'est pas question de cette communication. Mais M. de Sybel (t. II, p. 298) affirme qu'elle eut lieu. Cf. sur ce point A. Chuquet, *Mayence*, p. 184.

D'autre part, Deforgues invita Desportes, le 28 juin, à « tâcher de savoir si le cabinet de Berlin a véritablement en vue la sécularisation des trois électorats ecclésiastiques » (1).

Le roi de Prusse mit le plus grand empressement à entrer en conférences. Il envoya son propre chambellan à Metz pour s'aboucher avec Desportes, auquel il faut laisser le soin de raconter ces curieux pourparlers :

Citoyen ministre,

Lorsque, le 9 du mois dernier, je fis entrevoir à votre prédécesseur la possibilité d'entamer sur-le-champ avec la cour de Prusse toutes les négociations qui conviendraient au Comité de salut public, j'étais presque certain de ne me point tromper dans mes conjectures. Le baron de Luxbourg, l'un des chambellans de Frédéric-Guillaume, arrivant en poste à Metz, *dans l'unique espoir de me voir et de me demander s'il aurait bientôt le plaisir de me recevoir dans sa maison de Deux-Ponts*, vous prouvera combien quelques-unes des puissances coalisées désirent ardemment la présence d'un ministre français en Allemagne. Ce baron, avec lequel j'ai beaucoup vécu, mais jamais *assez intimement* pour lui inspirer cette envie si puissante de venir de Deux-Ponts à

(1) Il essaya de faire mettre enfin en liberté l'infortuné d'Esebeck. On lit dans le registre du Conseil exécutif provisoire, à la date du 26 juin 1793 : « Le ministre des affaires étrangères a exposé que le baron d'Esebeck, ministre du duc de Deux-Ponts, qui est détenu comme prisonnier de guerre à Metz depuis quatre mois, réclame sa liberté. Le Conseil, après en avoir délibéré, arrête que le ministre des affaires étrangères en conférera avec le Comité de salut public. »

Metz, dans un moment comme celui-ci, s'informer de ma santé, a pris à nos frontières le prétexte de quelques intérêts à régler avec les ci-devant directeurs des salines de cette ville pour y arriver. Il s'est logé chez l'officier municipal chargé de l'inspection des prisons, et il lui a fait entendre qu'il n'avait fait ce voyage que pour s'informer du baron d'Esebeck, s'il avait besoin de quelque argent dans sa prison, ce qui lui a fait obtenir la permission de voir deux fois ce prisonnier. Mais chez moi, après avoir cherché avec beaucoup d'adresse à découvrir mes desseins, et me trouvant impénétrable, il m'a enfin avoué qu'il était envoyé secrètement par la maison palatine *et autres*, pour savoir quelles étaient les intentions de la République en me permettant de voyager dans sa patrie, et pourquoi, après avoir obtenu du roi de Prusse tous les passeports et sauf-conduits que j'avais demandés, je restais un mois entier sans en faire usage.

Je lui ai répondu que, le Comité de salut public n'ayant pu s'occuper aussitôt que je l'avais espéré de l'affaire du baron d'Esebeck, j'avais été contraint de suspendre jusqu'à présent mon voyage *de plaisir* en Allemagne; mais qu'on venait de me donner avis d'une ordonnance de l'Empereur, en date du 17 mai dernier, par laquelle il défendait (art. 4) à tout Français en général d'aborder les terres de l'Empire, et que, connaissant *la soumission* de Frédéric-Guillaume aux ordres de François II, je ne croyais pas devoir me servir de passeports qui ne me mettraient point à l'abri des outrages des Autrichiens. « Il n'est point de décret ni d'ordonnance qui tiennent contre *nos* sauf-conduits, m'a dit avec feu le baron de Luxbourg. Vous serez reçu à bras ouverts à Mannheim, et si, de là, vous êtes curieux d'aller visiter le roi de Prusse à Mayence, son ministre à Mannheim vous en procurera toutes les facilités. » Je n'ai point de motif, ai-je répliqué, pour aller voir le roi de Prusse près de Mayence. Ma présence dans son camp le brouillerait infailliblement avec la cour de Vienne, et je ne le présume pas encore assez ennuyé des liens qui l'accablent pour se porter de si tôt *à les rompre ouvertement.* « Je ne connais point le fond de sa pensée, m'a répondu M. de Luxbourg, mais je crois toujours qu'il vous verrait sans peine; je suis bien sûr au moins qu'il aura *du plaisir* à vous savoir à la cour de l'électrice de Bavière. Le duc de Deux-Ponts lui a beaucoup parlé de vous ; l'empressement avec lequel vos passeports vous ont été expédiés vous montre assez la bonne envie que l'on a de vous recevoir. En vous faisant cette confidence, j'ai rempli ma mission. Répondez-moi, et je pars. »

Voilà ma réponse, lui ai-je dit en lui remettant le seul exemplaire qui me restât du décret du 13 avril. J'ai sincèrement le désir de me rendre à Mannheim, aussitôt que le baron d'Esebeck aura recouvré sa liberté, je serai très empressé à faire ma cour à l'électrice, à toute sa famille et je verrai chez le duc de Deux-Ponts *tous les ministres* qu'il a coutume de recevoir. Mais vous-même, mon cher baron, ouvrez-moi tout à fait votre cœur : n'auriez-vous point d'autres ouvertures à me faire? Si vous voulez qu'elles soient secrètes, le citoyen Deforgues, notre ministre des affaires étrangères, en aura seul connaissance; et même, si cela vous est agréable, je vous mène à l'instant moi-même à Paris. « Je n'ai point d'autre commission que de vous inviter à vous rendre très promptement à Mannheim, que de vous assurer que vous serez parfaitement bien reçu, ainsi que *partout ailleurs* où vous vous présenterez. Le duc m'a chargé *en particulier* de vous prier de lui ramener son ministre. Il attend mon retour et votre arrivée avec impatience. Lui dirai-je que vous allez venir? » Mon amitié pour ce prince vous est un sûr garant du zèle que je mettrai à le satisfaire. Mais je ne puis devancer les ordres du ministre. Aussitôt que je les aurai reçus, j'irai sur-le-champ vous rejoindre à Deux-Ponts.

Le baron de Luxbourg est parti quatre heures après cette conversation, paraissant très satisfait de notre entrevue...

Il fut alors décidé que Desportes serait envoyé à Mannheim, et les espérances de paix que conçut le gouvernement français furent rendues publiques et communiquées à la Convention par Garat, ministre de l'intérieur, le 9 juillet 1793, dans son rapport sur l'accueil que recevait le projet de constitution :

Ce que peuvent penser de la constitution républicaine les puissances étrangères, dit-il, est sans doute assez indifférent. Pour que la République existe, il suffit que la France ait adopté cette forme de gouvernement. Cependant on entendra peut-être avec plaisir une lettre qui prouve que les puissances étrangères ont perdu la folle espérance d'en empêcher l'établissement. Elle est datée de Landau et contient les détails suivants : Il y avait un échange de prisonniers ; le maire présenta un exemplaire de la constitution à l'aide de camp prussien, qui en parut fort satisfait et qui assura qu'il le remettrait à ses supérieurs. L'échange eut lieu. Notre cartel portait : *La République française au roi de Prusse.* Celui qui nous fut renvoyé portait : *Le roi de Prusse à la République française.* Et les agents de ce roi ont signé (1).

Cette lettre de Landau, adressée au président du Conseil exécutif par le district, se terminait ainsi :

Vous voyez, citoyen président, que tout annonce, et beaucoup plus que nous n'aurions pu l'espérer, qu'incessamment la République sera reconnue à l'extérieur

(1) *Journal des débats et des décrets*, n° 295, p. 121.

comme dans l'intérieur, et qu'elle pourra enfin jouir de la paix et du bonheur (1).

Ainsi, au moment où le premier Comité de salut public touche à la fin de sa carrière, il avait déjà obtenu ce résultat que le roi de Prusse reconnaissait en fait la République française.

Mais Danton tomba du pouvoir le 10 juillet. Le nouveau Comité de salut public ne montra aucun zèle pour cette négociation. Il n'accorda pas sa liberté à d'Esebeck (2) : il se borna à le faire transférer à Paris (26 juillet), et, le 10 août 1793, le successeur de Le Brun, Deforgues, écrivit à Desportes:

Le baron d'Esebeck, citoyen, est actuellement à l'hô-

____

(1) *Moniteur*, réimpression, t. XVII, p. 88.

(2) M. d'Esebeck s'était mis, étant à Metz, sous la protection de Danton, auquel il fit passer, le 12 juin 1793, par l'intermédiaire de Desportes, la lettre suivante :

« Citoyen,

« J'ai entendu tellement vanter votre justice et votre humanité, que je me jette dans vos bras et vous supplie de me faire tirer de la situation affreuse où l'on m'a plongé. Ma confiance et mon espoir ne seront point déçus, puisque je m'adresse au plus grand homme de la République française. Si j'en crois mon cœur, il doit être aussi le plus généreux, et, si je m'en rapporte à la justice de ma cause, je ne l'aurai point en vain choisi pour mon protecteur.

« C'est donc avec l'espérance la plus douce que je vous supplie, citoyen, de faire valoir auprès du Comité de salut public le mémoire que j'ai l'honneur de vous adresser. Je n'ose point vous parler du sentiment de reconnaissance dont je paierai votre généreux appui : il me suffit de vous dire qu'il égalera le sentiment d'admiration dont je suis pénétré pour votre grand caractère. »

tel Grange-Batelière (1), conformément à l'arrêté du Comité de salut public sur sa translation de la prison de Metz à Paris.

Votre séjour à Metz, autorisé par mon prédécesseur dans des vues utiles à notre politique, a été prolongé par l'attente d'une décision au sujet de ce prisonnier. Son arrivée ici termine nécessairement votre mission à cet égard.

Quant à celle qui vous a été donnée de ministre à Stuttgart, il n'est plus possible de la suivre. Le duc de Wurtemberg ne garantit point aux agents de la République sûreté sur son territoire, et le secrétaire de la légation Doucet a été en conséquence obligé de se retirer. Il est ici depuis quelques jours.

Ainsi vous voudrez bien revenir à Paris sans délai. Je serai fort aise de m'entretenir avec vous à votre retour (2).

Cependant Deforgues vit M. d'Esebeck et essaya, semble-t-il, d'empêcher que la négociation ne tombât tout à fait dans l'eau. En effet, le 13 août, M. d'Esebeck écrivit à son maître qu'il s'était entre-

(1. D'Esebeck était prisonnier sous la garde d'un gendarme dans cet hôtel où furent également détenus Matthews et Custine.

2; Le changement de politique qui amena le rappel de Desportes se devine dans les ratures d'une lettre que lui écrivit le ministre des affaires étrangères à la date du 6 juillet 1793. Dans la minute qu'avait préparée les bureaux on lisait cette phrase : « Vous recevrez sous peu de jours des instructions pour une autre destination. Il est probable que vous irez dans le pays de Deux-Ponts. » Deforgues l'effaça et la remplaça par celle-ci, qui est de sa main : « La Répub.que pourra profiter de votre séjour dans ce pays (à Metz) pour vous donner une nouvelle mission. Vous ne tardrez pas à recevoir des instructions à cet égard. »

tenu avec le ministre des affaires étrangères de France des intérêts de la maison palatine et qu'il avait à transmettre des renseignements très graves, très confidentiels. Il demandait par quelle voie, ou qu'on lui envoyât à Paris une personne sûre. Mais le duc de Deux-Ponts avait été entraîné dans la guerre d'Empire contre la France ; il connaissait les dispositions intransigeantes du second Comité de salut public, et il répondit sèchement à son ministre :

Mannheim, 28 août 1793.

J'ai reçu, Monsieur, votre lettre du 13 de ce mois par la voie de Bâle. Si vous avez quelque chose à me dire, faites arriver vos lettres par un trompette aux avant-postes prussiens. Elles me parviendront avec sûreté.

Je vous réitère mon amitié,

CHARLES.

Au commencement de septembre 1793, le Comité de salut public ordonna enfin la mise en liberté de M. d'Esebeck. Mais le projet de négociation fut abandonné, bien que tout montrât qu'il venait à propos et que le roi de Prusse en eût accueilli la simple annonce par les démonstrations les plus amicales. L'historien prussien de la Révolution, M. de Sybel, déclare évident qu'à ce moment-là « des propositions officielles de paix, faites par le gouvernement français et basées sur le projet de Desportes, auraient pu être d'un poids immense (1). » L'avènement au pouvoir de Robespierre et de ses amis semble donc avoir retardé la paix avec la Prusse.

Nous avons vu que l'Autriche avait tout à gagner à la continuation de la guerre. Ce n'est pas avec cette puissance que le Comité de salut public pouvait engager une négociation sérieuse. Le gouvernement français essaya cependant, par des pourparlers au sujet des prisonniers du Temple, d'arrêter l'élan des Autrichiens au moment où la trahison de Dumouriez venait de doubler leurs chances. Le 8 avril, le général Dampierre offrit à Clerfayt de continuer la trêve consentie par les Autrichiens avec Dumouriez, afin de négocier. Il enverrait à Paris proposer au Conseil exécutif l'échange des députés et du ministre livrés par Dumouriez contre « les personnes que le pouvoir exécutif a dû faire arrêter ». Ces personnes étaient des Allemands internés à Paris. Mais il est très probable qu'une communication verbale avait insinué que la France consentirait peut-être à faire de la mise en liberté des prisonniers du Temple la base d'une négociation de paix. Dans une lettre de Cobourg à Mercy-Argenteau (2), il est dit que Dampierre avait fait à ce sujet une proposition vague et insignifiante, mais enfin on voit qu'il en avait fait une.

D'autre part, à propos de la trahison de Dumouriez, les représentants en mission Briez et du Bois

<hr>

(1) *Histoire de l'Europe pendant la Révolution française*, trad. française, t. II, p. 300.

(2) Mortimer-Ternaux, *Histoire de la Terreur*, t. VII, p. 73.

du Bais eurent avec le prince de Cobourg une courtoise discussion par correspondance. Le 13 avril 1793, le colonel adjudant général Chérin, porteur d'une lettre d'eux, fut admis au quartier général de l'armée impériale à Quiévrain et eut une entrevue avec Cobourg en présence du colonel baron de Mack, et il a raconté lui-même, en forme de dialogue, cette entrevue (1). Après avoir lu la lettre des représentants en mission, le général autrichien se plaignit amèrement des expressions insultantes pour la royauté qu'il y rencontrait. Chérin répondit que les républicains, provoqués comme ils l'avaient été, ne pouvaient parler qu'en républicains. Cobourg insista ensuite sur le défi que lui faisaient les représentants de prendre Paris, gardé par 80.000 citoyens en armes : « Je ne ferai point, dit-il, la sottise de Brunswick. Il n'est point entré dans ma tête de pénétrer jusqu'à Paris. Nous voulons seulement des *bar...res* pour la Belgique. »

Alors Mack intervint et fit à Chérin, sur les projets de l'Angleterre, des confidences où se marquent bien les vrais sentiments que les projets de Pitt inspiraient à la cour de Vienne. Il lui confia qu'au congrès d'Anvers le ministre de la Grande-Bretagne en Hollande avait dit nettement aux Autrichiens : « La Hollande et nous, nous vous fournirons tous les secours dont vous aurez besoin, soit en argent, soit en hommes. Décidément, nous voulons conquérir et

(1) Arch. nat., AF II, 63, dossier 217, pièce 22.

nous indemniser ainsi des frais de la guerre. Quant à vous, prenez pour votre compte des places fortes qui vous servent de barrière. » Craignant même que la France ne fût pas assez en garde contre l'Angleterre, Mack ajouta : « Vous êtes instruits sans doute que le duc d'York est arrivé hier au soir, et qu'il est à la tête d'une forte colonne, qui a débarqué à Ostende? » Chérin répondit : « Nous sommes instruits de tout. »

C'est alors que Cobourg insinua ces propositions de paix :

Cobourg : Il est fâcheux que l'ancienne alliance qui existait entre l'Autriche et la France ne puisse pas se renouer. L'intérêt commun devrait nous réunir.

Mack : Pourquoi refuser de reprendre la constitution de 1789?

Cobourg : Dans le fait, prenez une forme de gouvernement stable à la tête duquel il y ait un chef qui ait le titre de roi, ou tout autre même. Alors on pourrait prendre confiance en vous et on traiterait.

Chérin : Général, la République... Comment votre souverain vient-il aujourd'hui nous proposer de reprendre la constitution de 1789, lorsqu'il nous a forcés dans les temps de lui déclarer la guerre parce qu'il voulait l'anéantissement de cette constitution?

Mack : Les temps sont changés. Reprenez la constitution de 1789, et la paix est bientôt faite. Dumouriez a cru que c'était le seul moyen d'arracher votre patrie aux maux qui la déchirent.

Cobourg : Il est certain que Dumouriez m'a paru vouloir le bien de sa patrie.

Chérin : Général, ne parlons point de Dumouriez. Son nom souille la bouche des gens d'honneur...

Mack : Êtes-vous bien persuadé que la France libre et dégagée de factieux veuille sérieusement la République?

Chérin : J'ai répondu à tout cela.

Cobourg : Pourquoi laissez-vous vivre au milieu de vous des Marat et autres hommes de cette espèce, qui ne parlent que de couteaux et de poignards et entretiennent votre gouvernement dans des convulsions continuelles?

Chérin : Il n'est point ici question de nommer les personnes. S'il existe des hommes pervers en France, la loi est là pour les punir. La Convention ne peut être influencée : elle est libre, et ses décrets sont le résultat du vœu national.

Mack : Pourquoi la Convention ne se transporterait-elle pas dans tout autre lieu que Paris? Alors elle serait moins influencée par le peuple et ceux qui le conduisent.

Chérin : Il a plu aux représentants du peuple d'établir le lieu de leurs séances à Paris. Quand ils voudront se fixer dans tout autre lieu, ils en sont les maîtres et personne n'a le droit de le leur indiquer.

Chérin réclama alors Beurnonville et les quatre représentants livrés par Dumouriez. Cobourg se borna à répondre : « J'ai les mains liées à cet égard : j'ai reçu des ordres de ma cour. »

Mack remit aussitôt sur le tapis la question de la paix. Il dit que Cobourg la désirait au fond du cœur, mais qu'il n'osait prendre aucune initiative depuis l'affaire de Dumouriez qui l'avait rendu suspect aux yeux des puissances. Cobourg approuva ces paroles, et Mack reprit :

Mack : Écoutez : si la France veut la paix, il faut qu'elle se charge de sonder le roi de Prusse. C'est un souverain dont la puissance est à l'instant très prépondérante.

Cobourg : Il a le cœur bon, très accessible et doué d'une grande probité.

Chérin ayant fait dévier un instant la conversation, Mack la ramena au même sujet : « Songez, dit-il, que, s'il y a une négociation à entamer, c'est d'abord la Prusse qu'il faut sonder. »

Et comme Chérin se retirait :

Mack : Si la France se détermine à sonder la Prusse et que vous renonciez à toutes vos conquêtes, on pourrait convenir d'une suspension d'armes : il se formerait un congrès et nous entrerions tous en négociation ouverte.

Cobourg : Il faudrait évacuer Mayence et le territoire de l'Empire.

Chérin : Général, je me retire. Je vais rendre compte aux commissaires de la Convention de la réponse que vous faites à leur dépêche.

Le rapport de Chérin se termine par les observations et l'anecdote qu'on va lire :

L'entrevue que j'ai eue avec le général Cobourg et un premier adjudant-général, le baron de Mack, ne permet pas de douter que l'Autriche est disposée à la paix et à reconnaître la République française.

Au moment où je mettais le pied à l'étrier pour retourner à Valenciennes avec mon trompette, le major adjudant-général Spirtz s'approcha de moi et me dit à l'oreille : « La paix se conclura-t-elle entre nous? Voulez-vous un roi? — Non, lui répondis-je d'une voix forte et de manière à être entendu de plusieurs officiers autrichiens que la curiosité avait amenés devant la cour où j'étais... La République, ou une guerre éternelle! — Cela est fâcheux, répliqua le major : les Français et nous devrions être amis. »

Je dois dire, en terminant ce récit, qu'il est impossible d'être reçu avec plus d'égards et de distinction que je l'ai été de la part du général Cobourg et des officiers de son état-major.

Le colonel adjudant-général : CHÉRIN.

On le voit : ce document est curieux, il donne à penser. Faut-il en conclure qu'en avril 1793 la cour de Vienne songeait sérieusement à faire la paix avec la France? Cobourg était-il dûment autorisé par l'Empereur à parler comme il le fit dans cette circonstance? Au premier abord, il est permis d'en douter, d'autant plus que François II, peu de jours après, interdit au général Wurmser toute négociation avec les Français (1) et, à première vue, on pourrait croire que l'initiative de Cobourg ne lui avait été inspirée que par un zèle intempérant, par la crainte de voir l'Angleterre s'emparer de Dunkerque, par l'ardeur indiscrète de réparer, envers et contre tous, le discrédit où l'avait fait tomber l'échec du grand coup politique combiné entre Dumouriez et lui. Mais, à y regarder de près, la coïncidence de ces pourparlers avec ceux qui, le même jour, s'engageaient entre Custine et Wurmser, ne permet guère de douter que la cour de Vienne

(1) Voir sa lettre à Wurmser en date du 18 avril 1793 dans Mortimer-Ternaux, t. VII, p. 82.

n'eût à ce moment autorisé ses généraux à entamer de vagues entretiens pacifiques avec les Français. Le 11 avril 1793, en transmettant à Brunswick et à Wurmser le décret du 5, par lequel la Convention prenait des otages allemands pour garantir la sûreté des personnes livrées par Dumouriez, Custine exprimait aux généraux ennemis le désir d'avoir de fréquentes occasions de converser avec eux. Wurmser répondit aussitôt avec un ton courtois, et l'aide de camp qui apporta sa lettre à Custine, le 13 avril, déclara « que Wurmser, dans son particulier, désirait voir cesser le fléau de la guerre et qu'il était persuadé aussi que Sa Majesté Impériale partagerait ses désirs et ses sentiments » (1). Custine retint l'aide de camp à souper, causa longuement avec lui et lui affirma qu'il n'attendait que la réponse du duc de Brunswick pour demander des instructions à son Gouvernement. C'est alors que François II désavoua Wurmser (2). Mais il y avait eu, de la

(1) Ministère des affaires étrangères; *Mémoires et documents : France*, vol. 650.

(2) De plus, François II écrivit à Wurmser, le 24 avril, de se renfermer désormais dans ses fonctions militaires et d'éviter avec les Français tout pourparler qui ne tendrait pas à livrer une forteresse aux Autrichiens. (Vivenot, *Quellen zur Geschichte der deutschen Kaiserpolitik Oesterreichs*, t. II, p. 34. Et, quelques jours plus tard, dans une lettre sans date : « Je vous recommande en conséquence de ne donner aucune suite à la nouvelle négociation qu'a cherché d'entamer le général Dampierre, et qu'il est indifférent de croire avoir été ou ne pas avoir été concertée avec les commissaires de la prétendue Convention nationale; et si, avant l'arrivée de mon ministre plénipotentiaire pour la partie politique, Dampierre revenait lui-même sur de nouvelles

part de la cour de Vienne, d'autres ouvertures auxquelles Le Brun fait allusion dans une lettre du 20 avril à Descorches partant pour Constantinople :

L'Autriche est, disait-il, comme les autres disposée à un accommodement. Nous recevons des insinuations par Florence, par Naples. Le général Cobourg, qui commande les forces autrichiennes aux frontières des Pays-Bas vers la Flandre française, ne nous laisse pas manquer de proclamations, d'invitations, etc. Toutes ces pièces ne respirent que paix et modération, mais il nous parle encore de royauté et de la constitution de 1789 (1).

Le même jour, dans une lettre à Custine, Le Brun donnait des renseignements plus explicites sur les sollicitations pacifiques qui nous venaient de Vienne :

Les ouvertures indirectes qui vous ont été faites par le général Wurmser répondent complétement à celles ouvertures de paix, vous lui ferez connaître que vous n'êtes autorisé en aucune façon d'entrer en négociation sur de pareils objets. Il est essentiel que votre réponse se borne là, sans y rien ajouter; que si Dampierre remettait sur le tapis l'idée d'échanger la reine et la famille royale contre Beurnonville et les quatre commissaires, vous pourriez lui laisser entrevoir que ce projet serait peut-être goûté, si la proposition en était faite dans une forme valable et par des gens qui ont en main le pouvoir de l'exécuter. » Il résulte de ces textes que François ne renonçait pas à négocier ou à feindre de négocier avec les Français, mais qu'il ne confiait pas ou ne confiait plus le soin de ses négociations au prince de Cobourg. Il chargea officiellement le comte de Mercy de s'occuper de toute la partie politique des divers pourparlers avec les Français. (Vivenot, t. III, pp. 39, 40.)

(1) Ministère des affaires étrangères, *Correspondance de Turquie*, année 1793, p. 332.

que la cour de Vienne a fait faire directement et indirectement à divers agents de la République. Outre les démarches qui ont été faites à Florence, à Bâle et par le margrave de Bade, le secrétaire de la légation de Saxe s'en est entretenu avec moi, et il en a été question aussi dans une conversation qui a eu lieu entre le prince de Cobourg et un adjudant du général Dampierre.

Et il ajoutait :

C'est sans doute pour ne pas laisser à la Prusse le temps d'ouvrir enfin les yeux sur ses véritables intérêts que l'Autriche commence à manifester des sentiments plus pacifiques. Il nous importe de connaître jusqu'à quel point ces démonstrations sont sincères et quelles sont en même temps les dispositions du roi de Prusse (1).

Enfin, il engageait Custine à saisir toutes les occasions de s'entretenir avec les généraux ennemis, en vue de se renseigner. Mais, tout en affectant un certain scepticisme, il laissait percer une secrète espérance de pouvoir traiter même avec l'Autriche.

La Convention avait violemment désavoué Du Bois du Bais et Briez, les improuvant avec indignation et les rappelant dans son sein. Et, le 26 avril, dans une proclamation aux armées rédigée par Barère, elle traita de mensonge les avances pacifiques des Autrichiens :

Les Autrichiens cherchent à vous tromper par des paroles de conciliation et des espérances de paix. La paix

_____

(1) Ministère des affaires étrangères, *Mémoires et documents: France*, vol. 650.

est dans leur bouche, mais la guerre est dans leur cœur.

C'est avec des paroles de paix qu'ils tentent d'énerver votre courage, d'éteindre votre ardeur et de flétrir vos lauriers; c'est avec ces propositions astucieuses que nos ennemis, ruinés par leurs dépenses, fatigués par leur marche et divisés par leur ambition, veulent détruire l'esprit public de l'armée, diviser les citoyens et nous ramener au royalisme. C'est la paix des tombeaux qu'ils vous offrent: c'est la vie de la liberté qu'il vous faut.

Les représentants du peuple sauront bien saisir le moment d'une paix honorable et digne de la République; mais c'est votre constance, c'est votre indignation contre les traîtres, ce sont vos triomphes qui nous donneront la paix...

Leur cri est: *La paix et la royauté!* Le vôtre doit être: *La République et la guerre!*

La Convention semblait donc interdire aux représentants près des armées de négocier avec l'ennemi. Mais le Comité de salut public, par une circulaire confidentielle (20 avril 1793), atténua ainsi les effets de cette interdiction:

Nous ne devons pas penser à négocier, leur écrivit-il. Mais ne trouverez-vous pas quelquefois l'occasion d'arracher le secret de vos ennemis sans compromettre la dignité nationale et le caractère dont vous êtes revêtus, et sans vous engager dans des discussions qui ne conviennent qu'à des agents politiques et sont au-dessous d'un représentant du peuple?

Les circonstances seules peuvent vous offrir des occasions précieuses que la prudence humaine ne peut prévoir; nous vous prions de ne pas négliger cet objet de correspondance et de nous communiquer ce qui parviendra à votre connaissance (1).

En fait, le Comité ne tint aucun compte des répugnances officielles de la Convention. On voit dans le compte rendu de ses séances du 26 et du 29 juin 1793 que, si le conventionnel Cusset fut adjoint à l'armée de la Moselle, ce fut pour remplir une mission secrète à Luxembourg. Il devait se mettre à portée « d'entretenir des intelligences ». Le Comité l'autorisa même à employer « les agents qui lui seraient nécessaires ». Il était question d'un projet « dont le succès aurait la plus grande influence dans la guerre ». S'agissait-il de négociations avec l'Autriche ou avec la Prusse ? Nous n'avons trouvé aucun indice à ce sujet ni dans les deux rapports de Cusset sur ses missions, ni dans les correspondances diplomatiques conservées au ministère des affaires étrangères.

D'autre part, M. de Sybel affirme qu'à la fin du mois de mai des propositions de paix furent faites par la France à l'Autriche : cette puissance répondit qu'on ne pouvait traiter avec un pays dont personne ne connaissait le véritable gouvernement (2).

Au mois de juin, la cour d'Autriche paraît avoir fait au gouvernement français des appels plus ou moins

(1) *Recueil des actes du Comité de salut public*, t. III, p. 357.
(2) *Histoire de l'Europe pendant la Révolution française*, t. II, p. 342.

précis par l'entremise des Bourbons de Naples et du grand-duc de Toscane. Il s'agissait d'obtenir de la France que Marie-Antoinette eût la vie sauve. Il semble que ce soit Danton (1) qui ait conseillé d'accepter ces ouvertures. Sémonville avait été désigné pour la légation de Florence (19 mai), et Maret pour celle de Naples (17 juin). Tous deux emportèrent, outre leurs instructions écrites, des instructions orales et secrètes qui leur permettaient d'offrir à la Toscane et aux Deux-Siciles, pour prix de leur alliance, la sûreté de la reine et de sa famille (2). Il n'est pas douteux que la cour de Vienne n'eût connaissance de cette mission. Elle ne tenait pas, au fond, à sauver Marie-Antoinette, parce qu'elle voulait la continuation de la guerre. En violation du droit des gens, elle fit arrêter, on le sait, Maret et Sémonville sur territoire neutre et les emprisonna (3).

(1) Voir les *Mémoires* de Mallet du Pan.

(2) Notes de Maret dans le livre de M. le baron Ernouf, *Maret, duc de Bassano*, p. 153.

(3) Dans un mémoire remis par l'Anglais Matthews en août 1793 à Otto, chef de division au ministère des affaires étrangères de France, on lisait ceci :

« *Renvoi de la famille du Temple.* — On n'insiste sur cet article que pour satisfaire le public anglais, qui prend intérêt à cette famille. M. sait d'une manière positive que l'Empereur et le roi de Prusse désirent que la reine soit sacrifiée : 1° parce que, après avoir été dégradée, elle serait pour toujours un objet de pitié qui servirait à mortifier l'orgueil des têtes couronnées ; 2° parce que son supplice exciterait encore davantage la haine des puissances européennes contre nous et rendrait la guerre en apparence plus légitime. — M. tient ces renseignements d'un homme intimement lié avec George. »

On le voit : les négociations avec l'Autriche ne furent pas sérieuses, parce que cette puissance n'avait nul intérêt à faire la paix.

§ 5

PIÉMONT

Sous l'influence directe de la cour de Vienne se trouvait un autre de nos ennemis, le Piémont.

En 1775, la Cour de France avait formé un traité d'alliance avec celle de Turin. Les deux frères de Louis XVI avaient épousé des princesses de Savoie ; leur sœur était unie au prince de Piémont. Mais le principal ministre de Victor-Amédée, Hauteville, était l'homme de l'Autriche, et, peu après la déclaration de Pilnitz, l'accession de Sa Majesté sarde à la coalition qui se préparait devint notoire. D'autre part, Turin fut l'asile des émigrés. Le comte d'Artois y résida jusqu'en 1791. Les relations diplomatiques entre la France et le Piémont s'interrompirent. Dumouriez essaya de les renouer : il envoya notre ministre à Gênes, Sémonville, demander des explications à Victor-Amédée et lui offrir secrètement, pour prix de son alliance, la Lombardie. Mais la cour de Turin ne voulut pas recevoir ce « jacobin ». Sémonville ne put s'avancer que jusqu'à Alexandrie. Arrivé dans cette ville, il se vit expulsé du Piémont, sous prétexte qu'il n'avait pas rempli certaines formalités préalables.

Dumouriez ne se rebuta pas. Sur l'entremise officieuse d'un Piémontais qui habitait Paris, le baron Trichetti, il chargea un ancien consul général, Daudibert-Caille, qui était avantageusement connu des ministres de Victor-Amédée, de reprendre la tentative manquée par Sémonville. Il le munit d'une lettre qui l'accréditait auprès de Sa Majesté sarde, mais il ne devait en faire usage « que dans le moment où il serait à peu près sûr qu'un arrangement est possible ». Il se rendit à Grenoble et écrivit au secrétaire privé du roi, le comte Vivetti, dont il était connu, pour lui demander des passeports. Il en reçut une réponse négative (16 juin 1792), fondée sur les préparatifs hostiles de la France et sur le bruit que Dumouriez allait quitter le ministère.

Pourtant Trichetti avait sagement averti le comte d'Hauteville *che col fare la guerra alla Francia, il re di Sardegna aveva nulla da guadagnare e tutto da perdere* (1).

Cette prédiction ne tarda pas à se réaliser.

Il n'y eut point de guerre déclarée (2), mais les Français entrèrent en Savoie et dans le comté de Nice, et s'emparèrent aisément de ces deux pro-

---

(1) Bianchi, *Storia della monarchia piemontese dal 1773 sino al 1861*, t. II, p. 54.

(2) On voit seulement que, le 7 septembre 1792, le Conseil exécutif provisoire ordonna au général de Montesquiou de marcher sur la Savoie. (*Recueil des actes du Comité de salut public*, t. I, p. 48.)

vinces. Aussitôt, le ministre de Victor-Amédée à Vienne alla, tout éploré, demander secours à M. de Cobentzel. Celui-ci lui répondit froidement que l'Autriche ne pouvait rien faire pour son allié.

Le dépit que Victor-Amédée dut concevoir de ce cruel abandon semblait ouvrir la voie à une nouvelle négociation française, et il paraît, à en croire l'historien de la monarchie piémontaise, que, dès le mois de janvier 1793, l'abbé d'Expilly fut chargé de reprendre les tentatives de Sémonville et de Daudibert-Caille : mais il ne put obtenir aucune réponse.

Le Comité de salut public fit une quatrième tentative, à l'instigation de Danton, si l'on en croit le même historien (1). Des propositions furent communiquées officieusement au ministre du roi de Sardaigne en Suisse, le baron Vignet. La France demandait « que Victor-Amédée consentît à la cession de Nice et de la Savoie, donnât le passage dans ses États à une armée française allant combattre l'Autriche dans le Milanais et accordât une neutralité bienveillante à la France. En outre, il céderait la Sardaigne. En revanche, il prendrait Gênes et tous les pays d'Italie qu'il pourrait conquérir sur l'Autriche ». Victor-Amédée, dit M. Bianchi, ne se laissa pas le moins du monde ébranler et, quand le marquis Gherardini lui fit part de ses propositions secrètes, il lui dit, les larmes aux yeux, « qu'il n'avait pas la moindre confiance dans les jacobins,

(1) Bianchi, *ibid.*

qu'il ne se fiait qu'à l'Empereur, dont il espérait l'assistance pour sa malheureuse vieillesse et le salut de sa famille menacée ».

Le 25 avril 1793, ce prince signa avec l'Angleterre un traité d'alliance offensive et défensive, dont un article secret portait que, le comté de Nice repris, Sa Majesté sarde accorderait à Sa Majesté britannique un contingent de 20.000 soldats pour envahir la Provence (1).

(1) M. Bianchi ne donne pas la date de cette négociation, mais il semble la rapporter au mois d'avril 1793. Nous n'en trouvons aucune trace au ministère des affaires étrangères. Nous voyons seulement, dans la correspondance de Piémont, une note de Veillon, député extraordinaire de Nice, datée de Paris le 1er avril 1793 et intitulée : *Mes idées, au citoyen ministre des affaires étrangères*, où il préconise en ces termes l'alliance piémontaise : « Dans le cas, dit-il, que la République n'eût pas l'intention de faire la conquête du Piémont, je suis d'avis qu'il ne lui serait pas difficile d'engager peut-être le roi de Sardaigne de se détacher de ses alliances actuelles et même encore d'en contracter une offensive et défensive avec elle au moyen de l'offre qu'on lui ferait de joindre un corps d'armée à la sienne, pour conquérir les duchés de Milan et de Modène, dont on garantirait à ce prince la possession, en le déclarant roi des Lombards, [ce] qui fut toujours l'objet de ses désirs. Par cet arrangement, auquel je présume qu'il adhérerait avec empressement, et auquel je présume que le ministère anglais ne s'opposerait pas, il en résulterait l'avantage important à la République d'affaiblir la maison d'Autriche, son ennemie, de ses belles provinces, [ce] qui lui ferait perdre l'influence qu'elles lui donnent en Italie, sans que cet agrandissement de la maison de Piémont puisse jamais être de nature à pouvoir donner de l'inquiétude à la République, qui, d'ailleurs, pour préliminaires de ce traité, exigerait formellement de ce pays : 1° qu'il renonce pour lui et ses descendants à la Savoie et au ci-devant comté de Nice, dont il reconnaîtrait la réunion à la France ; 2° qu'il cédât pareillement à la République l'île de Sardaigne. — Telles sont, ci-

Cette attitude irréconciliable fit évanouir tout projet de négociation avec le Piémont.

§ 6

ESPAGNE

Quant à l'Espagne, elle nous faisait bien réellement une guerre de principes, et c'était la haine de la Révolution qui avait tourné la cour de Madrid contre la France. Et cependant la Révolution n'avait pas pris d'attitude agressive à l'égard de l'Espagne. Au contraire : loin de dénoncer le pacte de Famille, elle avait été sur le point de l'exécuter en faveur des Bourbons de Madrid. En 1790, l'Espagne avait failli avoir la guerre avec l'Angleterre à propos de la possession de la baie de Nootka-Sun. Elle requit l'assistance militaire de la France. L'Assemblée constituante décréta (26 août 1790) « que le roi était prié de faire connaître à Sa Majesté catholique que la nation française, en prenant toutes les mesures propres à maintenir la paix, observerait les engagements défensifs et commerciaux que son gouverne-

toyen ministre, mes petites réflexions que je vous prie d'agréer comme un faible témoignage de mon patriotisme. Puissiez-vous les juger dignes de votre attention ! — Je suis très fraternellement votre dévoué : VEILLON, député de Nice, hôtel d'Angleterre, rue Traversière-Saint-Honoré. »

ment a précédemment contractés avec l'Espagne ». Elle pria en outre le roi de donner des ordres « pour que les escadres françaises en commission pussent être portées à quarante-cinq vaisseaux de ligne, avec un nombre proportionné de frégates et autres bâtiments ». Dans le même décret, elle demanda au roi de négocier avec l'Espagne, à la place du pacte de Famille, un nouveau traité aussi amical, mais plus conforme au droit nouveau des Français. Si donc la Révolution française ne s'engagea pas volontairement, en 1790, dans une guerre au bénéfice de l'Espagne, ce fut uniquement parce que l'Espagne et l'Angleterre transigèrent à temps.

La Révolution n'en fut pas vue d'un œil plus favorable à la cour de Madrid. L'influence anglaise ne tarda pas à y dominer et, le 15 novembre 1792, le comte d'Aranda fut remplacé, à la tête du cabinet espagnol, par Godoï, duc de la Alcudia. L'Espagne avait refusé de reconnaître la République. Sollicitée par notre ambassadeur, M. de Bourgoing, de se déclarer neutre, elle répondit évasivement. Cependant elle armait, envoyait des troupes dans le Nord et négociait avec l'Angleterre. Sa démarche en faveur de Louis XVI (17 janvier) fut considérée comme une menace. Par dépêche du 2 février, Le Brun ordonna à M. de Bourgoing d'exiger « une réponse catégorique et très prompte sur la neutralité et le désarmement ». « Vous demanderez à M. le duc de la Alcudia, écrivait-il, immédiatement après avoir reçu cette dépêche, une conférence, à laquelle vous apporterez toute la noblesse et la fermeté qu'exige la dignité de la République, mais sans vous permettre le langage de la hauteur ni aucune forme de style qui pourrait lui donner quelque raison légitime de s'offenser. » L'Espagne veut elle la guerre ou la paix ? C'est sur ce point qu'il faut une réponse catégorique. M. de Bourgoing plaidera longuement la cause de la paix. — Mais le duc de la Alcudia ne voulut même pas accorder audience à notre ministre. Il lui écrivit, le 15 février, que, puisqu'il parlait de se retirer en cas de réponse peu nette, il lui envoyait ses passeports. Bourgoing partit à la fin de février. Le 7 mars, la Convention décida que l'attitude de la cour de Madrid équivalait à une déclaration de guerre et, en conséquence, déclara « que la République française est en guerre avec le roi d'Espagne » (1).

De son côté, dans une cédule en date du 23 mars, le roi d'Espagne déclara qu'il nous faisait la guerre, non seulement pour repousser ce qu'il appelait notre agression, mais aussi pour venger la mort de Louis XVI, « ce cruel et inouï assassinat ». Et, quand les Espagnols envahirent la France, leur général en chef, Ricardos, dit aux Français, dans un manifeste daté de Céret, le 5 mai 1793 : « Le roi, ami

---

(1) Cependant, en fait, la rupture des relations ne fut pas tout de suite complète. Après le départ de M. de Bourgoing, il resta à Madrid un chargé d'affaires de France, M. Durtubise, auquel le duc de la Alcudia n'envoya ses passeports que le 7 avril et qui ne partit que vers le 20.

constant de la monarchie et de la nation française, s'est proposé uniquement de la délivrer de l'horrible tyrannie dont elle est affligée par une Assemblée illégale, usurpatrice et effrénée, qui, après avoir subverti (*sic*) et foulé aux pieds la religion, les lois, la sûreté et les propriétés générales et individuelles, commis de sang-froid les assassinats les plus inouïs sur les personnes les plus respectables et innocentes, a mis le comble à ses forfaits et à ses iniquités par le plus atroce parricide, en versant le sang de son légitime et bienfaisant souverain. » Tous les bons Français qui se déclareront pour le roi seront protégés par l'armée espagnole. Mais tous ceux qui « persisteront follement dans leur union avec la prétendue Convention nationale, ou qui, directement ou indirectement, agiront hostilement, soit les armes à la main, ou par des avis, ou enfin de quelque manière que ce soit, contre la bonne cause, seront traités avec la rigueur la plus sévère et la plus exemplaire, et considérés en outre comme rebelles à leur religion, à leur souverain et à leur patrie ».

A cette guerre de principes, le gouvernement français avait d'abord songé à répondre par une guerre de propagande. On avait cru qu'on pourrait *municipaliser* l'Espagne comme on avait municipalisé Nice, la Savoie et la Belgique. C'est dans cette vue qu'on avait décidé, dès le mois de mars, de former deux Comités révolutionnaires, l'un à Bayonne, l'autre à Perpignan. Mais, la politique étrangère de la Convention ayant été changée par le décret du 13 avril, ces Comités reçurent le nom, plus pacifique et plus discret, de *Comités espagnols d'instruction publique*. On devait d'abord les composer d'émigrés espagnols; ils ne seront plus formés que de quatre agents du gouvernement français. Borel préside celui de Bayonne, Comeyras celui de Perpignan. Ils devaient répandre des libelles révolutionnaires en Espagne : en fait, ils se bornent à y introduire la traduction espagnole de divers documents officiels, surtout du décret du 13 avril. Au mois de juillet, ils reçoivent l'ordre de se dissoudre (1).

En réalité, Comeyras et Borel étaient chargés de la mission secrète de négocier, s'ils le pouvaient, avec les Espagnols. Le 3 mai 1793, Le Brun leur envoya des instructions où on lit : « Toutes les fois qu'il sera question d'une conférence avec un général espagnol, soit pour l'échange des prisonniers, soit pour tout autre motif concernant des conventions militaires entre les armées respectives, les commissaires seront employés conjointement ou séparément par le commandant en chef pour traiter avec le général ennemi. » Ils saisiront toutes les occasions d'entrer en conversation. Ils déploreront cette guerre, la rupture de l'antique alliance. Si on veut les écouter, ils démontreront que l'Espagne n'a nul

____

(1) Le nouveau ministre des affaires étrangères, Deforgues, écrit à Borel, le 20 juillet 1793, que le Comité de Bayonne devra faire comme celui de Perpignan, dont les membres se bornent à aider Comeyras dans sa mission (c'est-à-dire qu'ils ne devront plus former un Comité).

intérêt à cette guerre, au contraire. C'est la perfide Angleterre qui en profite seule. L'Espagne veut le rétablissement de la monarchie en France : mais on ne rendra un roi à la France qu'en la brisant, en l'affaiblissant. Quel intérêt trouve l'Espagne à laisser amoindrir son alliée naturelle ? Que ne se réconcilie-t-elle avec la République ? La France ouvrirait volontiers des négociations à deux conditions : 1° que la cour d'Espagne reconnaisse pleinement et formellement la République française, sa souveraineté et son indépendance ; 2° conclusion d'un armistice *général* par terre et par mer. Ce sera l'expression de la pensée personnelle des commissaires, mais ils se chargeront de transmettre au gouvernement français les propositions espagnoles.

Comeyras et Borel ne paraissent pas avoir eu d'occasion d'exécuter ces ordres. La chevaleresque Espagne semblait avoir dit tout le fond de sa pensée dans le manifeste de Ricardos. Elle ne songe qu'à nous punir de nos crimes et de notre impiété, par pur amour du droit. On ne négocie pas avec don Quichotte : on le repousse, si on peut. Mais ici c'est don Quichotte qui est le plus fort. Nous sommes vaincus, envahis par lui. D'autre part, l'Espagne a conclu avec l'Angleterre, depuis le 25 mai, un traité d'alliance offensive et défensive. Il lui semble qu'elle a contre nous, et le droit, et la force. Ce n'est que plus tard, après des flots de sang versés, qu'elle se sentira dupée par l'Angleterre et que nos victoires la rappelleront à la raison. Mais, à l'époque où nous sommes, en 1793, il n'y avait qu'à se battre avec l'Espagne. On ne peut dire que les velléités françaises de négociations que nous avons relatées aient échoué ; elles ne purent même pas se produire.

§ 7

RUSSIE

La rupture entre la Russie et la France était complète, sans que l'état de guerre existât officiellement. Catherine avait ameuté l'Europe contre la Révolution qu'elle haïssait au fond du cœur, mais moins pour satisfaire cette haine que pour se donner les moyens, comme on l'a vu, de mettre la main sur la Pologne. Son hostilité ne s'était pas traduite par des opérations militaires, mais par une suite d'injures retentissantes. En août 1791, elle avait fait dire au chargé d'affaires de France, Genet, de ne plus paraître à sa cour. En 1792, elle avait accédé à la coalition. Par un édit du 8 février 1793, elle avait rompu officiellement toute relation avec la France, et enjoint à tous les Français qui se trouvaient dans ses États d'en sortir sous trois semaines, s'ils ne consentaient à prêter contre la Révolution un serment mystique dont elle édicta la formule. D'autres édits du 8 avril et du 25 mai 1793 avaient interdit tout commerce entre la France et prohibé toutes les marchandises françaises. Mais ce qu'il y eut de plus grave, c'est que Catherine, au mépris du droit des gens, fit arrêter à Varsovie, le 7 mars 1793, le chargé d'affaires de France en Pologne, Bonneau, et l'enferma dans la forteresse de Schlüsselbourg (1). Comment songer à négocier avec une puissance qui faisait tout pour que la guerre durât en Europe, et qui avait tout à perdre à ce que cette guerre vînt à cesser? Du moins le Comité de salut public s'appliqua à ne point donner de grief à l'opinion russe. Le 5 avril 1793, le Conseil exécutif provisoire, pour venger l'arrestation de Bonneau, avait décidé de traiter comme prisonnier de guerre tous les Russes qui se trouveraient en France. Ces représailles parurent impolitiques au Comité et, le 20 avril, il les interdit par l'arrêté suivant:

Sur le compte rendu d'un arrêté pris le 5 par le Conseil exécutif, qui ordonne d'user de représailles contre tous les Russes qui se trouveront en France, vu que le gouvernement russe a fait enlever et transférer en Sibérie le résident de la République à Varsovie, après avoir entendu le ministre des affaires étrangères, le Comité a arrêté que l'exécution de la délibération du Conseil sera suspendue, qu'il ne sera point usé de représailles générales contre les Russes, pour ne pas rendre les peuples victimes des barbaries de leurs gouvernements, et que cependant le ministre prendra les mesures les plus efficaces contre les Russes et les Polonais suspects, pour faire

(1) Il n'en sortit que le 13 décembre 1796, grâce à l'intervention de la Prusse. Voir le *Recueil des instructions aux ambassadeurs en Pologne*, par Louis Farges, t. II, p. 321.

exécuter à leur égard les lois rendues contre les étrangers suspects.

§ 8

PUISSANCES NEUTRES EN GÉNÉRAL.

Pendant la période de l'illusion propagandiste et tant que durèrent les succès de nos armes, la Convention n'avait manifesté de bienveillance que pour les États républicains, la Suisse et les États-Unis. Quant aux monarchies avec lesquelles nous n'étions pas en guerre, Brissot et les Girondins se refusaient à les traiter en amies. Le décret du 19 novembre 1792 excluait du système français toute alliance avec les rois. On a vu comment le Comité de salut public fit rapporter solennellement ce décret le 13 avril 1793, et ouvrit ainsi la voie aux négociations avec nos ennemis, et à plus forte raison avec nos amis ou avec les puissances qui, sans aimer notre Révolution, hésitaient cependant à se déclarer contre nous. Les patriotes éclairés gémissaient de l'abandon où nous avions laissé, au temps de la forfanterie girondine, nos alliés naturels. Ces sentiments se trouvent heureusement exprimés dans une lettre que Soulavie, récemment nommé ministre à Copenhague (1), adressa, le 24 avril 1793, aux

(1) Il ne prit pas possession de ce poste, où Grouvelle le remplaça, et il fut envoyé à Genève.

deux membres du Comité de salut public qui étaient chargés de surveiller la politique étrangère, Danton et Barère :

Il y a un mauvais génie ennemi des sans-culottes qui nous a fait déclarer la guerre à toute la terre, et qui nous persuade que les puissances qui ne prennent pas part à la guerre sont neutres... Il n'y a point de puissances neutres pour la France... Celles qu'on ose appeler neutres sont les amies naturelles de la France, des amies de tous les temps, des amies sûres, des amies qui ont pris les armes pour la France, toutes les fois qu'elle l'a voulu : savoir, la Turquie, la Pologne, la Saxe, la Suisse, le Danemark, Gênes, etc., etc. Toutes ces puissances, qu'on croit nulles ou timides, sont des puissances intéressées par besoin au maintien du noyau central en Europe de la France qui fut dans tous les temps leur protectrice, leur soutien, leur point d'appui contre les grandes puissances ambitieuses de Russie, d'Autriche, d'Espagne, qui sont devenues de grandes puissances par la juxtaposition de petites puissances voisines. Les petites puissances, qu'on ose appeler neutres, sont donc nos amies, nos alliées naturelles. Car, au lieu d'écouter les grandes puissances voisines, Vienne, Londres, Berlin, Madrid, Saint-Pétersbourg qui les animent, les menacent, elles font des vœux secrets pour que nous ne soyons pas dévorés. Car elles le seraient à leur tour, comme Dantzig, la Pologne, et, dans des temps antérieurs, la Hongrie, la Bohême par les Autrichiens.

On a donc osé appeler neutres les puissances nos amies naturelles, et nous avons été assez faibles, assez lâches, assez ignorants pour dédaigner la plupart d'entre elles qui ont fait les premières démarches pour nous chercher. Staël, envoyé de Suède, arrivé depuis deux mois, est encore incertain si nous voudrons accepter ses offres de nous aider contre les coalisés de Pilnitz... (1).

Soulavie est un bavard, un important, véritable mouche du coche bourdonnante, je le veux bien. Mais ici il a raison, il y voit clair, il est renseigné et avisé. On se doute qu'en donnant ce conseil à Danton il ne fait que répéter les paroles de Danton. En tout cas, il résume bien les vues nouvelles que le Comité allait faire prévaloir en politique étrangère. La Convention alla même jusqu'à ouvrir, contrairement aux principes et aux habitudes d'alors, un crédit illimité au gouvernement pour réaliser ces vues d'alliance et, le 3 mai 1793, sur le rapport de Barère, le décret suivant fut rendu :

La Convention nationale, après avoir entendu le rapport de son Comité de salut public, décrète qu'il sera pris sur l'extraordinaire de la guerre les fonds nécessaires pour indemniser les alliés de la République des armements et dépenses qu'ils feront pour seconder le développement de ses forces contre ses ennemis.

Le ministre de la guerre, avant d'ordonnancer ces dépenses, sera tenu d'en présenter l'aperçu au Comité des finances, qui se consultera à cet effet avec le Comité de salut public.

Le 26 mai 1793, en soumettant au Comité de salut public une liste d'agents diplomatiques à nom-

____

(1) *Lettre de Soulavie à Barère et Danton sur les affaires étrangères en ce moment-ci. Ce mercredi matin, 24 [avril 1793].* Arch. nat., AF II, 63.

mer, Le Brun lui fit adopter un système qui peut se résumer ainsi : « Nos ennemis ont formé contre nous une ligue puissante : tâchons d'y apposer une contre-ligue qui puisse la contrebalancer. Cette contre-ligue serait formée de la Suède, du Danemark, de la Turquie, de divers États d'Allemagne (Bavière, Wurtemberg, Saxe, Palatinat) et, en Italie, de Venise, Naples, Toscane et même Gênes. » Et Le Brun proposa un mouvement diplomatique par lequel il pourvoyait aux légations de Suède, de Danemark, de Saxe, de Bavière, de Stuttgart, de Venise, de Naples, de Florence, de Malte, de Turquie, de Genève et Valais (1).

Le 11 juillet 1793, par l'organe de Cambon, le Comité de salut public rendit publiquement compte du résultat général de cette politique :

Votre Comité, dit Cambon à la tribune, n'a pas négligé les relations d'intérêt et d'amitié que la République doit conserver avec tous les peuples. Depuis son établissement, il a jeté partout des germes diplomatiques, et le Conseil exécutif a envoyé des agents dans tous les États qui ne sont pas en guerre contre nous. Les États-Unis de l'Amérique sont toujours les amis constants des Français républicains; ils ne négligent aucune occasion pour nous en donner des preuves; ils n'ont pas oublié que nous leur (*sic*) avons aidé à conquérir leur liberté. Les Suisses, nos voisins, sont toujours disposés à maintenir leur neutralité, malgré les efforts de l'Autriche. Déjà on

(1) Ministère des affaires étrangères, *Mémoires et documents : France*, vol. 651, folios 59 à 67.

sait partout que le Français veut être républicain, et cette opinion acquerra une grande consistance après l'acceptation de la constitution. Les agents de la République sont accueillis dans plusieurs États, et même des ennemis ont traité avec la République dans les cartels d'échange des prisonniers (1), ce qui semble annoncer que les rois mêmes ne sont pas éloignés de reconnaître la souveraineté du peuple.

Ces déclarations du Comité sont vagues, incomplètes, parce que les circonstances lui inspiraient une grande discrétion. Il faut les éclaircir et les compléter en montrant ce qu'étaient ces *germes diplomatiques* qui, au dire de Cambon, avaient été jetés partout.

§ 9

EMPIRE D'ALLEMAGNE

Parlons d'abord de l'Empire, dont la neutralité avait tant d'importance pour la France.

Quand l'Assemblée législative, dans la déclaration de guerre du 20 avril 1792, avait affecté de séparer la cause de l'Autriche de celle de l'Empire, en proclamant qu'elle n'en voulait qu'au roi de Bohème et

______

(1) Allusion au cartel d'échange avec le roi de Prusse. Voir plus haut, p. 121.

de Hongrie (1), nos ennemis avaient feint de sourire de ce qu'ils appelaient une malice révolutionnaire cousue de fil blanc. Est-ce que l'origine de la querelle, disait-on, n'était pas la spoliation des princes allemands possessionnés en France (2)? Est-ce que ce n'était pas pour soutenir ce grief d'Empire que l'Empereur s'était prononcé contre la Révolution française? En réalité, la cour de Vienne n'était point sûre d'entraîner l'Allemagne dans son duel contre la France, en dépit de son alliance avec le roi de Prusse. Le corps germanique resta longtemps sourd aux sollicitations de François et de Frédéric-Guillaume, et son inertie fut habilement encouragée par la diplomatie française.

En mai 1792, Dumouriez avait nommé Caillard ministre plénipotentiaire près la diète de Ratisbonne, avec des instructions où se trouvent par avance les vues politiques qui seront celles du Comité de salut public en 1793 :

...Le corps germanique, disait Dumouriez, n'est vraiment qu'un être idéal, qui ne représente pas même une confédération (3). Tous les États qui le composent ont

(1) « C'est notre chère alliée l'Autriche toute seule, écrivait Dumouriez à Biron, que nous déclarons notre ennemie, et nous avons soin de la séparer des autres puissances qui forment le concert, c'est-à-dire une ligue infernale contre nous. » (Chuquet, *la Première Invasion prussienne*, p. 15).

(2) Sur l'affaire des princes possessionnés en France, voir surtout le rapport de Merlin (de Douai), du 28 octobre 1790; Sorel, *l'Europe et la Révolution française*, t. II, pp. 77-84, 95-97; Chuquet, *la Première Invasion prussienne*, p. 9.

(3) Sur l'état politique et géographique du corps germa-

des intérêts différents et souvent opposés. Deux grandes puissances, l'Autriche et la Prusse, divisent essentiellement ce corps en deux factions, et il ne fallait pas moins que la Révolution française, la fausse opinion qu'on en a pris chez l'étranger et la conspiration des despotes contre la liberté des peuples qu'ils prévoient en devoir être la suite, pour pouvoir intervertir l'ancien ordre politique et réunir momentanément deux puissances ennemies.

Cette nouvelle combinaison d'intérêts achève de soumettre les petites puissances, surtout d'après l'alliance de ces deux puissances avec la Russie. Non seulement la France est menacée, non seulement la Turquie et la Pologne sont livrées sans défense à tous les projets de partage des trois grandes puissances, mais les petites souverainetés composant le corps germanique, les villes libres et surtout la succession de la maison palatine sont exposées à tous les projets d'envahissement et de partage que l'ambition peut suggérer particulièrement à l'Autriche et à la Prusse.

Le corps germanique devrait s'occuper incessamment de ce danger imminent, et cependant il s'endort dans la sécurité ou dans la terreur...

C'est le traité de Versailles qui, nous unissant trop étroitement à la maison d'Autriche, a fait cesser nos négociations directes avec le corps germanique et a réduit la Diète germanique aux fonctions de simple tribunal, surtout à notre égard.

On conçoit aisément l'extrême difficulté de ramener cette Diète à son ancienne dignité et à sa haute importance. Mais la circonstance est extrême, et elle exige des efforts extraordinaires (1)...

nique au moment de la Révolution, voir A. Himly, *Histoire de la formation territoriale des États de l'Europe centrale,* t. I, pp. 273-295.

(1) *Mémoire pour servir d'instruction au sieur Caillard, mi-*

La Diète refusa de recevoir les lettres de créance de Caillard (20 juin 1792). Mais celui-ci ne quitta Ratisbonne que le 15 septembre suivant, et sa mission ne fut pas tout à fait infructueuse : elle avait encouragé l'inertie calculée de l'Allemagne.

En vain la cour de Vienne, par ses circulaires des 5, 8 et 10 mai 1792, sollicita les princes allemands de se prononcer contre la France (1). Le *conclusum* de la Diète, en date du 23 novembre 1792, qui ordonnait aux États de l'Empire de fournir le triple contingent, resta à peu près lettre morte. L'Autriche n'obtint que l'adhésion du landgrave de Hesse-Cassel, ce marchand de soldats qui avait fourni à la coalition un corps de 6.000 hommes (31 juillet 1792), moyennant la promesse de la dignité électorale et d'une juste indemnité pour ses dépenses (2). En avril 1793, il loua pour deux ans 8.000 Hessois au roi d'Angleterre. En même temps, il faisait parade envers la France d'injures et de menaces.

Le reste de l'Allemagne ne bougeait pas. Les électeurs ecclésiastiques se bornaient à fulminer contre la France (3). Le duc de Deux-Ponts (4) cherchait à

nistre plénipotentiaire de *France auprès de la Diète germanique à Ratisbonne*, mai 1792. — Arch. nat., D XXIII, 1.

(1) Voir Sorel, *l'Europe et la Révolution française*, t. II, pp. 472-475.

(2) Sybel, t. I, pp. 473-475. Cet historien trouve que le landgrave gouvernait ses États « en vigilant père de famille ».

(3) Sauf l'archevêque de Mayence, qui, en 1792, avait envoyé 2.000 hommes de renfort aux Autrichiens (Rambaud *les Français sur le Rhin*, p. 156).

(4) Les dispositions antérieures du duc de Deux-Ponts

s'accommoder avec nous, même après l'invasion de ses États. On a vu que son ministre d'Esebeck, prisonnier des Français, leur offrait dans sa prison ses bons offices en vue de la paix avec la Prusse. Le Comité de salut public écouta ces ouvertures : il reprit même l'ancienne politique des constitutionnels et de Delessart, qui visait à réconcilier le duc de Deux-Ponts avec son cousin l'électeur palatin de Bavière, afin de soustraire plus complètement la Bavière à l'influence autrichienne et de rendre ainsi plus difficile à réaliser le projet autrichien d'échanger la Bavière contre la Belgique.

Les intérêts de l'électeur de Bavière le liaient si évidemment à la cause de la France, qu'au lendemain de la déclaration de guerre il donna au ministre de France, M. d'Assigny (1), « les assurances

sont clairement résumées dans un mémoire anonyme daté du 23 décembre 1792, où on lit : « Un message extraordinaire de la part de l'électeur palatin vient d'assurer le général Custine : 1° qu'aucun accès dans Mannheim ne sera donné aux armées impériale et prussienne ; 2° que l'électeur empêchera le rétablissement du pont de Mannheim ; 3° que son triple contingent, enfermé dans cette ville pour la conserver à l'Empire, n'en sortira point ; 4° qu'il ne s'opposera point à l'établissement des batteries qui peuvent défendre aux subsistances des ennemis la sortie du Neckar, pourvu que ces batteries soient hors de la portée de celles de Mannheim ; 5° que si les ennemis veulent forcer le passage par Mannheim, il réclamera la force de la France. » Custine demanda que l'électeur fît semblant de céder aux menaces de la France et laissât entrer nos troupes dans Mannheim, quitte à recevoir une indemnité : il ne reçut à cette proposition qu'une réponse embarrassée. (Ministère des affaires étrangères, *Mémoires et documents : France*, vol. 649, folio 96.)

(1) Ce diplomate signe *d'Assigny* jusqu'en septembre 1792,

les plus positives de l'invariable détermination où il est de ne jamais s'écarter du système d'une parfaite neutralité ». La publicité donnée par les Français à cette déclaration (1) exaspéra les cours de Berlin et de Vienne. Elles exercèrent sur Charles-Théodore une telle pression, qu'au commencement d'octobre 1792 il dut prier M. d'Assigny de s'éloigner de ses États (2). Mais le gouvernement républicain n'en compta pas moins sur la Bavière comme sur une puissance amie. En vain une note comminatoire de l'Empereur (30 avril 1793) somma l'électeur de sortir de sa neutralité (3) : il fut impossible de lui arracher aucune mesure militaire contre la France.

L'attitude de la Saxe fut à peu près la même. Après la déclaration de guerre, l'électeur proteste au ministre plénipotentiaire de France à Dresde, M. de Montesquiou, qu'il n'agirait que comme membre de l'Empire. En juillet 1792, il accéda au traité de garantie et de défense déjà existant entre la Prusse et l'Autriche, mais avec cette restriction, avantageuse pour la France, que pour lui le traité se bornerait aux États respectifs qui confinent entre eux (sauf pour ce qui est de la confination avec la

et *Dassigny* après l'établissement de la République. Voir dans la *Correspondance de Bavière*, au ministère des affaires étrangères, un précis de sa conduite, en date du 20 décembre 1792.

(1) Elle se trouve dans le *Moniteur* du 21 mai 1792.

(2) M. d'Assigny était démissionnaire depuis le 5 septembre 1792.

(3) *Annual Register* de 1793, p. 163.

Pologne) : il ne se mêlerait donc pas de la guerre avec la France, puisque cette guerre n'atteint que les Pays-Bas et d'autres États de la maison d'Autriche qui ne confinent pas avec la Saxe (1). Mais la Prusse et l'Autriche ne tolérèrent pas la continuation des relations diplomatiques entre la Saxe et la France : le 5 septembre 1792, le chargé d'affaires de l'électeur à Paris, M. Rivière, écrivit à Le Brun que, sa cour lui ayant accordé un congé, il se rendait aux eaux de Bath, en Angleterre; le 3 octobre, le chargé d'affaires de France à Dresde, M. Bechelé, annonça que le ministre des affaires étrangères de l'électeur de Saxe, comte de Loss, lui avait déclaré « que, vu les événements qui ont eu lieu en France et surtout vu la suspension du roi, on ne peut plus reconnaître ici de mission française ». Et, le 7 octobre, le comte de Loss signifia à Bechelé « qu'il est inutile que les agents français prolongent leur séjour en Saxe ». Le personnel de la légation rentra aussitôt en France. Mais le secrétaire de la légation de Saxe à Paris resta à son poste; il eut des entretiens amicaux avec Le Brun jusqu'en avril 1793 (2). Ce n'est que plusieurs jours après la création du Comité de salut public qu'il demanda ses passeports.

Les relations avec le Wurtemberg se continuèrent plus longtemps. Le 24 février 1793, Desportes

---

(1) *Courrier de l'Europe* du 14 août 1792.
(2) Et il lui arriva même de se faire l'interprète auprès de ce ministre des velléités pacifiques (plus ou moins sincères) de l'Autriche.

avait été nommé ministre plénipotentiaire (avec les instructions les plus amicales) auprès du duc de Wurtemberg, qui était en même temps directeur du cercle de Souabe et prince souverain de Montbéliard. On sait qu'il ne se rendit pas à son poste et fut envoyé à Metz pour y conférer avec le baron d'Esebeck. C'est par l'intermédiaire du secrétaire de la légation de France à Munich, Doucet, chargé d'affaires, que des pourparlers pacifiques furent engagés. Le 10 mars, la diète du cercle de Souabe, séante à Ulm, se prononça pour le bon voisinage et la bonne intelligence avec la République française : le contingent en troupes serait seulement employé à la garde des frontières pour la défensive (1). Quand la Diète de Ratisbonne eut déclaré la guerre d'Empire à la France, le chargé d'affaires de Saxe à Paris (le conseiller de légation, baron de Wolzogen) écrivit à Le Brun (1er avril) que la cour de Vienne forçait le cercle de Souabe à quitter la neutralité. Mais il ajoutait : « Le duc de Wurtemberg, en qualité de prince souverain, espère néanmoins que cette démarche, à laquelle il est forcé de souscrire comme membre de l'Empire, ne sera pas regardée comme destructive de la bonne intelligence qui doit régner comme par le passé entre la France et sa personne et États. » Et il sollicitait une entrevue pour donner des explications plus détaillées.

M. de Wolzogen ne demanda ses passeports que

(1) Dépêche de Doucet du 16 mars 1793.

le 8 juin suivant, sous le prétexte gracieux qu'il avait un congé de sa cour pour affaires de famille. Un fait malencontreux s'était produit, qui avait eu pour effet de refroidir la bonne volonté du duc de Wurtemberg : le 10 avril, le général Deprez-Crassier avait envahi la principauté de Montbéliard.

Aux protestations du duc, la France n'avait rien répondu. En vain Doucet demandait qu'on le mît dans le cas de donner au moins des explications, d'alléguer des raisons quelconques (1). Il reçut seulement une remontrance de Deforgues, qui lui reprochait de n'avoir pas montré assez de fermeté. Le 19 juillet, tout en protestant de son amitié pour la France, le duc de Wurtemberg fit déclarer à Doucet que, vu les ordres de l'Empire, il ne pouvait plus lui permettre de rester à Stuttgart. L'extrême courtoisie des excuses, dont il colorait cette mesure de rigueur, ne pouvait pas laisser de doute sur ses sentiments amicaux envers la France. Doucet n'en crut pas moins devoir quitter aussitôt Stuttgart.

Le Comité de salut public avait fondé de grandes espérances sur l'amitié du duc de Wurtemberg, et aucun document n'est plus propre à faire connaître

(1) Doucet écrit de Stuttgart, le 18 juin 1793, que le ministre des affaires étrangères du duc de Wurtemberg se plaint constamment à lui de l'occupation de Montbéliard, et il ajoute : « Si vous ne me mettez pas dans le cas de lui répondre et de lui alléguer les raisons pour lesquelles vous avez jugé à propos de prendre des mesures pour ce Montbéliard, mon existence ici devient embarrassante et inutile. »

sa politique avec les princes d'Allemagne que l'extrait suivant d'un mémoire préparé alors dans les bureaux du ministère des affaires étrangères (1) :

Lors des premières réclamations des princes possessionnés, le duc de Wurtemberg a été le premier à négocier avec la France. Ce n'est pas qu'il eût aimé la Révolution : il était aristocrate comme tous ses pareils ; mais son intérêt d'être bien avec la France était trop pressant, et il devait mieux aimer perdre ses domaines dans les ci-devant provinces d'Alsace et de Franche-Comté que de se livrer entièrement à la merci de l'Autriche. Il a passé l'hiver de 1791 à Paris, pour parvenir à un arrangement. La conduite qu'il a tenue dans le temps avec les émigrés, qu'il n'a jamais soufferts dans son pays, et avec Dumouriez, qu'il en a chassé au bout de vingt-quatre heures, tandis que le margrave de Bade, prince beaucoup plus mince encore que lui, les accueillait à bras ouverts, prouve également que, malgré sa prédilection pour l'aristocratie, il n'a jamais perdu de vue le respect dû à la nation française.

Lorsque la guerre contre la France fut proposée à la Diète de l'Empire, son vote a été, dans les différentes questions, ou négatif, ou extrêmement modéré. Sa conduite a déplu à l'Autriche. Le ministre autrichien a employé des plaintes et des menaces. Le duc de Wurtemberg a été un des derniers à fournir son contingent, et son agent n'a quitté Paris que lorsque les décrets de la Convention ne lui ont plus permis d'y rester. Cette conduite ne doit point faire son éloge, mais elle prouve la nécessité politique qui, malgré la Révolution, devait le tenir attaché à la République française. Aussi dernière-

(1) Ce mémoire a été daté après coup de l'an IV; mais il se rapporte évidemment à l'année 1793, peut-être au mois de juin.

ment, lorsque le troisième contingent a été demandé, le duc de Wurtemberg l'a-t-il entièrement refusé.

Pour expliquer davantage sa conduite, il faut se rappeler que, dans la gothique constitution d'Allemagne, les différents États qui la composent sont en même temps souverains et sujets de l'Empire. En cette dernière qualité, ils ont l'obligation de fournir des contingents en hommes et en argent; mais, tant qu'ils n'agissent pas comme souverains, c'est-à-dire tant que, se bornant à fournir un faible contingent, ils n'interrompent point les communications ordinaires, ne favorisent exclusivement aucune des puissances belligérantes, enfin tant qu'ils ne déclarent ni ne font la guerre pour leur propre compte, ils ne se regardent point comme étant en guerre avec la puissance à laquelle l'Empire l'a déclarée par la majorité des voix. Il n'a point convenu à la République française de se conformer à de pareils principes politiques, singuliers sous certains rapports et fondés sous d'autres; c'est cependant une question à approfondir. Elle est très importante sous le rapport du commerce et d'un système général de négociations.

Je reviens aux armements, vrais ou prétendus, du pays de Wurtemberg. En conséquence du système germanique de neutralité, la destination de ces troupes doit être de défendre l'entrée du pays aux troupes autrichiennes et prussiennes, aussi bien qu'aux troupes françaises. Si le Wurtemberg s'en tient là, comme j'ose le croire, la France sera toujours la maîtresse de le regarder comme pays ennemi. Mais il pourrait être de son intérêt de reconnaître cette espèce de neutralité. Si au contraire le Wurtemberg permet aux troupes ennemies de prendre des cantonnements dans le pays et ose vouloir en défendre l'entrée exclusivement aux Français, alors le Wurtemberg mérite d'être traité en ennemi...

Dans cet état de choses, ne serait-ce pas une mesure de générosité et de miséricorde, autant que de politique,

que la République française leur facilitât les moyens de se rallier autour d'elle, et de rompre les affreuses chaînes qui les attachent à leurs oppresseurs ? Une pareille mesure se lierait parfaitement à notre but, qui est la destruction de la puissance autrichienne. Avec les fortes probabilités que nous avons pour détacher la Prusse de la coalition, avec les dispositions connues de plusieurs États du nord et du midi de l'Allemagne, il nous serait si facile de parvenir à ce but ! Une négociation de deux jours pourrait déterminer la Suède, le Danemark (pour ce qui regarde leurs possessions germaniques) et les villes hanséatiques, en supposant la Prusse détachée, à retirer leur concours. La présence de nos armées victorieuses et des intérêts politiques également puissants engageraient le cercle entier de Souabe, le Palatinat et la Bavière à faire la même démarche. De là à l'alliance, j'ose le dire, il n'y aurait presque plus qu'un pas. L'Autriche se verrait tout à coup abandonnée et, sous peu de temps peut-être, menacée par de nouveaux ennemis. »

§ 10

HAMBOURG

Ce que nous venons de dire de la Bavière, de la Saxe et du Wurtemberg donne une idée suffisante des rapports de la France avec les pays d'Allemagne au temps du premier Comité de salut public, sans qu'il soit nécessaire d'entrer dans le détail infini des relations avec la multitude des petits États qui faisaient partie aussi de l'Empire. Il faut cependant insister un peu sur nos relations avec les villes hanséatiques, et en particulier avec Hambourg, relations si importantes alors pour notre commerce et nos approvisionnements. L'attitude du Sénat de Hambourg vis-à-vis de la République française, à l'époque critique où l'Angleterre s'adjoignit à nos ennemis, parut aux observateurs superficiels contradictoire et perfide. Mais cette impression s'efface à la lecture du mémoire suivant, que Le Brun communiqua au Comité de défense générale après la rupture officielle des relations entre la France et Hambourg, et qui forme un résumé clair et concis de l'état vrai de la question :

Précis historique de la conduite du sénat de Hambourg depuis le 21 janvier de cette année, à l'égard de la République française, pour le Comité de défense générale (1).

La ville libre et impériale de Hambourg, seule de tous les États de l'Empire, avait mérité que la République française continuât d'y entretenir un ministre. Les intérêts du commerce maritime et l'avantage dans les circonstances de faire de cette résidence un poste d'observation y avaient d'ailleurs rendu très utiles les fonctions d'un agent politique. Enfin cette république, dans le temps même où la Diète allait arrêter le triple contingent, saisissait l'occasion de nous être agréable, comme

---

(1) Ce mémoire a été daté après coup du mois de juin 1793. C'est une erreur évidente. Il se rapporte au mois de mars ou au commencement d'avril, puisqu'il est adressé au Comité de défense générale.

l'annonce un mandement du Sénat en date du 9 novembre de l'année dernière, et dont l'objet était de fermer Hambourg aux émigrés français.

Cependant, vers le mois de janvier, il était question que la Diète de Ratisbonne exigerait au premier moment, de la ville de Hambourg, de ne faire aucune expédition de subsistances pour la France. Le Sénat, dès lors, parut craindre de ne pouvoir s'y refuser. Cette faiblesse faisait présumer qu'il céderait également à d'autres instances.

La sensation que fit sur le Sénat la journée du 21 janvier fit voir que le fanatisme de la royauté corrompait jusqu'aux républicains allemands. Le citoyen Lehoc, ministre de la République, fut prévenu, le 1er février, que le Sénat ne pourrait résister à l'influence des cours étrangères qui exigeaient que le ministre français ne fût pas reconnu.

Les jours suivants, le syndic Doodman ne dissimula plus au citoyen Lehoc l'extrême perplexité du Sénat, ainsi que celle de tous les négociants. Il lui apprit les demandes, les menaces même qui leur étaient faites. Le Sénat tâchait d'éluder la réponse. Il allégua enfin les liaisons de commerce avec la France et défendit même avec chaleur la conduite du ministre de la République. Mais la force des circonstances l'emporta.

Le 13 février, le Sénat fit communiquer confidentiellement au citoyen Lehoc les ordres qu'il venait de recevoir de l'Empire, signés du roi de Prusse et de Brunswick comme directeur du cercle de la Basse-Saxe, de signifier au ministre de la République qu'il eût à sortir de Hambourg dans deux fois vingt-quatre heures, et du cercle en six jours.

L'objet de cette communication du Sénat, qu'il désirait que le citoyen Lehoc regardât comme une consultation amicale, ne fut pas longtemps secret. Le lendemain, toute la ville était instruite des ordres de l'Empire, de l'assemblée du Sénat et de la résolution du ministre de la République de partir sans attendre la détermination des magistrats. Sur une lettre au nom du citoyen Lehoc par le secrétaire de la légion au syndic Doodmann, alors en séance au Sénat, les pièces justificatives furent adressées au ministre de la République, qui signifia qu'il partirait le jour même, dans une déclaration qu'il remit au Sénat de Hambourg.

Ce jour il fut demandé au Sénat qu'il ne souffrît pas le départ du citoyen Lehoc. La Bourse ne fit aucune affaire. La Chambre de commerce envoya une députation au ministre français. Elle fit, à son insu, remplir son vaisseau de provisions de tout genre. La ville fut consternée à son départ. Il paraît certain qu'une garnison de Prussiens et de Hanovriens aurait été sous peu de jours à Hambourg, si le Sénat eût résisté.

Depuis le départ du ministre de la République et son retour près du Conseil exécutif provisoire, le Sénat de Hambourg a renouvelé ses regrets et protesté de son impuissance. Il s'est aussi empressé de faire savoir au Conseil exécutif qu'il a de fortes raisons de croire que l'exportation des blés ainsi que de tous les autres objets d'un commerce neutre ne souffrira aucune atteinte de la part de l'Empire (1).

A la première nouvelle du renvoi de Lehoc, le

---

(1) Ce mémoire se termine par le paragraphe suivant:
« Un mémoire justificatif a été présenté au ministre des affaires étrangères par le résident des villes hanséatiques (La Flotte), qui, leur ayant donné sa démission motivée sur sa qualité de citoyen français, a terminé par là ses fonctions. On joint ici copie de ce mémoire, dont l'exposé fait connaître les sentiments de la ville libre et impériale de Hambourg, comme ce précis met à portée de juger les faits. — Certifié exact : *Le ministre des affaires étrangères.* » (Ministère des affaires étrangères, *Correspondance de Hambourg,* année 1793, folio. 135.)

Conseil exécutif s'indigna, résolut de « tirer satisfaction de cette injure et de cette hostilité » et
arrêta, le 1er mars, que l'embargo « serait mis à
l'instant sur tous les navires et bâtiments appartenant aux Hambourgeois et aux habitants de Brême,
Lubeck et autres villes hanséatiques, et qu'en même
temps les armateurs seraient avertis qu'ils pouvaient
courir sur ces mêmes bâtiments » (1).

Un décret de la Convention du 4 mars 1793 donna
force de loi à cet arrêté.

Mais on connut bientôt à Paris les véritables
sentiments des Hambourgeois à notre égard, et on
sentit que le décret du 5 mars était impolitique. La
Convention le rapporta formellement dans sa
séance du 29 mars, sur la demande de Boyer-Fon-
frède, au nom du Comité de défense générale. Le
Comité de salut public s'efforça de réparer encore
les mauvais effets de la maladresse commise et les
dommages causés aux Hambourgeois par l'embargo (2). Le 9 mai, la Convention décréta « qu'il
serait sursis à l'exécution de tous jugements rendus
ou à rendre par les tribunaux de commerce ou de
district des villes maritimes de la République, à raison des diverses prises de navire qui ont pu être
faites jusqu'à ce jour sur les villes hanséatiques ».

(1) *Recueil des actes du Comité de salut public*, etc., t. II, p. 227.
(2) On voit une trace de cette préoccupation dans une
lettre de Cambon, président du Comité, au ministère des
affaires étrangères (26 mai 1793) pour l'inviter à venir conférer avec le Comité au sujet du décret du 4 mars. (*Correspondance de Hambourg*, à la date.)

Cette attitude amicale visait à nous acquérir les bons offices du commerce de Hambourg, qui pouvait contribuer puissamment au ravitaillement de la France. La Prusse et l'Autriche s'en émurent. Au mois de juin, Frédéric-Guillaume ordonna aux magistrats de Hambourg de répondre qu'aucun négociant ne chargera de marchandise ou de denrées, quelles qu'elles soient, pour la France : en cas de désobéissance, une garnison prussienne ferait raison de l'opiniâtreté hambourgeoise Le Sénat dut se soumettre, et on écrivait de Hambourg, le 4 juin, au *Moniteur :* « L'indignation publique est à son comble ; mais la stupeur aussi est générale. On s'observe, on s'indigne et l'on se tait (1). »

La Convention n'attendit même pas la confirmation officielle de la violence exercée sur Hambourg par la Prusse. Dès qu'elle s'aperçut que cette ville ne pouvait plus commercer librement avec la France, elle rapporta (9 juin) son décret du 9 mai et déclara que tous les navires des villes hanséatiques étaient de bonne prise (2).

Cette mesure inconsidérée fut encore aggravée par le décret du 16 août suivant, qui renvoya les armateurs et propriétaires des navires hanséatiques à se pourvoir devant les tribunaux. En même temps la

(1) *Moniteur*, réimpression, t. XVII, p. 33. Voir aussi le mémoire remis par la ville de Hambourg à la régence de Hanovre en septembre 1793, *ibid.*, t. XVIII, p. 113.

(2) Ce décret fut rendu sur le rapport du Comité de marine : le Comité de salut public y fut donc peut-être étranger.

Convention déclara « qu'à l'égard des vaisseaux appartenant aux puissances allemandes qui ont voix délibérative à la Diète de Ratisbonne, elle a entendu que lesdits bâtiments étaient et demeuraient compris sous la dénomination de *vaisseaux ennemis* ».

Le 26 août, Simond et Rühl demandèrent que les villes hanséatiques fussent déclarées ennemies de la République. Mailhe s'y opposa, et Jeanbon Saint-André soutint l'avis de Mailhe : « On nous a fait trop d'ennemis, dit-il, en nous forçant d'adopter précipitamment des propositions qui, envisagées sous leur point de vue politique et soumises à une discussion sage et approfondies, auraient été rejetées. Je sais que la République n'a pas à se louer de la conduite des villes hanséatiques ; mais elles sont le grenier de l'Europe, et il ne faut pas, par une mesure inconsidérée, nous priver de ressources qu'il est important de ménager. Je demande le renvoi de toutes les propositions au Comité de salut public (1). » Ce renvoi fut décrété. D'autre part, le ministre des affaires étrangères se laissa dire que la ville de Hambourg n'avait eu que voix *consultative* à la Diète (2) et, le 4 floréal an II, le Comité de

(1) *Moniteur*, réimpression, t. XVII, p. 502.
(2) Voir à ce sujet une note anonyme du 30 vendémiaire an II, dans la *Correspondance de Hambourg*, folio 148. La ville de Hambourg faisait partie à la Diète du troisième collège, celui des villes libres, qui ne jouait qu'un rôle subordonné à l'égard des deux collèges supérieurs (des électeurs et des princes), dont l'accord annulait le plus souvent le troisième collège. Mais rien n'indique que la ville de Hambourg n'ait pas toujours eu voix délibérative. (Cf. Himly, t. I, p. 279.)

salut public décida que les citoyens des villes hanséatiques résidant en France seraient considérés comme citoyens de pays neutres.

§ 11

LA DIÈTE ET LA DÉCLARATION DE GUERRE

Pendant que les États qui formaient l'empire d'Allemagne gardaient ainsi, malgré la sollicitation de la Prusse et de l'Autriche, une attitude expectante et persistaient autant que possible dans leur neutralité, que faisait la Diète? que faisait l'Empereur?

Pour réveiller le zèle germanique, les puissances coalisées ne virent rien de plus efficace que de plagier le décret par lequel l'Assemblée législative de France avait déclaré la patrie en danger (1). Elles voulurent tourner contre la Révolution cette arme révolutionnaire, et, le 18 février 1793, leurs minis-

(1) Ces appels au patriotisme allemand, quoiqu'en fait l'Allemagne ne fût pas une nation, n'étaient pas une nouveauté dans le langage des puissances allemandes, qui, au fond, ne songeaient égoïstement qu'à leurs intérêts particularistes. Ainsi, le grand Frédéric ne perdait pas une occasion de se déclarer « bon et fidèle patriote allemand ». M. Sorel a donné une idée complète et saisissante de ce « système patriotique » dans son livre : *l'Europe et la Révolution française*, t. I, pp. 410-414.

tres adressèrent aux Allemands une proclamation où on lisait :

La patrie est en danger ! La constitution, la religion, la propriété du citoyen, le repos de l'habitant tranquille du pays, tout est menacé d'une ruine prochaine. Les projets sanguinaires des Français, ennemis de tout repos, sont maintenant dévoilés. Les doux noms de liberté et d'égalité ne couvrent plus le précipice qui s'ouvrait sous nos pas, et cette année, si nous ne déployons toutes nos forces, est peut-être la dernière dans laquelle nous pourrons encore serrer nos enfants dans nos bras, où nous pourrons habiter nos demeures, où nous pourrons jouir des consolations que le service public du Très-Haut répand dans nos âmes.

Des troupes nombreuses de soldats fanatiques, pour l'établissement d'une liberté imaginaire, ont déjà sucé toute la substance des contrées en deçà du Rhin, ci-devant si heureuses. Ils ont élevé l'arbre dévastateur de la licence, et, pendant qu'ils pillaient les biens de vos compatriotes, ils portaient une loi que tous les peuples que leur épée pourrait atteindre fussent forcés d'admettre leur institution, qui est le renversement de toute religion et de tout ordre civil ; que tout peuple fût traité en ennemi qui demeurerait fidèle à son prince et à ses lois ; — et telle est la liberté qu'ils nous vantent si fort !

Ils ajoutaient avec amertume :

Quel est l'État de l'Empire, excepté le landgrave de Hesse-Cassel et ses Hessois, qui ait daigné prendre une part active aux nobles efforts de l'Autriche et de la Prusse ? Et cependant, leur juste cause est la cause de chacun de nous.

Ne vous laissez pas abuser, ô citoyens germains, par

l'idée creuse que François et Frédéric-Guillaume ne combattent que pour leur propre domination, pour être ce que les Français voudraient bien les dépeindre à vos yeux, des despotes. Ne vous laissez pas entraîner à cette pensée absurde, que les princes, la noblesse et les ecclésiastiques sont les seuls intéressés dans cette querelle, et qu'ainsi nous pouvons être très indifférents sur l'issue. Le sort du moyen ordre et du plus petit d'entre nous n'y est-il pas également compris ?

Vraiment, les premières opérations de la Révolution française excitèrent et durent exciter une approbation générale. Tout ami de l'humanité dut voir avec intérêt les démarches d'un peuple opprimé sous le poids des anciens abus, gémissant sous des impôts énormes, inégalement distribués et exigés à toute rigueur, — au secours duquel peuple vint son roi pour le soulager. Quel spectacle touchant que de voir un bon roi, entouré des personnes les plus sages de son royaume, donner de bon cœur les mains au redressement de tous les abus! Mais quelle douleur que de voir cette heureuse attente si indignement trompée! Les premiers pas de cette nouvelle autorité furent une violation manifeste des droits les plus sacrés de la propriété, par l'abolition de la noblesse et l'envahissement des biens du clergé. Tout honnête gentilhomme avait, de bon cœur, sacrifié au bien public tous ses privilèges vraiment nuisibles au bien de l'État, et même les titres imaginaires de son état. Mais le dépouiller de tous ses droits sans aucune distinction, sans son consentement, en abolissant les revenus des fiefs, enrichir ainsi une partie des citoyens aux dépens de l'autre, c'était une violence, une injustice manifeste. C'est là-dessus que Léopold, en qualité de chef de l'Empire, voyant les droits des divers princes allemands violés par cette décision, éleva sa voix, et c'est à cause de cela que les Français ont déclaré la guerre à la maison d'Autriche. La conduite des Français envers Mayence, Francfort, Worms, Spire, contre divers autres princes qui ne leur avaient fait aucun tort, montre ce que nous avons à attendre de leur part, si la fortune seconde leurs armes. Notre constitution, malgré tous ses défauts (car rien de parfait ne peut sortir de la main des hommes), est cependant une des plus heureuses. La licence, le silence de la justice et des lois sur les forfaits qui se commettent en France, l'anarchie en un mot, telle qu'elle y règne aujourd'hui, aurait des effets beaucoup plus pernicieux en Allemagne, divisée comme elle l'est en une multitude de principautés et d'États indépendants. Personne n'a rien à gagner dans ce système, que celui qui n'a rien, et encore pour un très court espace de temps.

La proclamation se terminait par un appel « à tout homme bien intentionné pour la patrie en danger de faire le sacrifice de ce qu'il peut pour la sauver (1) ».

Le même jour, la Diète de Ratisbonne proposait à l'Empereur des mesures rigoureuses contre les républicains allemands, clubistes, gazetiers, prédicateurs d'idées françaises.

Enfin, le 22 mars, elle prenait un *conclusum* tendant à déclarer la guerre d'Empire à la France, et le 30 avril elle ordonnait des préparatifs militaires (2).

(1) Ministère des affaires étrangères, *Allemagne*, année 1793, folio 45.

(2) « On sait comment se forment les résolutions à la Diète de Ratisbonne. Le collège électoral et le collège des princes délibèrent, et lorsqu'on est convenu d'un point, on le communique au collège des villes, qui n'a pas le droit de s'y opposer. Les trois suffrages des électeurs ecclésiastiques, réunis aux suffrages de Brandebourg et de Bohême, nous donnaient la minorité dans le collège électoral. Nous

L'Empereur ratifia aussitôt ces *conclusum* des 18 février et du 22 mars 1793, et il adressa aux princes directeurs des cercles de l'Empire une lettre circulaire où il disait :

Vous devez être suffisamment et généralement instruit par le recès des affaires publiques traitées à la diète de l'Empire, et particulièrement par le décret de commission impériale du 26 avril 1791, par l'avis de l'Empire qui s'ensuivit en date du 6 août, et par le décret de ratification du 10 décembre de la même année, ainsi que par le décret de notre cour impériale du 1er septembre 1792 et l'avis de l'Empire qui s'y rapporte en date du 23 novembre, enfin par notre décret de ratification du 22 décembre de la même année, des violences inouïes que les Français ont exercées contre les États de l'Empire possessionnés en Alsace et en Lorraine, en vertu de leurs fameux décrets du mois d'août 1789, par lesquels ils ont dépouillé arbitrairement ces princes de tous leurs droits et possessions fondés sur des traités de paix les plus sacrés; et que depuis, au lieu d'avoir égard aux réclamations et aux justes griefs de ces mêmes princes, ils ont, hostilement et au mépris du droit des gens, envahi le territoire de l'Empire, pillé et ravagé ses provinces limitrophes, non contents d'avoir levé des contributions et des livraisons (1) exorbitantes, ils ont cherché à propager

ne pouvions dominer dans le collège des princes, qui est fort nombreux, mais composé des membres dont les États, par leur faiblesse, sont nécessairement à la merci de l'Empereur ou du roi de Prusse, et qui par là ne pouvaient ou n'osaient s'écarter du vœu de ces deux monarques. C'est ainsi que s'est formée cette majorité où les princes faibles ont incessamment entraîné par le nombre ceux qui étaient infiniment plus puissants. » (Ministère des affaires étrangères. *Mémoires et documents : France*, vol. 651, folio 9.)

(1) Nous reproduisons textuellement, et avec ses incorrec-

et à répandre au loin leurs dangereux principes de politique, qui n'ont pour but que la destruction totale de la constitution fondamentale de l'Empire.

Ces violences répétées et continuées de la part des Français ont nécessité une résolution ultérieure de l'Empire, en réponse à notre décret de la Cour impériale, adressée à la Diète générale sous la date du 1er septembre; laquelle résolution, signée le 22 mars de cette année par les électeurs, princes et États de l'Empire, et remettant très humblement à notre disposition de prendre telles mesures ultérieures que nous jugerions convenables, porte entre autres ces expressions vraiment patriotiques, dignes du courage mâle et franc de la nation germanique, « que ces démarches hostiles et continuées par les Français contre l'Empire germanique mettaient ses États dans la nécessité indispensable, tant pour le maintien de leur propre honneur et pour la satisfaction qui leur est due, que pour la défense et la sûreté des frontières de l'Empire, de prendre les armes contre la France. Cette guerre, commencée par cette dernière et déclarée en effet aux cercles antérieurs, serait envisagée comme une guerre générale de l'Empire, suivant la garantie mutuelle et constitutionnelle de ses membres ». On se rapporte dans la même résolution, non seulement aux lettres *avocatoires* et *inhibitoires* publiées par la Cour impériale, mais encore à une autre proposition faite par un avis de l'Empire, relativement à une ordonnance contre les séducteurs du peuple et les perturbateurs du repos public. C'est le même avis de l'Empire que les électeurs, princes et États ont émis, en date du 18 février de cette année, pour être par nous ratifié et mis à exécution.

tions, la traduction de ce document telle que nous l'avons lue au ministère des affaires étrangères, dans la *Correspondance d'Allemagne*. Nous n'avons pu en retrouver l'original allemand.

Par conséquent, l'Empereur déclare que l'Empire est en état de guerre générale contre la France, que tous les membres du Corps germanique doivent indispensablement réunir toutes leurs forces, « que le contingent militaire de l'Empire, suivant la teneur expresse du décret de commission en date du 22 décembre, ratifié par Sa Majesté impériale et itérativement confirmé par le dernier *conclusum* du 30 avril de cette année, doit être réglé et déterminé sur le pied agréé en 1781, et que tous ceux des États de l'Empire qui jusqu'ici n'ont point encore rempli leurs engagements et satisfait à leurs obligations à cet égard (à l'exception cependant de ceux qui, par l'oppression et la violence de l'ennemi, ont été mis dans l'impossibilité avérée d'y concourir) seront tenus de fournir sans aucun délai leur quote-part respective, suivant la norme obligatoire de cette répartition ».

Ensuite l'Empereur ordonnait des mesures, « contre les corrupteurs et débaucheurs du peuple aujourd'hui en vogue », et il menaçait d'une répression militaire les républicains allemands, propagateurs des principes anarchiques de liberté et d'égalité, fondateurs de clubs et de municipalités, électeurs de représentants, etc.

En outre, disait-il en terminant, nous jugeons convenable à la sûreté commune de ne pas recevoir, ni tolérer, dans toute l'étendue de l'Empire, aucun ministre chargé d'affaires, agent ou correspondant dépendant de l'état anarchique actuel de France, et généralement aucun

Français, de quelque condition et sexe qu'il puisse être, à moins qu'il ne puisse légitimer son séjour sur le territoire de l'empire d'Allemagne par un ordre ou permission du seigneur sur le territoire duquel il se trouve.

Ainsi l'Empire d'Allemagne déclarait officiellement la guerre à la France. Cette déclaration n'eut d'abord d'autre effet que d'interrompre les relations publiques des États de l'Allemagne avec la France. Et encore arriva-t-il, on l'a vu, que les rapports diplomatiques continuèrent pendant plusieurs semaines avec le Wurtemberg et d'autres États. Ils ne cessèrent tout à fait que par l'effet des menaces réitérées de l'Autriche et de la Prusse, et à la suite des désastres militaires et civils de la France en juin et en juillet 1793. Même alors le Comité de salut public entretint, par des voies détournées ou secrètes, des rapports amicaux avec ces puissances. ennemies en paroles, neutres en fait, et sa politique consista à rendre acceptable a leur amour-propre le système d'inertie qui leur était conseillé par leur intérêt.

§ 12

LA SUISSE, GENÈVE ET LE VALAIS

Les sentiments du Corps helvétique à l'égard de la France n'avaient jamais été unanimes. Les cantons protestants haïssaient le roi très chrétien, auquel les cantons catholiques étaient attachés par les liens d'une fidélité amicale. Sous le règne de Louis XV, toutes les tentatives pour réunir les uns et les autres en une seule et même alliance avec la France étaient restées vaines. Ce n'est que lorsque Joseph II parut menacer leur indépendance nationale que les Suisses se décidèrent à substituer aux traités partiels qui les unissaient à la France une « alliance générale et défensive entre S. M. Très-Chrétienne et les Républiques helvétiques et États co-alliés » (28 mai 1777). Mais cette alliance, quoique fidèlement observée de part et d'autre, ne changea rien à la réalité des sentiments et ne concilia point à Louis XVI l'amitié des cantons protestants.

La Révolution française renversa, pour ainsi dire, cette situation. Favorablement accueillie dans les États protestants, elle souleva parmi les catholiques suisses une réprobation presque générale (1). Bientôt la propagande révolutionnaire en Suisse, la grâce des soldats de Châteauvieux, le désarmement du régiment bernois d'Ernst à Aix-en-Provence, les atteintes portées aux capitulations, nous aliénèrent jusqu'aux cantons démocratiques, et notre ambassadeur Barthélemy (2) fut assez mal accueilli. Il fallut

____

(1) « Les principes du calvinisme sont républicains et ceux du culte catholique favorisent le despotisme. De là vient l'espèce d'idolâtrie que les Suisses catholiques avaient pour la personne de nos ci-devant rois et la famille royale. » Barthélemy à Le Brun, 20 mai 1793, ap. Kaulek, t. II, p.261.

(2) François Barthélemy, né le 20 octobre 1741, était entré

la fermeté de Dumouriez et l'approche des troupes françaises pour décider le Corps helvétique à entrer en rapports officiels avec le nouveau régime et à proclamer officiellement sa neutralité (5 juin 1792.

Le massacre des Suisses au 10 août et la dissolution des régiments hélvétiques au service de la France tournèrent de nouveau les esprits contre nous et, sans la terreur qu'inspirèrent les succès de Dumouriez, de Montesquiou et de Custine, on en serait venu à une rupture ouverte.

Empêcher à tout prix cette rupture, décider la Diète à reconnaître officiellement Barthélemy, ramener les Suisses par des satisfactions matérielles et morales, préparer une nouvelle alliance conformément au droit nouveau, tel fut l'objet de la diplomatie française au commencement de 1793 et sous le premier Comité de salut public.

Dès le 9 octobre 1792, la Convention nationale avait publiquement manifesté ses sentiments pour ses « frères et alliés » des treize cantons dans une adresse (1) où elle plaidait habilement la cause de la France auprès de la Suisse:

Nous avons secoué la tyrannie des Bourbons, comme

dans la carrière au mois de février 1768, en qualité de secrétaire d'ambassade en Suède, et il avait occupé ce poste jusqu'au moment de sa nomination en Suisse. Voir ses états de service, dressés par lui-même, dans Kaulek, t. II, p. 313.

(1) Cette adresse avait été rédigée par Mailhe au nom du Comité diplomatique. *Moniteur*, réimpression, t. XIV, p. 162

vous secouâtes autrefois celle des Autrichiens, et c'est à vous que les Autrichiens proposent de secourir les complices de la haine qu'ils portent à la liberté!

... Ah! si jamais vous aviez dû vous déclarer contre la France, c'était lorsqu'un de ses coupables chefs avait formé avec l'Autriche la plus monstrueuse des alliances! Aujourd'hui que cette alliance est rompue, leur cause est redevenue la vôtre; elle l'est surtout depuis qu'ils se sont constitués en république.

... Nation franche et généreuse, si tu ne veux point partager avec nous les périls d'une aussi belle entreprise, sache du moins mériter d'en partager le succès, et ne t'expose pas, en cédant aux perfides insinuations de nos ennemis communs, à perdre le fruit de quatre siècles de liberté, de sagesse et de gloire!

En même temps, Condorcet publiait une lettre (1) où il essayait de démontrer que le massacre des Suisses au 10 août n'était pas le crime de la nation, mais celui du roi. L'intérêt du peuple helvétique, disait-il aussi, était de s'unir entièrement à la France libre et triomphante, pour échapper lui-même à l'ambition et à la convoitise de l'Autriche :

Un traité entre nous est facile à faire. La garantie respective de l'intégrité de la France et des États suisses, la garantie non moins importante de leur indépendance en seraient la base. La condition serait, pour la Suisse, de fournir des armées pour défendre la France de toute attaque sur la frontière d'Italie et sur celle d'Alsace jusqu'à Landau. La condition, pour la France, serait de défendre la frontière de la Suisse du côté de l'Italie et

_____

(1) *Moniteur*, réimpression, t. XVI, p. 179.

de celui de la Souabe. Dans ces deux suppositions d'attaque, la puissance alliée se trouve sur le flanc de la puissance attaquée.

Ces avances éclatantes faites par la France à la Suisse ne reçurent d'abord que le plus froid accueil. Non seulement Barthélemy n'avait pu se faire reconnaître par la Diète extraordinaire tenue à Aarau, mais il réclamait presque en vain l'exécution de l'article 6 du traité de 1777, par lequel les Suisses s'engageaient à défendre l'inviolabilité de leur territoire, *même à main armée*, et en vertu duquel la France demandait l'envoi d'un fort contingent suisse du côté de Bâle, sur le passage possible d'une invasion autrichienne (1).

Les griefs de la Suisse contre la Révolution française étaient de plusieurs sortes. Il est positif que la nouvelle de l'exécution de Louis XVI avait excité çà et là une sorte d'indignation, surtout dans les cantons catholiques. Le baron Frédéric Sturler écrivait de Berne, le 31 janvier 1793, à Bacher, premier secrétaire de l'ambassade française : « La mort du roi a fait une grande sensation ici. Il y a tels qui en ont pris mal à la gorge (2). » Mais cette émotion

---

(1) Kaulek, t. II, p. 10.

(2) *Ibid.*, p. 52. Il y a dans la même lettre de curieux détails sur la manière dont les émigrés français à Berne accueillirent la nouvelle de la mort de Louis XVI : « On est surpris, dit Sturler, de voir la légèreté avec laquelle les émigrés français qui sont ici ont pris l'événement du 21. Ils disent communément qu'ils ne peuvent regretter un roi qui a sacrifié la noblesse et qu'ils sont bien aises d'être débar-

passa vite et les Suisses se bornèrent à des récriminations d'ordre plus positif. Une question les préoccupait : c'était celle des indemnités et pensions dues et non payées par la France à la suite du licenciement des troupes suisses. Il y avait aussi la question du sel, dont la Suisse s'approvisionnait aux salines de Lorraine et de Franche-Comté et que, sous l'ancien régime, le roi délivrait à moitié prix à ses alliés helvétiques. Pourquoi la France révolutionnaire ne continuait-elle pas cette faveur à ses voisins? Pourquoi les forçait-elle à demander du sel aux Autrichiens et aux Bavarois?

Mais ce qui inquiétait par-dessus tout le Corps helvétique, c'était la crainte de voir la France s'annexer le territoire de quelques-uns de ses alliés, par exemple la république de Mulhouse, entièrement enclavée dans un département français, celle de Genève, que menaçait l'armée des Alpes, celle de Bienne et les petits pays de l'Erguel, du Munsterthal et du Valengin, qui étaient serrés de près ou occupés par l'armée du Rhin, toutes régions où la propagande française avait suscité une agitation révolutionnaire.

Ces craintes étaient assez justifiées. Il est certain qu'en janvier 1793 le général Demars, qui comman-

rassés de ce fagot. Ils ajoutent qu'il est aisé de voir que le testament de cet imbécile lui a été dicté par les prêtres réfractaires. Ils vont avoir un régent, *Monsieur*, un lieutenant général du royaume et bien d'autres belles choses. Mais ils s'unissent tous à partager la France. »

dait dans le Porentruy, songeait à annexer l'Erguel et le Munsterthal à la république de Rauracie. Mais le Conseil exécutif provisoire désavoua Demars et le rappela (1). Son successeur, le général Deprez-Crassier, avait fait établir à Huningue une batterie qui commandait le pont de Bâle, sous prétexte d'interdire ce passage aux Autrichiens. Le Corps helvétique protesta longtemps en vain. Le Comité de salut public, dès son arrivée aux affaires, résolut, dans l'intérêt supérieur de la France, de céder aux représentations de la Suisse et n'hésita pas à faire détruire cette batterie, malgré les cris d'amour-propre blessé que poussèrent les généraux et les patriotes exaltés (2).

Il fit plus. Le 25 avril 1793, il prit l'arrêté suivant qui donnait satisfaction aux Suisses sur tous les griefs énumérés plus haut et sur d'autres encore :

Le Comité a arrêté le projet d'instruction suivant, tendant à maintenir le bon voisinage et l'intelligence avec les Suisses, à prévenir les difficultés et régler les inté-

(1) C'est également pour complaire au Corps helvétique que le Conseil exécutif provisoire avait précédemment rappelé de sa mission dans le Porentruy le remuant et propagandiste évêque Gobel. Cf. Kaulek, t. II, p. 7.

(2) Dans une lettre du 24 avril 1793, adressée d'Huningue à Barthélemy, le général Deprez-Crassier reconnut lui-même qu'il n'avait établi cette batterie que pour intimider les Suisses : « Je n'avais, dit-il, ordonné cette batterie que pour vous faire reconnaître plus tôt ambassadeur de la République française. Vous l'êtes. La batterie devient inutile. » (Kaulek, t. II, p. 211.)

rêts respectifs d'une manière satisfaisante pour un allié nécessaire.

1° L'abbaye de Bellelay (1), étant située dans la prévôté de Moutier-Grandval et se trouvant d'ailleurs en combourgeoisie particulière avec un des États de la Suisse, participera provisoirement aux avantages de la neutralité helvétique.

2° Il sera sursis à toute poursuite relative à la remise de ceux des effets appartenant à l'église du chapitre de Delémont qui ont été transportés à Soleure, jusqu'à ce que l'État de Soleure se soit expliqué sur la nature du traité qui le lie à ce chapitre.

3° Les commissaires de la Convention, ceux du Conseil exécutif, l'administration du département du Mont-Terrible et en général tous les agents civils ou militaires employés dans ledit département s'abstiendront de tout acte ou démarche qui serait de nature à être considérée par les Suisses comme une atteinte à leur neutralité et exciter des réclamations de leur part.

4° Le Conseil exécutif pourvoira sans délai à l'exécution des traités pour la fourniture des sels aux Suisses et prendra toutes les mesures nécessaires pour que rien ne s'oppose au transport de ces sels, et néanmoins les sels à fournir à ceux des États qui n'ont pas encore reconnu la République française ne seront délivrés qu'après cette reconnaissance.

5° Le prix des sels délivrés aux cantons sera payé sur les lieux et remis suivant l'usage dans la caisse du citoyen Berville, trésorier des Suisses et Grisons, pour servir comme par le passé à l'acquittement des charges du service politique de la Suisse.

6° Il sera pris par le Conseil exécutif les mesures nécessaires pour que les indemnités dues aux régiments

____

1 Sur cette question de l'abbaye de Bellelay, voir Kaulek, t. II, *passim*.

suisses licenciés soient entièrement liquidées et payées au 15 du mois de mai prochain (1).

7° Il sera également pourvu, dans le plus bref délai, à la fixation des pensions et retraites à accorder aux officiers, sous-officiers et soldats desdits régiments auxquels il peut en être dû.

8° Enfin, dans une huitaine au plus tard, le ministre de la guerre proposera un mode pour la réadmission au service de la République française des officiers et soldats licenciés qui seraient dans l'intention d'y rentrer.

Le 1er juillet suivant, le Conseil exécutif provisoire régla la question du sel d'alliance par un arrêté dont il faut citer les termes, si minutieux qu'ils soient, parce qu'ils montrent quels efforts furent faits par Danton et Deforgues pour se concilier la Suisse (2) :

Vu la délibération des représentants du peuple composant le Comité de salut public de la Convention nationale, en leur séance du 25 avril dernier, portant qu'il sera pourvu à l'exécution des traités pour la fourniture des sels aux Suisses et que le prix des sels sera payé sur les lieux et versé suivant l'usage dans la caisse du trésorier des Suisses et Grisons pour servir comme par

(1) Il y eut cependant de nouveaux retards pour le paiement de cette indemnité. On lit en effet dans le rapport adressé par Le Brun au Comité de salut public sur ses opérations du mois de mai 1793 : « Pour ne laisser aux cantons suisses aucun motif de plainte contre nous, j'ai prié 25 mai le ministre de la Guerre de donner les ordres nécessaires pour la liquidation des indemnités dues aux régiments suisses licenciés. » Ministère des affaires étrangères, *Mémoires et documents : France*, vol. 650.

(2) M. Kaulek (t. II, p. 347) se borne à mentionner cet arrêté sans en donner le texte.

le passé à l'acquittement des charges du service politique de la Suisse ; vu pareillement l'arrêt du Conseil d'État du 23 décembre 1786, portant règlement pour les sels à fournir aux Suisses, et l'état annexé audit arrêt des fournitures annuelles aux différents États de la Suisse, tant sur la saline de Moyenvic que sur celles de la ci-devant province de Franche-Comté ;

Le Conseil exécutif, voulant pourvoir aux moyens d'exécuter la décision du Comité de salut public, et considérant que l'arrêt du Conseil d'État du 23 décembre 1786 renferme les dispositions nécessaires pour assurer et régler le service des sels à livrer par les salines de Moyenvic et de la ci-devant Franche-Comté, arrête ce qui suit :

1° Les dispositions de l'arrêt du Conseil d'État du 23 décembre 1786 seront suivies et exécutées selon leur forme et teneur.

2° En conséquence, les agents préposés à la direction de la saline de Moyenvic et de celles de la ci-devant province de Franche-Comté pourvoiront à la délivrance des sels d'alliance et de commerce à fournir annuellement aux Suisses, en se conformant, pour la quantité et l'espèce des sels, pour le mode et les époques de livraison, audit arrêt du Conseil et à l'état de distribution qui y est annexé.

3° Les arrérages de sels d'alliance et de commerce qui se sont accrus depuis le 13 janvier 1787 jusqu'au 1er janvier 1792 seront acquittés par la saline de Moyenvic, dans l'ordre, les proportions et aux conditions qui ont été déterminées pour les anciens arrérages qui étaient dus en 1787.

4° Les sels d'alliance et de commerce qui restent dus pour 1791 et ceux à livrer pour la présente année seront fournis avant le 1er janvier 1794, à moins que les États qui ont à réclamer ces sels consentent à n'en recevoir la totalité que dans le cours de l'année prochaine.

5° Les premières fournitures à faire par les salines

susdites, dans le cours de la présente année, serviront à acquitter les sels dus aux États auxquels il n'en a pas été livré en 1792.

6° Il sera sursis à la délivrance des sels dus à ceux des États qui n'ont pas encore reconnu la République française jusqu'au moment où ils auront adhéré à la proposition qui leur a été faite à cet égard par le Directoire de Zurich. Et néanmoins les préposés à la fourniture des sels feront les dispositions nécessaires pour que les livraisons suivent immédiatement l'avis qui leur sera donné par l'ambassadeur de la République en Suisse de l'adhésion desdits États.

7° En conséquence des dispositions des articles 15 et 16 de l'arrêt du Conseil d'État du 23 décembre 1786, les traités par lesquels les ci-devant fermiers généraux ou les agents qui depuis ont été chargés de la régie des salines se seraient engagés à fournir des sels aux Suisses, n'auront leur exécution que dans le cas où les engagements contractés par lesdits traités auraient été consentis par le ministre des finances et celui des affaires étrangères.

8° Lorsque le prix des sels livrés aux Suisses aura été versé en entier dans la caisse du trésorier des fonds politiques de la Suisse, il sera pourvu par ledit trésorier des fonds politiques au remboursement des frais de régie et autres dépenses du service des sels dans la forme prescrite par l'article 11 de l'arrêt du Conseil d'État, à moins que, déduction faite du montant desdits frais et dépenses, les fonds restant en caisse ne fussent plus suffisants pour couvrir les charges du service politique, dans lequel cas il serait pourvu en France, d'après l'avis du ministre des contributions publiques, au remboursement des frais et dépenses de la régie des salines.

9° Expédition du présent arrêté sera envoyée par le ministre des contributions publiques aux agents préposés à la direction des salines de la ci-devant province de la Franche-Comté et de celle de Moyenvic, afin qu'ils s'y conforment. Pareille expédition sera envoyée par le ministre des affaires étrangères à l'ambassadeur de la République en Suisse, à l'effet d'en surveiller l'exécution et d'en répondre en ce qui le concerne.

Ces diverses mesures produisirent le meilleur effet en Suisse, où l'influence française gagna tout ce que l'influence autrichienne perdit au même moment (1).

En dépit de ces excellents résultats, Barthélemy n'avait pu faire accepter par les cantons ses nouvelles lettres de créance et il n'était pas officiellement reconnu comme ambassadeur de la République française. Le Corps helvétique craignait de s'attirer la vengeance de l'Empereur.

Depuis longtemps, Barthélemy négociait avec le canton de Zurich, qui nous était favorable, et, dès le mois de janvier 1793, cette négociation avait abouti au tempérament suivant : la question des lettres de créance serait écartée, mais le Corps helvétique reprendrait une correspondance officielle et directe avec Barthélemy. Le Brun écrivit, le 7 février, que le gouvernement français acceptait cette transaction, « pourvu, dit-il à Barthélemy, que dans cette correspondance votre caractère d'ambassadeur de la République française soit reconnu et exprimé sans ambiguïté et que vous soyez inces-

<hr>

(1) Voir surtout, à cet égard, la dépêche de Barthélemy du 21 juin 1793. (Kaulek, t. II, p. 316.)

samment mis à même de m'adresser un office du Corps helvétique dans lequel cette qualification vous soit donnée. » En même temps, Zurich adressait à ses co-alliés et confédérés une circulaire pour leur faire accepter cette reconnaissance de fait.

Dès le 22 février, le grand conseil de Berne décida, par 81 voix contre 57, d'accueillir la proposition de Zurich. Cette adhésion entraîna celle de presque tous les États protestants de la Suisse; mais, parmi les catholiques, il n'y eut de réponse affirmative que de la part du canton de Lucerne, de la partie d'Appenzell catholique et de l'abbé de Saint-Gall. Uri, Schwytz, Unterwald, Zug, Fribourg, Soleure et le Valais, ou ne répondirent pas, ou ne firent que des réponses dilatoires.

La Diète annuelle se réunit à Frauenfeld le 1er juillet 1793. Elle confirma la neutralité helvétique et elle décida le maintien des contingents destinés à empêcher la violation du territoire suisse par les Autrichiens. Quant à la question de la reconnaissance de notre ambassadeur, elle ne prit pas de décision :

« Les députés de Zurich, écrivit Barthélemy, ont parlé avec force pour la République française. Ils ont été bien secondés par plusieurs autres cantons, surtout par Lucerne et par Bâle. Lucerne a montré une force que j'attribue à la juste sensibilité qu'aura inspirée à ce canton notre empressement à venir à son secours pour lui donner des sels... On s'est bientôt aperçu que la discussion sur la reconnaissance amènerait de la désunion. On a estimé plus prudent de ne pas la suivre et de la laisser tomber pour le moment. Cette marche a fait un bon effet sur l'espritdes cantons récalcitrants... (1). »

Barthélemy affecta de se contenter de ce résultat négatif. Il sentait et fit comprendre à son gouvernement les difficultés de la position du Corps helvétique. La France se décida à ne pas insister sur une question de forme et à se tenir pour satisfaite des sentiments de réelle amitié que la politique du Comité de salut public avait réveillés à notre égard dans le cœur des Suisses. On renonça même, sur le conseil de Barthélemy, à proposer aux cantons de renouveler, sur des bases nouvelles, l'alliance de 1777 (2). A cette alliance générale, Barthélemy aurait préféré une alliance partielle avec les seuls cantons protestants, analogue à celle que la monarchie avait contractée en 1715 avec les seuls cantons catholiques. Mais on eut la sagesse de ne pas donner plus de suite à ce second projet qu'au premier, et, au grand dépit de l'Autriche, on assura ainsi à la défense nationale la neutralité si précieuse, si indispensable, de l'ensemble du Corps helvétique.

On sait que, dans ce Corps helvétique, à côté des treize cantons, il y avait un second groupe de confédérés qui ne tenaient à ceux-là que par des traités

____

(1) Barthélemy à Deforgues, *Baden*, 10 *juillet* 1793, dans Kaulek, t. II, p. 358.

(2) Le Brun avait invité Barthélemy, le 3 mai 1793, à négocier le renouvellement de cette alliance (Kaulek, t. II, p. 231).

et qu'on appelait *les onze États alliés*. Exposons brièvement les relations politiques de la France avec le plus célèbre de ces États, la République de Genève, et disons aussi un mot en passant des relations avec le Valais, puisque la France n'eut un instant qu'un seul et même représentant auprès de ces deux pays.

Lors de l'invasion de la Savoie par les Français, le gouvernement aristocratique de Genève avait appelé au secours de son indépendance, qu'il disait menacée, quinze cents hommes de troupes suisses. Brissot et ses amis semblent avoir été alors d'avis de répondre à cet acte de défiance par la force. Le genevois Clavière, ministre des finances de France, était partisan de l'annexion pure et simple de Genève. Mais Le Brun fit prévaloir une politique pacifique (1), qui fut habilement servie par le général Montesquiou. Un traité fut signé à Carouge, le 22 octobre 1792 : les troupes suisses évacuèrent Genève le 30 novembre et les Français s'engagèrent à n'entretenir jamais de corps d'armée dans un rayon de dix lieues à l'entour de la ville (2).

Mais les démocrates genevois profitèrent de l'ap-

(1) Cependant Montesquiou avait été autorisé par le Conseil exécutif, le 17 octobre 1792, à occuper Genève.

(2) *Histoire de la confédération suisse* de Jean de Muller, continuée par Monnard, t. XV, p. 484. Voir aussi, sur les affaires de Genève à la fin de 1792 et au commencement de 1793, mon *Recueil des actes du Comité de salut public*, t. I, p. 74, 75, 92, 96, 99, 105, 115, 116, 134, 155-158, 193, 208, 222, 225, 227, 281, 344, 402, 465-468 ; t. II, p. 190, 193.

pui moral que leur donnait le voisinage de l'armée française pour prendre leur revanche de leur défaite de 1782. Le 28 décembre 1792, le gouvernement aristocratique des « Magnifiques et Très Honorés Seigneurs » fut remplacé révolutionnairement par deux Comités élus, l'un de Sûreté, l'autre d'Administration. Le pouvoir législatif fut confié, le 13 janvier 1793, à une assemblée de 120 députés (1). Le Conseil général ou Assemblée souveraine ne faisait guère que sanctionner les résolutions du Comité. Cette révolution s'opéra sans violence. Le nouveau gouvernement se fit représenter à Paris par Reybaz, qui avait été l'ami et le collaborateur de Mirabeau.

L'opinion genevoise se trouvait, en 1793, divisée en quatre partis :

1° Le parti des aristocrates, vaincu le 28 décembre 1792;

2° Le parti des bourgeois regrettant l'ancien régime ou *Englués* ;

3° Le parti des patriotes, qui semblait former la majorité et voulait faire une révolution à la française, mais en maintenant l'indépendance de Genève; ces patriotes avaient fondé le *Grand Club central* ou *Club fraternel des révolutionnaires genevois*, qui jouait à Genève le rôle que jouaient à Paris les Jacobins.

(1) On trouvera un récit clair de ces faits dans J.-B.-G. Galiffe, *D'un siècle à l'autre*, Genève, 1877, 2 vol. in-8. — Voir aussi la continuation de Jean de Muller, et le récit officiel fait par Reybaz au Conseil exécutif de France, *Recueil des actes du Comité de salut public*, t. I, p. 465.

Dans la salle de ses séances, il y avait une loge pour le résident de France et sa maison (1) ;

4° Le parti des Genevois qui voulaient la réunion à la France, parti assez peu nombreux, mais remuant. Il avait à sa tête le général Ringler, « élève de Robespierre, revenu dans sa patrie pour l'agiter (2) », et qui avait fondé le *Club des Marseillais*, qu'on appelait aussi *Club de la réunion à la France*. Ringler avait trouvé un ardent et maladroit auxiliaire dans un autre Genevois au service de la France, Jacques Grenu, commissaire des guerres en Savoie. Clavière les soutenait de loin.

La France annexerait-elle Genève, comme elle fit pour la république de Rauracie ? Quelle était la force réelle du parti français à Genève ? Ce furent les questions qu'eut d'abord à se poser le Comité de salut public. Après le départ de notre résident, M. de Chateauneuf, le secrétaire Delhorme gérait la légation comme chargé d'affaires. Le Brun, tout en lui laissant le soin de traiter d'une cession d'armes avec le gouvernement genevois, ne crut pas devoir lui confier la mission délicate de tâter le terrain au sujet de l'annexion. Il en chargea deux agents secrets, l'aventurier italien Joseph Gorani et le commissaire national Chépy, qui devait passer à Genève en se rendant à l'armée des Alpes, où il était envoyé. Ces deux agents avaient pour mission d'observer,

(1) Soulavie au département, 4 août 1793. *Archives du ministère des affaires étrangères.*
(2) Monnard, t. XV, p. 489.

et Chépy emportait des instructions (1) où le gouvernement français marquait nettement les appréciations et les répugnances que lui inspirait l'idée d'annexer, au moins à ce moment, la ville de Genève. A peine arrivé, Gorani fut un des plus exaltés défenseurs de l'indépendance genevoise et, quant à Chépy, il écrivit à Le Brun, le 28 mai 1793 :

> Ministre,
>
> Aux termes de mes instructions, je me suis d'abord attaché à connaître l'opinion des Genevois sur la réunion de leur République à la France et la force du parti qui pouvait la désirer. J'ai vu que l'indépendance était l'idole de ce peuple commerçant; j'ai vu qu'il s'intéressait à la Révolution française, comme devant consolider les fonds publics, verser sur lui de bénignes influences et établir sur la terre l'empire de la raison, mais qu'il était bien persuadé de ce qu'a dit Jean-Jacques, que les petits États sont toujours les plus heureux. Sur le point de la non-francisation, j'ai vu s'accorder et les aristocrates et les *Englués* et les patriotes et les Marseillais. Grenus et quarante autres au plus désirent l'incorporation dans la grande famille (2).

Bientôt, le gouvernement français nommait Soulavie résident à Genève en remplacement de Chateauneuf, avec les instructions suivantes, en date du 1er juin 1793 :

(1) On en trouvera le texte dans le recueil de M. Kaulek, t. II, p. 243.

(2) *Ministère des affaires étrangères.* — Chépy termine sa lettre par cette formule, qui lui est propre : « La liberté vous garde! »

Le citoyen Soulavie mettra tous ses soins à convaincre les Genevois de la nécessité de s'organiser promptement et définitivement. Mais, respectant leur indépendance, il se gardera de manifester aucune opinion, aucun vœu pour un mode quelconque de gouvernement. Il se bornera à annoncer que, quel que soit ce mode, le vœu de la République française sera rempli, si le gouvernement qu'on adopte est populaire, et qu'il assure aux Genevois les avantages de la liberté et de l'égalité. Loin de s'intéresser aux succès d'un parti, il paraîtra ignorer qu'il en existe plusieurs et emploiera tous les moyens qui pourront dépendre de lui pour éteindre les passions et les haines particulières et rappeler tous les esprits et toutes les affections au seul intérêt de la patrie.

On cherchera sans doute à le pressentir sur le projet de réunir Genève à la République française. Ce projet, qui n'était d'abord que celui d'un petit nombre d'individus, paraît avoir acquis de nouveaux partisans. Mais, d'après l'immense majorité des citoyens qui se sont prononcés pour le système de l'indépendance, il est difficile de penser que celui de la réunion puisse jamais prévaloir.

Au surplus, sans examiner ici s'il convient ou non aux intérêts des Genevois de se réunir à la France et s'il conviendrait aux nôtres d'accéder aux vœux qu'on pourrait manifester pour cette incorporation, il suffit au citoyen Soulavie de savoir que rien n'est engagé sur ces questions pour qu'il évite avec soin d'entrer en aucune discussion sur leur objet. Il doit même écarter toute proposition qui y serait relative. Il déclarera que la République française, fidèle à l'engagement qu'elle a contracté envers tous les peuples, et particulièrement envers la République de Genève, de respecter leur indépendance, ne veut ni ne peut prendre aucune part aux affaires qui intéressent leurs gouvernements, qu'elle ne fraternisera jamais qu'avec des peuples libres, mais qu'elle s'abstiendra constamment de toute mesure et de toute insinuation propres à influencer les peuples dans l'exercice de leurs droits.

Soulavie cumulait, avec ses fonctions de résident à Genève, celles de résident dans le Valais, en remplacement du citoyen Helflinger, dont Hérault de Séchelles n'avait pas rapporté une bonne impression au retour de sa mission dans le Mont-Blanc. Il devait résider à Genève, pendant que, sous ses ordres, le secrétaire de légation Delhorme résiderait à Saint-Maurice. Il était dit, dans les instructions relatives au Valais, que Soulavie demanderait le renvoi de quelques émigrés qui se trouvaient encore dans ce pays très catholique, et dont les intrigues avaient été facilitées par la politique religieuse de la France et surtout par le licenciement du régiment de Courten, qui appartenait au Valais. Le résident de France parlera, ajoutait-on, du décret du 26 avril (1), pour le paiement des indemnités dues aux régiments suisses. Il demandera la prompte reconnaissance de la République, selon la proposition qui en a été faite au Valais par le Directoire de Zurich. « Enfin, il portera toute son attention sur les mesures qu'il convient de prendre pour prévenir l'invasion des troupes sardes dans le Valais, s'assurer que les passages qui commandent à la

____

(1) Il s'agit sans doute de l'arrêté du Comité de salut public du 25 avril 1793, que nous avons relaté plus haut, p. 184. Le procès-verbal de la Convention ne relate, à la date du 26 avril, aucun décret analogue.

vallée d'Aoste ne pourront être franchis par ces troupes. »

Délicate était cette double mission de Soulavie, sages et habiles étaient ces instructions. On remarquera que, dans celles relatives à Genève, l'idée d'annexer cette ville n'était écartée que pour l'instant et qu'il était recommandé au résident de ne rien préjuger pour l'avenir. Malheureusement l'exécution de cette ingénieuse diplomatie était confiée au moins diplomate des hommes. Indiscret, maladroit, brouillon, Soulavie n'était, malgré sa culture d'esprit et un certain flair, qu'un sot et un incapable.

Sa correspondance, amusante d'ailleurs, fait éclater son insuffisance et sa vanité.

Quand il arrive à son poste, il trouve le peuple genevois fier de son indépendance et heureux de sa révolution, qui s'organise. Le 9 juin, Genève a promulgué sa déclaration des droits de l'homme et du citoyen (1), et, le 28, elle a célébré une grande fête en l'honneur de Jean-Jacques Rousseau (2). On est

(1) On en trouvera le texte au ministère des affaires étrangères, dans la *Correspondance de Genève*, à la date du 9 juin 1793, et dans le *Moniteur*, t. XVI, pp. 621, 629. Cette déclaration, qui comprend quarante-quatre articles, est divisée en sept chapitres : 1° Droits et devoirs de l'homme social, tels qu'ils découlent des droits et des devoirs naturels et primitifs de l'homme ; 2° Égalité ; 3° Liberté ; 4° Sûreté ; 5° Propriété ; 6° Garantie sociale ; 7° Résistance à l'oppression.

(2) Elle est décrite dans le *Moniteur*, réimpression, t. XVII, p. 81, et dans le *Journal de Genève* du 1er juillet 1793 : un exemplaire de ce numéro se trouve relié, à la date, dans la correspondance de Genève au ministère des affaires étrangères.

rassuré dans cette ville à l'égard des Français, dont l'influence grandit. L'ardent Chépy lui-même se montre sage et discret. Il plaide la cause de Genève auprès de la France : « Genève, écrit-il le 16 juin, s'étant bien montrée à l'égard de la République française sur le fait des armes dont nous avions besoin et qui ont été achetées à bon marché dans ses manufactures, arsenaux et ateliers, faites relâcher en sa faveur, en y prenant toutes les précautions convenables, nos lois prohibitives sur l'exportation des subsistances dont elle manque. » Le 8 juin, les représentants du peuple près l'armée des Alpes, Dubois-Crancé, Albitte et Gauthier, avaient adressé aux Comités du gouvernement genevois la lettre la plus fraternelle et la plus rassurante :

Nous avons juré, disaient-ils, de respecter les droits des peuples, même de ceux qui voudraient vivre dans l'esclavage. A plus forte raison un gouvernement tel que le vôtre, citoyens, fondé sur les principes que nous avons adoptés nous-mêmes, doit-il être sacré pour nous. Telle est la politique d'un peuple vertueux et libre, telle est notre diplomatie. Estime, fraternité, rapprochement, loyauté dans les engagements, concours d'intérêts réciproques, sans jalousie, sans aucun mélange d'autorité, voilà ce que nous vous offrons au nom de la République française, voilà ce que nous demandons à la République de Genève, voilà enfin notre manifeste de paix et de guerre à toutes les puissances de la terre (1).

1. Kaulek, t. II, p. 303.

Soulavie faillit détruire l'excellente impression causée par cette démarche. Les Genevois furent scandalisés de sa situation de prêtre marié. Cependant ils le reçurent bien, et il fut officiellement admis le 3 juillet. Voici comment il raconte à Deforgues, dans une dépêche du 5 juillet, son voyage et son arrivée :

En passant sur le plus haut Jura, le tocsin a sonné à minuit dans tous les villages. Tous ces bons paysans, simples et vertueux comme des patriarches, s'assemblaient sans savoir de quoi il s'agissait, armés de piques, de faux manchées à rebours, de broches, de haches, de longs bâtons, etc. Les officiers du département, qui ont fait sonner le tocsin, n'auront pas été peu surpris de voir que ces bons villageois du Jura avaient l'esprit et les intentions plus saines et plus patriotiques et qu'ils ne voulaient pas s'organiser en *armée brissotine*. La troupe s'est dissipée. Ma femme, en attendant, me faisait père d'une fille. Je l'ai appelée, sur le champ de bataille, *Montagne-Constance-Victoire-Félicité-Perpétue*.

J'ai été fort bien reçu à Genève. On a arrêté l'impression de mon discours, que j'adresserai au ministre des affaires étrangères. On m'a offert, selon l'usage, deux truites du lac et autres productions du pays. Je voudrais qu'il ne fît pas si chaud : j'en enverrais une au citoyen ministre.

En même temps, il annonce qu'il va aller voir, à Coppet, chez Necker, M. de Staël, « le bon ami de la France ». Et il ajoute, dans un *post-scriptum* de sa main : « Il est sans doute un peu délicat de voir M. de Staël chez son beau-père, à Coppet.

Mais nous avons résolu, Delhorme et moi, de le voir un moment dans le beau parc. Certes, si, après cette démarche, il reste toujours l'ami de la France, il viendra nous voir dans notre résidence... »

Heureusement que M. de Staël alla le premier visiter Soulavie à Genève, et lui épargna ainsi cette démarche étourdie.

La sottise arrogante de Soulavie ne tarda pas à se montrer. Dans une lettre du 8 juillet, il raconte à Deforgues qu'en traversant le pays de Vaud il a rencontré quantité d'émigrés et de prêtres réfractaires. « Notre cortège simple, mais assuré, dit-il, ne s'est jamais si bien senti français. Le domestique, le secrétaire et le cocher, nous avons tous porté haut la cocarde aux trois couleurs et conservé dans les auberges et partout ce ton d'assurance et de supériorité qui appartiennent au peuple français. Nous les avons déconcertés. »

Deforgues le blâma : « Sans doute, dit-il, vous ne pouviez vous dépouiller du signe qui caractérise la nation française. Mais je vous observe, quant au ton de supériorité que vous avez pris comme appartenant, dites-vous, au peuple français, que c'est une grande erreur de penser que ce ton appartienne jamais à un peuple quelconque sur un autre (1). »

En même temps, Soulavie fait l'important auprès de son gouvernement. Le 6 juillet, il adresse à Deforgues, à Barère et à Danton une lettre où il

<hr>

(1. Deforgues à Soulavie, 18 juillet 1793.

trace tout un plan d'alliance pour la République et où il se plaint amèrement de l'insignifiance de son poste (il avait été désigné antérieurement pour celui de Copenhague). Cette lettre lui valut une verte semonce de Desforgues, qui l'engagea à se renfermer dans la sphère de ses attributions et à ne pas mépriser ses fonctions. « Un poste, écrit Desforgues, qui vous met en présence d'un peuple se donnant une constitution et dont l'existence, les principes et les rapports nous touchent d'aussi près me paraissait devoir solliciter toute l'attention d'un observateur patriote. J'étais loin de m'attendre, je vous l'avoue, à des plaintes de votre part sur la nullité à laquelle vous prétendez être réduit. »

Il se vengea de cette mercuriale si méritée en tracassant le gouvernement genevois. Il manqua à la lettre et à l'esprit de ses instructions en intervenant dans les affaires intérieures de Genève, au moyen de son intime ami, le frère de Marat, qui habitait Genève (1). Il poussa l'indiscrétion jusqu'à intercepter les correspondances, même celles du gouvernement de Genève avec Reybaz (2). Il refusa arbitrairement des passeports aux Genevois qui se rendaient en France. En un mot, il se rendit odieux et fut blâmé à Paris, même par les exaltés, comme Hébert et Chaumette (3), qui voulaient que la Révo-

(1) Galiffe, t. I, p. 264.
(2) La poste française de Genève, supprimée par un arrêté du Conseil exécutif provisoire du 30 novembre 1792, avait été rétablie par un autre arrêté du 5 janvier suivant.
(3) *Moniteur*, réimpression, t. XVIII, p. 391.

lution conservât de bons rapports avec Genève. Malheureusement, son rappel ne fut décidé que beaucoup plus tard.

Sa conduite dans le Valais ne fut pas moins maladroite.

A peine arrivé à Genève, il se hâta d'aller bruyamment prendre possession de son poste de Saint-Maurice. Sa personne y produisit le plus mauvais effet. Les Valaisiens se sentirent froissés dans leurs sentiments religieux, plus encore que ne l'avaient été les Genevois, par la présence au milieu d'eux d'un prêtre marié, qui affectait une attitude et des propos grossièrement philosophiques. Deforgues désapprouva Soulavie. Il lui ordonna de rester à Genève et de ne retourner dans le Valais qu'autorisé. Il l'invita sévèrement « à ne pas fronder les préjugés religieux... de ce peuple simple et bon, dont l'attachement nous est nécessaire ».

Mais les Valaisiens ne reprochaient pas seulement à la France le caractère de son résident : à titre de catholiques, ils haïssaient la Révolution, bien qu'ils eussent officiellement proclamé leur neutralité le 18 juin 1793. Ils furent en outre profondément blessés de la mesure impolitique par laquelle le gouvernement français, dans l'unique vue de donner un double traitement à l'importun Soulavie, avait réuni et subordonné la légation de Saint-Maurice à celle de la calviniste Genève. Quand Delhorme arriva, le gouvernement valaisien refusa de le reconnaître et lui ordonna de se retirer dans le Haut-

Valais, comme un simple particulier. Pendant cette querelle, la neutralité du Valais reçut plus d'une atteinte au détriment de la France : le 12 août 1793, deux cent cinquante soldats piémontais passèrent impunément par ce pays pour se rendre en Savoie. Le gouvernement français fit entendre d'énergiques représentations. Mais, pour ramener les Valaisiens à la stricte observation des traités, il fallut que le second Comité de salut public réparât la faute que le premier avait laissé commettre : le 26 frimaire an II, un arrêté signé de Billaud-Varenne et de Barère disjoignit les deux légations de Genève et de Saint-Maurice.

§ 13

POLOGNE

Quelle que pût être la sympathie des républicains français pour ces Polonais que la Russie et la Prusse venaient de punir, par le second partage (déjà opéré en fait), d'avoir eu l'audace de se donner une constitution selon les idées françaises, le Comité de salut public adopta cependant, à l'égard des affaires de Pologne, une politique des plus réalistes. On a vu que le projet de paix séparée et d'alliance avec la Prusse était le fondement même de sa diplomatie. Le faitseul que ce projet existât et se fût manifesté impliquait, de la part de la France, l'abandon de la Pologne à son malheureux sort, puisque le plus cher désir de Frédéric-Guillaume était de garder ses provinces polonaises. Bien que la preuve écrite en fasse défaut, il n'est pas douteux que, dans ses divers pourparlers secrets avec les Français, le roi de Prusse n'ait reçu l'assurance verbale que la France n'interviendrait pas en faveur de la Pologne. On lit même dans un plan de pacification préparé par les bureaux du ministère des affaires étrangères, au temps du premier Comité de salut public, l'aveu formel que le consentement tacite de la France au partage serait une des bases des négociations projetées. Tout enveloppé qu'il est de restrictions pudiques, cet aveu n'en ressort pas moins clairement du passage qu'on va lire :

Il est possible qu'on fasse de notre consentement à cet ouvrage (le partage de la Pologne) une condition de la paix. S'il est question d'un consentement formel écrit, c'est une condition que nous ne pouvons accepter à aucun prix : car la République signerait son déshonneur en se montrant en quelque façon complice d'un pareil brigandage. S'il est question d'un consentement tacite, d'une simple annonce verbale de non-opposition, la chose présente une autre face et mérite d'être examinée de plus près. S'il était possible de dégager ce partage de toute considération morale, la politique française y trouverait un avantage qui a été suffisamment développé plus haut et, sous ce point de vue, il nous conviendrait d'y consentir. D'un autre côté, notre refus ne pourrait guère être utile aux Polonais que dans le cas où nous serions soutenus par l'Angleterre. Or, le temps manque pour nous entendre avec cette puissance sur une opposition commune à un projet qui est déjà en pleine exécution. D'ailleurs, qu' sait si l'Angleterre elle-même n'est pas d'accord sur cela avec les puissances copartageantes et si on ne lui offre pas dans les Pays-Bas une récompense de sa complaisance? Si donc notre opposition doit être sans fruit, il convient de nous faire un mérite de notre silence et réserver pour des temps plus heureux notre bonne volonté envers la nation polonaise (1).

Cette politique n'avait rien de chevaleresque: elle fut cependant celle de Danton et de Le Brun en 1793, et aussi celle de leurs successeurs.

Cependant, la France se garda bien de se désintéresser des affaires de Pologne. Notre chargé d'affaires à Varsovie, Bonneau, avait été arrêté par ordre de Catherine, le 7 mars 1793, au mépris du droit des gens, et enfermé dans la forteresse de Schlüsselbourg (2). L'agent Parandier, qui résida en 1793 à Leipzig et à Dresde, eut pour mission d'encourager les patriotes polonais, sans leur faire de promesses formelles, et, dans les bureaux du département, on résumait ainsi, vers le mois de juin, le but et les résultats de la mission de Parandier:

Notre correspondance politique avec cet infortuné pays se borne seulement à celle qui nous vient de Leipzig par le citoyen Parandier, homme très intelligent. Ses dépêches nous parviennent par la voie du citoyen Braun, négo-

(1) Ministère des affaires étrangères, *Mémoires et documents : France*, t. DCLI, folio 108.
(2) Voir plus haut, p. 148.

ciant à Strasbourg. Cette correspondance nous paraît être la plus utile et la plus précieuse, en ce qu'elle est supplémentaire à tous les pays environnants. C'est de lui que nous recevons les renseignements les plus fidèles sur la Porte, la Suède, le Danemark et même la Russie. C'est de ce pays que des tentatives utiles doivent être faites auprès de l'électeur de Saxe, en confiant ce soin à un citoyen dont le patriotisme ne soit point équivoque. C'est à Leipzig où sont réfugiés les patriotes polonais les plus recommandables. Il est nécessaire qu'ils soient encouragés, afin de les prémunir contre les tentatives de la Prusse et de la Russie, qui ont intérêt de leur proposer un arrangement, afin de les mieux asservir. Il faut les porter à exciter la jalousie de l'électeur de Saxe, qui doit craindre l'influence, l'ambition et les vues usurpatrices des copartageants. Il est instant de protéger les désertions des troupes polonaises, qui ne peuvent pas plus longtemps supporter le joug et la tyrannie. Quelques milliers sont déjà passés sur le territoire turc. Il est à craindre qu'ils ne manquent de secours en vivres et particulièrement en argent (1).

Telle fut la politique du premier Comité de salut public à l'égard de la Pologne. Ce ne fut certes pas, on le voit, une politique de principes ou de sentiment. Le gouvernement français, en offrant de fermer les yeux sur l'iniquité dont la Pologne était victime, obéit aux conseils les plus égoïstes, je dirai presque les plus cyniques que pût lui suggérer l'intérêt national.

(1) Rapport succinct sur la correspondance politique de janvier à juin (Turquie, Suède, Danemark, Pologne), par Joli, sous-chef de la 3e division. (Ministère des affaires étrangères, *Mémoires et documents : France*, t. DCL, pp. 184-185).

§ 14

SUÈDE

La Suède, le Danemark et la Turquie formaient les éléments principaux du système d'alliances que la France voulait, en 1793, opposer aux puissances coalisées, en vue d'opérer une diversion puissante sur leurs derrières ou tout au moins de maintenir la Russie dans l'inaction.

On sait que, depuis la mort de Gustave III (20 mars 1792), un changement s'était opéré dans la politique intérieure et extérieure de la Suède. Les partisans de la Russie et les anciens courtisans du prince qui avait paru être le chef de la coalition avaient essayé d'abord de maintenir le système rétrograde et antifrançais. Le chargé d'affaires de Suède à Paris avait reçu un congé, si bien que tout le personnel de cette ambassade se trouvait, en juin 1792, avoir quitté la France (1). En Suède, un écrivain populaire, Thorild, qui avait publié un livre sur la liberté de la presse, fut arrêté et condamné à l'exil. L'opinion suédoise était libérale et hostile à la Russie. Il y eut un vif mécontentement, des rassemblements, et le gouvernement « crut voir la capitale assiégée

(1) *Moniteur*, réimpression, t. XII, p. 566,

par le jacobinisme » (1). Le régent changea de système. Il écarta des affaires le chef du parti russophile, baron d'Armfelt, qui fut nommé ministre à Naples, et il prit à l'égard de la France une attitude plus conforme aux sentiments du parti « patriotique » suédois. Sans doute, le nouveau ministre de France, M. de Verninac, ne put faire accepter ses lettres de créance : le régent eût craint de rompre ainsi en visière avec la Prusse, dont il recevait d'ailleurs un subside annuel de 1.200.000 livres. Mais il déclara formellement à Catherine « que la nation suédoise ne lui permettait ni ne l'autorisait à envoyer des troupes contre la France, conformément à l'engagement que Gustave III avait pris » (2). Le 19 juin 1792, il demanda à Verninac une entrevue secrète où il lui exprima son désir et son impuissance de le recevoir officiellement, en lui conseillant de demander à l'Espagne d'entremettre ses bons offices pour lui prêter, à lui, régent de Suède, la force de rentrer ouvertement en rapports amicaux avec la France (3). Toutefois, il avait ordonné que le drapeau tricolore serait reconnu dans les ports de ses États, et cet acte avait été applaudi par l'Assemblée législative (4).

Nos victoires enhardirent le régent. Il se rappro-

(1) Geyer, *Histoire de Suède*, p. 521 de la traduction française.
(2) Verninac au département, 1er juin 1792.
(3) *Ibid.*, 19 juin 1792.
(4 Séance du 19 juin 1792, *Moniteur*, réimpression, t. XII, p. 763.

cha de la France. Le 3 mars 1793, Paris apprit l'arrivée ou plutôt le retour du baron de Staël, envoyé de la Cour de Suède auprès de la « République française » (1). Il venait pour négocier un traité avec la France. C'était le moment où nos victoires nous rendaient dédaigneux et où l'outrecuidance brissotine dominait dans nos conseils. Les propositions de M. de Staël furent négligemment accueillies. Mais, après nos désastres en Belgique, Danton et Le Brun s'intéressèrent ardemment à l'alliance suédoise. Déjà, le 23 avril, la Suède avait donné une preuve de sa bonne volonté en déclarant, par un acte public, qu'elle observerait « une exacte neutralité », et, contrairement aux vœux de l'Angleterre et de la Russie, qu'elle ne reconnaissait comme objet de contrebande que les armes et munitions de guerre. Elle annonçait même l'intention (si utile à notre ravitaillement) d'équiper un certain nombre de vaisseaux de guerre pour protéger sa marine marchande. Les négociations de Le Brun avec M. de Staël ne tardèrent pas à aboutir. Le 6 mai, le projet de traité fut communiqué par Le Brun au Conseil exécutif, qui l'approuva le 13, puis discuté, modifié et adopté en ces termes par le Comité de salut public dans sa séance du 16 mai 1793 :

Le Comité, après avoir discuté dans plusieurs séances le projet de traité entre la République française et la Suède, arrêté par le Conseil exécutif le 13 de ce mois,

(1) *Moniteur*, réimpression, t. XV, p. 602.

après avoir fait les changements et les rectifications propres à en accélérer la conclusion et à rendre le résultat plus utile aux deux nations, adopte le projet de traité, charge le Conseil exécutif d'entrer en négociation avec le gouvernement de Suède, le charge de donner pouvoir aux ministres et agents de la République, d'accorder tout ce que les égards et les usages exigent pour faciliter la conclusion, en écartant les difficultés que font naître les étiquettes des cours, de laisser employer les titres ordinaires du roi de Suède, la dénomination de Majesté suédoise, les titres du régent, ceux des ministres de la Suède ; sans leur permettre d'employer dans le traité aucune qualification relative à la République et à ses ministres et agents, qui ne traiteront qu'au nom de la République française nommés par le Conseil exécutif.

Le Conseil exécutif adressera dans deux jours au Comité de salut public une expédition au net du projet de traité dans l'état où il lui est renvoyé, et cette expédition au net sera déposée parmi les pièces secrètes du Comité.

Voici le texte de ce projet de traité (1) :

Le Conseil exécutif de la République française et S. M. le roi de Suède, désirant resserrer les liens qui subsistent depuis si longtemps entre les nations française et suédoise, ont nommé, savoir : le Conseil exécutif...; et S. M. le roi de Suède...; lesquels, après s'être dûment communiqué leurs pouvoirs respectifs, sont convenus d'un traité d'alliance défensive entre les deux nations aux conditions suivantes :

(1) Ministère des affaires étrangères, *Suède*, année 1793, folios 49 à 50. — Si on compare cette copie du projet définitif à la minute, on peut retrouver la trace des principales modifications que le Comité lui fit subir. J'ai indiqué en note les plus essentielles de ces variantes.

Article Premier. — La République française et la nation suédoise (1) se jurent une amitié sincère et durable, et prennent, dès ce moment, l'engagement solennel de regarder comme leurs ennemis propres quiconque attaquera le territoire, la sûreté et l'indépendance de l'une des deux.

Art. 2. — En conséquence, à dater de la signature du présent traité, toutes les fois que l'une ou l'autre nation sera menacée d'une invasion ou se trouvera engagée dans une guerre injuste avec une ou plusieurs puissances de l'Europe, son gouvernement s'empressera d'en donner avis au gouvernement de l'autre, et tous les deux de concert arrêteront avec droiture et loyauté les mesures communes les plus propres à prévenir les hostilités, ou à les repousser, si elles sont déjà commencées, et à opérer le redressement et la réparation des injures et préjudices que la partie requérante aura pu essuyer.

Art. 3. — Mais, attendu que le concert des opérations dont il vient d'être parlé pourrait prendre un assez long temps pour que la puissance menacée ou déjà attaquée reçût quelque dommage, les parties contractantes stipulent qu'il lui sera donné à sa première réquisition un secours qui ne pourrait être moindre, de la part de la France, de 12.000 hommes d'infanterie, de 15 vaisseaux de ligne et de 10 frégates, et, de la part de la Suède pour la France, de 8.000 hommes d'infanterie, de 10 vaisseaux de ligne et de 6 frégates.

Art. 4. — Ce secours provisoire sera mis à la disposition de la partie requérante dans le lieu de l'Europe qu'elle indiquera et dans l'état propre à remplir ses vues; c'est-à-dire les vaisseaux montés, équipés et ravitaillés pour six mois, et les troupes pourvues d'armes, de munitions et autres objets que leur destination rendra nécessaires.

(1) Minute : *Les nations suédoise et française.*

ART. 5. — Afin d'assurer l'entière et pleine exécution de l'article précédent, il sera libre à la puissance requérante de nommer un ou plusieurs commissaires, lesquels se rendront partout où leur présence sera jugée nécessaire pour la surveillance et l'inspection dudit secours provisoire.

ART. 6. — Il sera libre à la puissance requérante d'exiger en argent, ou en armes, ou en autres munitions navales et de guerre, ou en subsistances, ou enfin en denrées quelconques, l'équivalent de la totalité ou d'une partie des secours stipulés, et cet équivalent sera réglé à l'amiable (1).

ART. 7. — Il sera libre encore à la puissance requérante, d'exiger, soit une augmentation de forces de terre en place des forces de mer, soit une augmentation de forces de mer en place des forces de terre; et l'on réglera aussi à l'amiable ce changement.

ART. 8. — Dans le cas où la puissance auxiliaire se trouverait entraînée dans une guerre personnelle par une suite des secours qu'elle aurait fournis à son alliée, celle-ci s'engage à ne faire la paix que de concert et après avoir stipulé les intérêts respectifs de tous deux.

ART. 9. — Dans tous les cas, la paix ne pourra être faite sans l'intervention de la puissance auxiliaire.

ART. 10. — Le *casus fœderis* se trouvant ouvert (2) au moment de la ratification du présent traité et, par conséquent, les circonstances n'étant point les mêmes pour les deux parties contractantes, la République française, prenant d'ailleurs en considération les sacrifices réels que lui a faits son alliée, s'engage à lui payer dix millions de livres tournois à l'instant de la ratification (3).

---

(1) Cet article 6 ne se trouve pas dans la minute.
(2) Minute : *Le casus fœderis venant à s'ouvrir dès la signature du présent traité.*
(3) Minute : *A l'instant de la signature.*

Art. 11. — Si, par une suite de la présente alliance, la Suède est entraînée dans une guerre personnelle, ou si la République française requiert de son alliée une diversion puissante en sa faveur, et qu'elle la serve de tous ses moyens de terre et de mer, dans ce cas la République française s'engage de payer à la Suède dix-huit millions de livres, chaque année, tout le temps que durera la guerre pour la part de la France dans les dépenses qu'entraînera le déploiement des forces de la Suède, qui ne pourra être moindre de 15 vaisseaux de ligne, 12 frégates, toute la flotte des Schéres et 60.000 hommes.

Art. 12. — Le gouvernement suédois s'engage à faire convoyer par une force suffisante les navires marchands qui partiront de ses ports pour ceux de France et qui seront chargés de vivres, munitions de guerre et navales ou autres objets pour le gouvernement français; et réciproquement, le gouvernement français s'engage à faire convoyer les navires marchands qui partiront des ports de France pour la Suède, chargés de vivres, munitions de guerre et navales ou autres objets pour le gouvernement suédois.

Art. 13. — Le roi de Suède, en sa qualité de duc de Poméranie, s'engage à ne prendre aucune part, directe ni indirecte, dans la guerre de l'Empire germanique contre la République française. Il fera au contraire tous ses efforts auprès de ses co-États de l'Empire pour les détourner de fournir leur contingent et les déterminer, soit à entrer dans la présente alliance, soit à garder la plus stricte neutralité.

Art. 14. — La République française et le roi de Suède se concerteront également pour empêcher qu'il soit porté atteinte à l'indépendance des États de l'Empire qui refuseront d'entrer dans la ligue des puissances coalisées contre elles, comme aussi de s'opposer à tout échange, partage ou spoliation desdits États (1).

(1) En marge de cette copie, on lit ici la note suivante :

ART. 15. — La présente alliance étant faite dans la vue de l'intérêt légitime des deux peuples français et suédois, il est arrêté que, pour atteindre ce but sous tous les rapports, il sera procédé, par les gouvernements respectifs, aussitôt que les circonstances le permettront, à la confection du traité de commerce entre la France et la Suède.

ART. 16. — Les deux puissances déclarent qu'elles renoncent dès ce moment à tous engagements, traités et conventions dont elles peuvent se trouver liées, dans le cas où ils seraient contraires à la lettre et à l'esprit des obligations qu'elles s'imposent par le présent acte. Elles s'engagent à n'en point contracter qui puissent y porter atteinte. Et néanmoins, pour donner à toute l'Europe une haute preuve de la pureté des intentions qui les animent, désirant faire connaître d'une manière authentique que la présente alliance n'a rien qui doive alarmer la tranquillité générale, elles se réservent la faculté d'inviter et d'admettre au présent traité celles d'entre elles qui pourraient vouloir y accéder.

Je soussigné, ministre des affaires étrangères, m'engage, au nom de la République française et en vertu d'un arrêté du Conseil exécutif provisoire du 13 mai 1793, l'an II de la République, approuvé par l'arrêté du Comité de salut public, de faire payer au baron de Staël, ou à tout autre chargé de pleins pouvoirs à cet effet de Sa Majesté le roi de Suède, la somme de dix millions de livres tournois en espèces ou en lettres de change sur

Note du copiste. Dans la pièce qui a servi à faire la présente expédition, la ligne de l'article 14 qui se trouve la dernière du verso de la page comprend ces mots : *S'opposer à tout échange, partage ou.* Plus bas, comme rappel, est écrit : *Spoliation.* Mais le mot *spoliation,* écrit sur le recto de la page suivante, est comme ci à côté, barré de deux traits de plume.

l'étranger, à l'époque de la signature du présent traité (1).

Paris, le 17 mai 1793, l'an II de la République.

Signé : P.-M.-H. LE BRUN.

Pour copie conforme à l'original.

Signé : STAEL DE HOLSTEIN.

Le traité fut remis à M. de Staël pour que celui-ci le fît accepter par sa cour. Le régent voulait examiner, discuter : nos échecs militaires l'avaient rendu à ses hésitations et à la crainte de la Russie.

Il fut décidé que M. de Verninac retournerait à Stockholm pour y débattre de nouveau le traité avec le gouvernement suédois. De pleins pouvoirs lui furent donnés, le 17 juin, en vue d'accepter et de souscrire; le Comité de salut public approuva ces pouvoirs le 19.

M. de Staël avait quitté Paris pour se rendre à Coppet, chez son beau-père. Chaud partisan de l'alliance française, il aurait voulu que le gouvernement français ne perdît pas un instant pour insister auprès du gouvernement suédois. Il demanda que Verninac, en se rendant à son poste, passât par la Suisse afin de s'entendre avec lui. Comme Verninac différait son départ, M. de Staël s'inquiéta et alla faire visite à notre résident à Genève, Soulavie. « Il m'a paru très peiné, écrit celui-ci le 8 juillet, de ne

(1) Dans la minute du projet (*Suède*, année 1793, folio 5), ce dernier paragraphe est de la main de Le Brun.

point voir arriver l'agent de France, comme il était convenu. Il était instruit que l'ordre de son départ était signé du Comité de salut public et du ministère. Il craint [de] trouver dans le gouvernement actuel les mêmes indispositions qu'il avait essuyées avant l'établissement du Comité de salut public. Je l'ai rassuré, etc. (1). » Ce que M. de Staël ne disait pas, c'est qu'il craignait surtout que, si on ne se hâtait, l'influence russe ne devînt la plus forte à Stockholm.

Verninac arriva en Suisse dans les premiers jours de juillet. Il eut avec M. de Staël, à Morges, une entrevue, à la suite de laquelle il écrivit au département (11 juillet) que le ministre de Suède avait reçu, depuis environ vingt jours, une lettre du régent : celui-ci était très satisfait de l'état de la négociation et s'empresserait d'examiner le traité dès qu'il l'aurait reçu. Mais, dans une seconde entrevue, M. de Staël avoua que le régent ne montrait plus le même empressement. Il faisait des objections. Il se plaignait que le nom du roi de Suède ne se trouvât pas dans le traité. Il se demandait si la cause de stipulation réciproque de secours n'attirerait pas, hors des parages et du territoire de la Suède, une flotte et des troupes suédoises, ce qui laisserait la Suède exposée sans défense à la Russie. Il demandait des explications nettes à cet égard. Autrement, ce serait « lui enfon-

<hr>

(1) Ministère des affaires étrangères. *Correspondance de Genève*, à la date.

cer un poignard dans le sein ». Il aurait voulu que le traité fût précédé d'un préambule. D'autre part, le gouvernement français avait promis (verbalement) de donner aussitôt un acompte, soit douze cent mille livres aux membres francophiles du cabinet, qu'ils demandaient pour préparer l'opinion suédoise : on n'en a donné que trois cent mille (1).

C'étaient là de purs prétextes. En réalité, les échecs militaires de la France ôtaient au régent toute confiance en notre alliance, et il avait peur de la Russie, qui, irritée de la neutralité de la Suède, en vint à des menaces publiques. Le 30 juillet, Catherine fit remettre à la Suède et au Danemark une note où elle disait qu'elle armait vingt-cinq vaisseaux et autant de frégates afin d'empêcher, dans la Baltique et la mer du Nord, conjointement avec l'Angleterre, « toute espèce d'approvisionnement destiné pour la France ». « Sa Majesté Impériale exige du roi de Suède de ne pas permettre aux vaisseaux de sa nation de protéger les bâtiments allant en France». «Aucune espèce de neutralité ne peut et ne doit avoir lieu vis-à-vis d'un gouvernement composé de rebelles (2). L'Angleterre fit en même temps la même démarche auprès de la cour de Stockholm et de celle de Copenhague. Le régent fit à la Russie et à l'Angleterre (24 août) une réponse assez humble où il en appelait

(1) Verninac au département, 19 juillet 1793.
(2) Ministère des affaires étrangères, *Correspondance de Suède*, année 1793, folio 110.

à l'amitié de Catherine et de George. Mais enfin il refusait de renoncer à la neutralité (1).

Les négociations continuèrent entre M. de Staël et de Verninac au sujet du traité d'alliance : mais elles appartiennent à l'histoire du second Comité de salut public.

§ 15

DANEMARK

Le Danemark fut plus ferme encore dans la neutralité et témoigna à la France une bienveillance plus soutenue que ne le fit la Suède. Au mois de mai 1792, les ministres des cours de Vienne et de Berlin à Copenhague avaient remis au gouvernement danois une note pour l'inviter au congrès projeté à Vienne et pour l'entraîner dans la guerre contre la France. La réponse du Danemark fut énergiquement négative. Tout en reconnaissant que les principes français étaient un « poison », le ministre des affaires étrangères de Danemark fit remarquer à la Prusse et à l'Autriche que son pays était trop éloigné du « lieu d'*infection* » pour avoir à en rien redouter. Et il ajouta, avec une fermeté presque moqueuse : « Au reste, depuis l'acceptation de la constitution, les

(1) *Moniteur*, réimpression, t. XVII, p. 653.

souverains qui ne sont pas l'objet de la déclaration de guerre faite par la France n'ont plus de motifs pour s'armer contre elle, puisque le roi se croit et se dit libre. » Cette réponse fut communiquée à l'Assemblée législative de France dans la séance du 16 juillet suivant et causa une vive impression.

Après le 10 août, le ministre de France à Copenhague, M. de Vibraye, ne fut plus reconnu officiellement par le gouvernement danois. Homme d'ancien régime, il s'occupa alors d'intriguer contre la France et, quoique démissionnaire, resta en Danemark. La légation fut gérée par Framery, chargé d'affaires, qui demanda, en janvier 1793, la reconnaissance de la République française. Le Danemark se déclara prêt à la reconnaître, mais seulement quand une puissance de premier ordre lui en aurait donné l'exemple (1). Ce refus n'était pas mauvaise volonté, mais impuissance réelle, crainte légitime de la Russie et de la Prusse. D'ailleurs, le ministre de Danemark à Paris, baron de Blome, restait à son poste.

A la tête du ministère danois se trouvait un chaud partisan de la France, le comte André de Bernstorff. Le roi de Danemark avait failli, en novembre 1792, céder aux suggestions de son frère, le landgrave de Hesse-Cassel, et lui fournir un corps de 12.000 hommes. Mais M. de Bernstorff ayant offert sa démission, le roi, qui avait besoin de la popularité

____

(1) Framery au département, 15 janvier 1793.

de son ministre, dut fermer l'oreille aux sollicitations antifrançaises (1).

En décembre 1793, un navire français, *la Rosalie*, ayant échoué à la pointe de Copenhague, le prince royal lui prodigua des secours (2).

Nulle part cependant la nouvelle de la mort de Louis XVI ne causa une plus sincère douleur qu'à Copenhague (3). Non seulement la cour prit le deuil pour un mois, mais le ministre des affaires étrangères de Danemark, tout partisan qu'il fût de l'alliance française, écrivit à M. de Blome, le 2 février 1793, pour le plaindre d'avoir été à Paris à l'époque « de la scène affreuse qui souillera à jamais les annales de France et les fastes de l'humanité » « Les larmes des gens de bien, dit-il encore, coûteront cher aux Français. On mettra déjà aujourd'hui le deuil pour honorer la mémoire du meilleur roi que la France ait eu depuis Henri IV (4). »

Mais M. de Bernstorff n'en persista pas moins dans sa politique francophile. Le Brun, d'ailleurs, lui facilitait ses desseins, en lui écrivant (11 février), au sujet des événements de France, une lettre d'explications amicales, où il lui annonçait l'envoi de Soulavie à Copenhague pour remplacer M. de Vibraye.

(1) *Moniteur*, réimpression, t. XIV, p. 845.
(2) *Ibid.*, t. XV, p. 29.
(3) Framery au département, 5 février 1793.
(4) L'original de cette lettre se trouve aux archives du ministère des affaires étrangères de France, dans la correspondance de Danemark : elle avait été sans doute interceptée à la poste.

Le 22 février, le roi de Danemark rendait une ordonnance sur le commerce maritime où il déclarait ne pas compter pour articles de contrebande « le poisson, la viande fraîche ou salée, le froment, farine et toutes autres sortes de grains, tous fruits et légumes, huiles, vin et tout ce qui est utile à la vie, lesquels articles peuvent être vendus en tous temps comme les autres marchandises, même transportés aux puissances belligérantes, excepté dans les places évidemment bloquées ou assiégées ». Et quelques jours après, M. de Bernstorff faisait à Framery les protestations les plus amicales (1). Aucune puissance ne témoignait à la France une bienveillance aussi sincère. De même, le ministre danois fit la réponse la plus ferme à M. de Krudener, envoyé de Russie, lorsque celui-ci lui adressa des observations au sujet de l'ordonnance du 22 février. A Paris, M. de Blome, qui avait un congé, ayant demandé ses passeports à Le Brun (21 mars), accompagna cette demande de protestations sympathiques et, ce qui était plus significatif, laissa à Paris le secrétaire de sa légation, Kœnemann, comme chargé d'affaires (2).

Le Conseil exécutif et le Comité de salut public

---

(1) Framery au département, 5 mars 1793.

(2) En outre, il y a à Paris, au mois de juin 1793, un baron de Bernstorff qui s'intitule correspondant du premier ministre de Danemark à Paris (est-ce son fils ou son neveu?). Le 28 juin, il envoie au département un mémoire où on lit :

« Le gouvernement français veut-il continuer la guerre ou bien veut-il entendre parler de paix ?

« Dans ce dernier cas, il a besoin d'une puissance intermédiaire et neutre qui fasse parvenir aux puissances enne-

firent tout le possible pour répondre à la bienveillance du Danemark. Diverses mesures prises par
le Conseil, le 15 avril, pour protéger les navires
danois et suédois, produisirent le meilleur effet à
Copenhague (1). D'autre part, la nomination de
l'inconsidéré Soulavie à la légation de Copenhague
fut rapportée ; on le remplaça par le secrétaire du
Conseil exécutif Grouvelle, qui avait failli, au 10
août, être nommé ministre des affaires étrangères (2).
Le 1er juin, le Conseil exécutif écrivit au roi de

mies ce que, sans plusieurs inconvénients, il ne peut leur
communiquer directement.

« Le premier ministre de Danemark peut, sous ce rapport, se rendre utile à la Convention en plus d'une cour,
et notamment à Berlin, où son propre fils réside en qualité
d'ambassadeur de Danemark. Le roi de Danemark *n'offrira
point* sa médiation ; mais il *ne la refusera point*, si on la réclame.

« C'est au gouvernement français à faire le premier pas,
parce qu'il est le parti agresseur, puisqu'il a déclaré la
guerre à toutes les puissances, etc. »

Le même baron de Bernstorff envoya le lendemain un
second mémoire, où il conseillait à Deforgues de régler
d'avance et par écrit, auprès de la cour de Danemark, la
question de savoir si la résidence d'un ministre plénipotentiaire de la République française auprès d'elle serait regardée par elle comme compatible avec la neutralité.

Deforgues ne tint aucun compte de ces deux mémoires,
en marge desquels il écrivit ces mots : *Rien à répondre*.

1. Ministère des affaires étrangères, *Correspondance de
Danemark*, année 1793, folios 127-128. Voir aussi, à la date du
6 juin 1793, dans le registre du Conseil exécutif, l'arrêté bien-
veillant relatif à l'affaire de trois navires danois détenus
dans le port de Lorient et sur lesquels les scellés avaient
été indûment apposés.

2. En effet, dans la séance de la Législative du 10 août
1792, Le Brun n'avait été élu ministre des affaires étrangères
que par 109 voix contre 91 accordées à Grouvelle.

Danemark, dans un style diplomatique très correct, la lettre suivante en vue d'accréditer Grouvelle auprès de lui :

AU NOM DE LA RÉPUBLIQUE FRANÇAISE !

En vertu de la loi du 15 août dernier, qui attribue au Conseil exécutif provisoire toutes les fonctions de la puissance exécutive, et du décret de la Convention nationale du 21 septembre suivant, lequel maintient les autorités publiques qui étaient en activité à cette dernière époque ;

Nous, les citoyens formant le Conseil exécutif provisoire de la République française, au roi de Danemark.

Très haut, très excellent et très puissant prince,

Le Conseil exécutif, ne voulant pas laisser un seul instant s'interrompre les rapports d'amitié et de bonne harmonie qui existent depuis longtemps entre les nations française et danoise, voulant au contraire resserrer, s'il est possible, les liens qui les unissent et qui plus que jamais conviennent à leurs intérêts respectifs, s'est déterminé à nommer le citoyen Philippe-Antoine Grouvelle pour résider auprès de Votre Majesté, en qualité de ministre plénipotentiaire de la République française.

La connaissance que nous avons des mérites et du caractère du citoyen Grouvelle est pour le Conseil un garant certain qu'il s'acquittera à la satisfaction de Votre Majesté et suivant le vœu de la République de la mission distinguée qui lui est confiée.

Le Conseil exécutif espère que Votre Majesté voudra bien donner une entière créance à tout ce qu'il lui dira de notre part, et particulièrement lorsqu'il l'entretiendra de l'intérêt que la République française prend au bonheur et à la prospérité de Votre Majesté et de la nation danoise.

Écrit à Paris, sous le sceau de la République, le 1ᵉʳ juin 1793, l'an II de la République française.

Les citoyens formant le Conseil exécutif provisoire de la République française.

Par le Conseil exécutif provisoire.

LE BRUN (1).

Quant aux instructions données à Grouvelle, celui-ci les résumera ainsi dans sa dépêche du 10 septembre 1793 : « Maintenir l'union du Danemark avec la Suède, garantir et soutenir leur double neutralité, les déterminer, s'il est poosible, à une véritable alliance, en suite de laquelle ces puissances pourraient conjointement se déclarer pour la République française : tel est l'objet de ma mission, tel est l'objet des instructions qui m'ont été données par le Conseil et par le Comité de salut public. »

Incertain de l'accueil qui serait fait à Grouvelle à Copenhague, alors que les circonstances générales étaient si défavorables à la France, le gouvernement retarda le départ de cet envoyé, qui n'eut lieu qu'à la suite d'un arrêté du Comité de salut public du 21 juin (2) et secrètement. Grouvelle s'embarqua

(1) Ministère des affaires étrangères, *Danemark,* année 1793, folio 117.

(2) Voici cet arrêté : « Vu la lettre du citoyen Grouvelle, par laquelle il invite le Comité de proposer à la Convention nationale de nommer à la place de secrétaire du Conseil exécutif provisoire, qu'il laisse vacante, ayant été nommé

au Havre dans les premiers jours de juillet, débarqua à Hambourg, y séjourna incognito sous le nom de Dyverny, qu'il avait porté dans sa jeunesse, y eut des entretiens avec le ministre de Suède à Hambourg, M. de Peyron (1), et arriva à Copenhague par la voie de terre, le 26 août 1793.

La nouvelle de l'envoi de Grouvelle mit M. de Bernstorff dans un certain embarras. « Il m'a répondu, écrit Framery le 16 juillet, qu'il souhaite-

pour se rendre en Danemark en qualité d'ambassadeur de la République, le Comité arrête qu'il en sera rendu compte à la Convention nationale, et néanmoins, considérant d'une part que le citoyen Grouvelle ne peut différer son départ pour profiter du bâtiment neutre qui doit le porter à sa destination, d'autre part, qu'il pourrait y avoir de l'inconvénient, vu la situation actuelle de l'Europe, à donner trop de publication (sic) à sa marche avant quelques jours, arrête que le citoyen Grouvelle est autorisé à partir sur-le-champ, et qu'extrait du présent arrêté sera envoyé au ministre des affaires étrangères. »

(1) Cet ex-ministre des finances de Gustave III dit incidemment à Grouvelle que la mort du roi de Suède avait été malheureuse pour la France, que ce prince était seul capable d'en imposer à Catherine, que ses démonstrations contre la France n'auraient été suivies d'aucun effet, etc. « Enfin, ajoute Grouvelle, il fut dit un mot de ma mission à Copenhague, quoique avec autant de discrétion de sa part que de réserve de la mienne. Il me fit entendre que c'était uniquement par l'intervention des puissances que les négociations pouvaient être entamées dans une guerre générale. Il indiqua l'union du Danemark avec la Suède comme le seul point d'appui autour duquel tous les princes et États inférieurs de l'Empire pouvaient se rallier pour former une opposition à l'ambition des despotes coalisés. Il apercevait d'assez grands embarras pour traiter avec nous. Mais il reconnaissait que l'établissement d'une constitution et la formation d'une législature lèveraient beaucoup de difficultés. » Grouvelle au département, Hambourg, le 7 août 1793.)

rait bien que le citoyen Grouvelle pût déployer à cette cour le caractère dont il venait d'être revêtu par le Conseil exécutif, mais que la chose présentait dans ce moment-ci des difficultés insurmontables; qu'en acceptant un ministre plénipotentiaire de la République française, le Danemark se mettrait absolument hors de mesure avec les autres puissances qui, aigries du refus constant de Sa Majesté danoise de prendre aucune part directe ni indirecte à leur coalition contre la France, envisageraient cette démarche comme une infraction à la neutralité qu'elle avait déclaré vouloir observer dans les présentes conjonctures, et ne se croiraient plus, dès lors, obligées à garder aucun ménagement vis-à-vis de ce pays-ci, qui se trouverait par là en butte aux plus fâcheux inconvénients; qu'il aurait été à désirer que le Conseil exécutif eût laissé les choses dans l'état où elles étaient; que tout ce qu'il pourrait faire pour le présent, ce serait de traiter avec le citoyen Grouvelle comme il avait traité jusqu'ici avec moi; que, toutes les fois qu'il voudrait conférer avec lui, il s'empresserait de le recevoir avec tous les témoignages de considération dus à son caractère; mais que, dans les circonstances actuelles, il serait impossible à cette cour de l'admettre suivant toutes les formes diplomatiques sans indisposer contre elle les autres cours, qu'elle avait un égal intérêt à ménager; qu'il se flattait donc que, par égard à la position embarrassante où elle se trouvait, le Conseil exécutif n'exigerait pas plus que ne le comportait le système de neutralité qu'elle avait adopté (1). » Framery conclut de cet entretien que Grouvelle serait reçu comme agent secret gardant l'incognito, jusqu'à ce qu'une grande puissance eût, la première, reconnu la République française.

Ce serait empiéter sur l'histoire diplomatique du second Comité de salut public de dire quel accueil Grouvelle reçut à Copenhague et comment M. de Bernstorff se fit, par son intermédiaire, le conseiller bénévole et amical du gouvernement français. Mais disons dès maintenant que le Danemark répondit avec plus de fermeté que la Suède aux notes comminatoires qui lui furent adressées par l'Angleterre et par la Russie. Les réponses de M. de Bernstorff sont des modèles de dignité, d'habileté, de courage (2). Il refusa péremptoirement même de discuter l'invitation qui lui était adressée de cesser les relations commerciales avec la France, et démontra qu'il ne se départait pas des lois de la neutralité.

(1) M. de Bernstorff venait d'ailleurs de donner à la France une nouvelle preuve de bienveillance. Des corsaires de Dunkerque, qui avaient fait des prises anglaises dans la mer du Nord, les avaient amenées dans les ports du Danemark pour les y vendre, et cela à un moment où l'envoyé d'Angleterre faisait des plaintes amères sur le libre accès donné à nos corsaires dans les ports danois. Si le Danemark avait permis la vente dans son territoire des prises faites sur les Anglais par les Français, c'était une rupture ouverte avec l'Angleterre. M. de Bernstorff dut le déclarer au chargé d'affaires de France. Mais il ajouta que ces prises seraient gardées en dépôt par le Danemark et rendues ultérieurement aux corsaires français. (Framery au département, 9 juillet 1793.

(2) Voir au ministère des affaires étrangères, *Danemark.* année 1793, aux dates du 18 juillet, 28 juillet et 10 août.

§ 16

TURQUIE

On sait que, le 20 août 1792, la Porte Ottomane avait demandé à la France qu'elle envoyât à Constantinople un autre ambassadeur que M. de Sémonville, désigné par Dumouriez, puis par Le Brun, pour remplacer M. de Choiseul-Gouffier. Les intrigues de M. de Choiseul-Gouffier contre son successeur avaient amené ce refus (1) et refroidi les relations entre la France et la Turquie. Le Brun chargea Descorches, marquis de Sainte-Croix, d'aller à Constantinople avec le titre d'envoyé extraordinaire de la République près la Porte ottomane (19 janvier 1793). Dans des instructions complémentaires qui lui furent adressées en mai 1793, il est dit : « L'ambassadeur de la République à Constantinople parlera de la coalition du Danemark et de la Suède comme d'un événement très probable et prochain. Il tâchera de déterminer le divan à se joindre à cette ligue, qui pourra arrêter efficacement les progrès de la Russie en Pologne et former une diversion au désavantage de l'Autriche (2). »

(1) Sur toute cette affaire, voir *la Mission de Sémonville à Constantinople*, par Georges Grosjean, Paris, 1887, in-8.

(2) *Rapport des opérations du ministre des affaires étrangères dans le courant du mois de mai 1793. Ministère des*

Descorches partit incognito et voyagea sous le nom de Daubry. Il passa par Belfort, Bâle, Bade, Venise, Raguse. Il arriva, le 19 mars, à Travnik. Le pacha de Bosnie l'y accueillit amicalement, mais l'empêcha de continuer sa route et le retint dans cette ville jusqu'à ce que des instructions fussent arrivées de Constantinople. Pendant ce séjour de Descorches à Travnik, et il dura près de deux mois, un envoyé de Catherine était reçu avec pompe à Constantinople; mais, le 15 avril, la Porte déclara officiellement sa neutralité et, le 19 mai, Descorches reçut enfin l'autorisation de continuer son voyage : il sera bien accueilli à Constantinople, mais qu'il garde l'incognito et ne descende pas au palais de France.

Parti de Travnik le 18 mai, Descorches arriva à Andrinople le 2 juin, et à Constantinople, par San-Stefano, le 7 juin.

À la nouvelle de son arrivée, les ministres d'Autriche, de Russie et de Prusse demandèrent qu'il ne fût pas reçu, que Gaudin, attaché à la légation, fût renvoyé et que l'arbre de la liberté, planté dans la cour de la légation, fût renversé. La Porte répondit évasivement.

Ajourné à plusieurs reprises, Descorches écrivit au Reiss-Effendi une lettre pressante pour être admis à des conférences. Enfin le Grand-Seigneur nomma

affaires étrangères, *Mémoires et documents : France*, t. DCL, folio 163.

deux commissaires, et une première conférence eut lieu chez le grand douanier (6 juillet). Descorches présenta sa demande de vive voix et la précisa dans un mémoire qu'il remit à la Porte. La réponse se fit tellement attendre que, le 3 août, il laissa entendre qu'il se retirerait, si ces délais se prolongeaient. Enfin, une seconde conférence eut lieu le 8 août. Là, Mousta-Bey grand douanier et membre du divan, fait à Descorches la déclaration suivante :

Vos propositions sont très agréables à la Sublime Porte ; elle désirerait beaucoup pouvoir accepter l'alliance que vous lui offrez ; mais il lui semble que le gouvernement français n'est pas encore assez consolidé ; et d'ailleurs elle craindrait de violer la neutralité qu'elle a adoptée, en contractant cette alliance en ce moment. Mais ne doutez pas qu'aussitôt que la nation française se sera donné un gouvernement fixe et stable, la Sublime Porte ne s'empresse de déclarer publiquement des sentiments qui sont certainement bien dans son cœur. Vous sentirez sûrement que cette publicité serait actuellement infructueuse pour l'un et pour l'autre, puisque nous ne sommes pas prêts, quoique nous fassions cependant d'assez grands préparatifs, comme chacun sait et comme vous pouvez vous en convaincre vous-même.

Parmi les différentes offres que vous avez faites, la Sublime Porte a remarqué celle qui concernait les officiers et les hommes à talents dont elle pourrait avoir besoin. Elle en sait tout le prix, mais elle croit qu'ils seraient peut-être nécessaires à la France entourée d'ennemis comme elle l'est. Elle ne voudrait pas la priver de personnes qui lui seraient utiles. Si cependant vous pouviez, sans porter préjudice à vos intérêts, nous envoyer des ingénieurs et autres officiers habiles, vous nous rendriez un véritable service, et la Sublime Porte en serait reconnaissante. Notre dessein est de nous mettre sur un pied respectable. Nous avons besoin d'aide : le vôtre serait sans doute le plus efficace en ce genre ; mais, je vous le répète, nous nous en remettons à cet égard à l'amitié de la nation française et surtout à sa position.

L'envoyé français demanda du moins à être reçu officiellement : les commissaires n'avaient point d'instructions à cet égard.

Descorches resta longtemps en suspens. On l'ajourna, on le négligea. La nouvelle de la reddition de Condé, de Valenciennes et de Mayence impressionna vivement les Turcs (1). C'est seulement le 23 septembre 1793 qu'il obtient une seconde entrevue. Bien qu'elle soit postérieure à l'époque dont nous nous occupons, il faut en donner dès maintenant le récit détaillé qu'en fit Descorches. Nul document n'est plus propre à faire connaître les rapports de la Turquie et de la France en 1793.

Constantinople, le 26 septembre 1793,
l'an second de la République française.

L'envoyé extraordinaire de la République près la Porte Ottomane au citoyen ministre des affaires étrangères.

La conférence que je vous ai annoncée, citoyen ministre, a eu effectivement lieu lundi dernier. « Il ne me connaît pas encore, M. Descorches, disait le Reiss-Effendi à

_____
(1) Descorches au département, 25 août 1793.

Dantan (1) avec complaisance, en fixant le jour. Il verra ce que j'ai dans le cœur pour la République et pour lui. Mardi, vous lui demanderez de mes nouvelles. »

Lundi 23, à 5 heures après-midi, Dantan vient me prendre, selon qu'il avait été arrangé entre le drogman de la Porte et lui. Il me conduit en bateau dans le canal, à la maison de campagne de ce drogman, c'est-à-dire nous descendons de bateau à l'échelle de ce village et nous nous rendons par terre et par une porte de derrière chez le prince Moruzi. Beaucoup d'honnêtetés. Je ne suis pas en reste. Généralités politiques, dont il cherche à parler en philosophe. Reste à voir les actions. Après les politesses d'usage, nous partons tous les deux et laissons Dantan. Le chancelier l'avait décidé ainsi, parce que, tous ses gens connaissant celui-ci pour drogman de France, le secret eût été compromis. Nous nous rendons à Scutari chez le Reiss-Effendi. Le prince m'assure, chemin faisant, qu'on ne peut être plus français que ne le sont le ministère et tous les Turcs en général, mais que la guerre désastreuse d'où ils sortent et l'état intérieur de leurs affaires, en leur faisant sentir fortement le besoin de conserver la paix, exigent une grande sagesse dans leur conduite politique. Je répète tous nos raisonnements pour bien établir que nous ne voulons pas les engager dans la guerre, que nous ne voulons que leur voir reprendre leur assiette, fortifier leur existence à l'épreuve de l'ambition ennemie et pour cela entrer dans un concert de mesures. « Mais, répond-il, si les dispositions des ennemis sont telles que ce concert amène la guerre?... » Nous arrivons. « Soyez le bienvenu, Monsieur l'ingénieur, dit l'Effendi devant son monde. » Confitures, café, les honnêtetés d'usages. Les gens se retirent. Mukib-Effendi, le secrétaire des deux conférences

(1) Dantan était le premier drogman de l'ambassade de France.

que j'ai eues chez Mousta-Bey, entre et se met en devoir de protocoler la conférence, qui a duré près de trois heures, et dont voici la substance :

Le Reiss-Effendi : L'inquiétude et l'animosité des ennemis de la Porte, qui sont, je crois pouvoir le dire, des ennemis communs, ont été cause que je me suis privé jusques à présent du plaisir de vous voir et que j'ai dû encore aujourd'hui user de toutes les précautions qui ont été prises pour échapper à la vigilance et aux commentaires de leur malignité. Mais il ne s'en est pas moins établi des rapports entre nous. Mousta-Bey a été nommé par Sa Hautesse commissaire pour vous entendre. Vous pouvez être sûr que tout ce que vous avez dit, tout ce que vous avez écrit a été soigneusement recueilli, que la Sublime Porte en a vivement senti le prix et qu'elle en a fait l'objet de ses plus attentives délibérations. Je me hâte de vous dire qu'on ne peut être plus pénétré que nous le sommes tous, à commencer par le Grand-Seigneur, des sentiments les plus sincères de cette amitié si naturelle à nos deux nations que la différence de religion, de mœurs, les révolutions politiques n'en ont jamais rompu les liens ; que nous désirons aussi ardemment qu'il se puisse resserrer ces liens les plus intimement encore. Tout nous y invite, tout nous en presse. Nous sommes convaincus que le gouvernement républicain qui s'établit chez vous est celui qui peut convenir le mieux à l'utilité commune de vos rapports politiques ainsi qu'à votre bonheur. Aussi, laissant le langage diplomatique et me livrant à la franchise qui convient à des amis et que comportent des ouvertures confidentielles, je vous avouerai que nos vœux sont attachés depuis longtemps à vos succès, nos espérances à l'énergie qui a conduit vos affaires aux termes où elles se trouvent aujourd'hui. Mais la Porte, oppressée par la douleur des plaies encore bien fraîches de la dernière guerre, ne se sentant pas en état avec ces moyens actuels d'en courir de nouveau les hasards, tout entière aux soins d'une régénération qu'elle a entreprise dans toutes les parties de l'administration, dont vous pouvez vous convaincre de vos propres yeux qu'elle s'occupe tous les jours, a cru de sa sagesse, au milieu de ces circonstances, de s'attacher au système de neutralité qu'elle a adopté ; neutralité toutefois qui n'est qu'apparente ; car, je le répète, nos sentiments sont loin d'être indifférents ni équivoques, et nous croyons que, vivant parmi nous comme vous le faites, vous ne pouvez en douter ; nous croyons même que le gouvernement français doit le reconnaître dans nos procédés pour tout ce qui l'intéresse. C'est d'après ce système, que ses intérêts lui imposent, que la Porte n'a pu vous faire jouir jusqu'ici, comme elle le souhaiterait, des témoignages publics de ses sentiments pour votre nation et qu'elle doit différer encore de vous admettre près d'elle avec un caractère ministériel. Il serait superflu que j'ajoutasse que ce n'est pas sans qu'il lui en coûte beaucoup, tant par rapport au gouvernement qui vous envoie que par rapport à votre personne. (Là, et à plusieurs reprises, beaucoup de choses gracieuses pour moi.)

Marie Descorches : C'est un moment très heureux pour moi que celui où j'ai pu recueillir, de la bouche même de Votre Excellence, l'assurance que je viens d'entendre des sentiments dont Sa Hautesse et son ministère paient ceux de la nation française. J'ai occasion, je m'empresse de le dire, car j'y trouve un grand plaisir, j'ai occasion tous les jours d'acquérir les preuves les plus touchantes que cet acte de justice et d'intérêt bien entendu de la part du gouvernement est commun, pour ainsi dire, à toute la nation ottomane. Quant à nous, je laisse parler les faits, ma mission, mes procédés, mes propositions, qui prouvent, beaucoup mieux que tout ce que je pourrais dire, quelle est notre part dans ces dispositions mutuelles. De la sincérité, point d'adulation, beaucoup de réalité et peu de paroles : voilà notre politique d'aujourd'hui.

J'ai reconnu également la sagacité et les lumières de Votre Excellence dans ce qu'elle a bien voulu me dire de la manière dont la Sublime Porte jugeait notre gouvernement. Ainsi il résulte de ses expressions, si satisfaisantes pour moi à ces deux égards, que tout est dit, tout est fait quant aux sentiments et quant aux principes. Serait-il bien possible qu'avec deux bases aussi essentielles déjà posées entre nous nous ne commençassions pas à élever l'édifice qu'elles sollicitent? Seraient-ce des craintes sur notre sort qui vous arrêteraient? Comment, cependant, avec de l'impartialité, des lumières et un peu d'attention, pouvoir douter de bonne foi de la permanence de la République française? Que faut-il de plus pour en acquérir la conviction, que l'impuissance de nos ennemis, si bien caractérisée par leurs inutiles efforts pendant cette campagne, que tant de trames, de trahisons toujours déjouées par l'impulsion irrésistible de l'esprit public, que la proclamation solennelle et imposante, telle qu'elle a eu lieu le 10 du mois passé, de cet acte constitutionnel qui va dorénavant peser sur toutes les opinions divergentes et prévenir les chocs violents qui nous ont agités pendant la formation de cette opinion commune? Or, si la République est incontestablement inexpugnable, si des liens avec elle vous offrent tous les avantages que vous y apercevez vous-même, pourquoi ne pas se hâter de fermer vos plaies, de prendre l'attitude qui convient à vos moyens effectifs, de vous mettre en un mot, vous et vos ennemis, à votre place? Il est si difficile au raisonnement, je dois le dire franchement, de saisir la cause de nouveaux délais, qu'ils prêteraient infailliblement en France à des interprétations désavantageuses au sentiment de la Sublime Porte. L'opinion publique s'aliénera. Je veux fermer les yeux sur les malheurs qui en seront la suite. Votre Excellence trouvera bon que je me réfère sur ce point à ma lettre du 20 août.

Le Reiss-Effendi (avec assez de vivacité) : Vous êtes au milieu de nous; vous nous connaissez, vous nous voyez, vous nous entendez : vous direz la vérité. Vous avez, vous méritez la confiance de la République, et nous ne saurions croire qu'avec des intentions comme les nôtres nous puissions jamais avoir à craindre son inimitié. Notre profession d'attachement, d'amitié, de confiance n'est pas douteuse; nous ne doutons pas non plus de la résistance victorieuse de votre nouveau gouvernement, auquel nous souhaitons autant que vous, je le répète, durée et prospérité; mais, encore une fois aussi, c'est parce que nous espérons bien en venir à unir intimement nos destinées, parce que nous en apprécions tous les heureux effets, que nous ne voulons pas les compromettre par des démarches précipitées. Qu'une guerre éclate, et la malveillance insatiable et ambitieuse de nos ennemis nous en menace à tout moment, tout ce que nous avons commencé de faire pour nous remonter sera perdu; nous éprouverons de nouveaux échecs; le découragement ne fera que de se fortifier. C'est alors peut-être que nos maux deviendront sans remède. Nous ne sommes prêts sur rien, voilà le mot : mais nous nous préparons de toutes nos forces.

Quelque temps, un peu de patience, et vous nous trouverez des alliés utiles. C'est donc pour l'intérêt même de la cause commune de notre union future que nous devons persister dans nos mesures dilatoires.

Marie Descorches : Oui, certainement, je dirai la vérité; mais je dois sans doute à la conservation de votre estime de vous la dire aussi, et, comme je vous l'ai déjà représenté, ce raisonnement bien autrement frappant que celui de Votre Excellence, qu'elle me permette de le lui observer, saisira tous les esprits, j'en juge par l'impression que j'en reçois moi-même. La Porte, dira-t-on, nous assure qu'elle est notre amie, et elle nous refuse ce que la neutralité même exige d'elle. Elle sent l'utilité de ses liaisons avec nous, et elle décline toutes les mesures qui tendraient à les contracter elle nous objecte ses craintes d'être entraînée dans une guerre qu'elle se croit hors d'état de soutenir. Et quelles sont ces craintes auxquelles elle sacrifie son inclination et ses intérêts? Peut-elle ignorer que l'Autriche est épuisée, la Russie prête à s'écrouler? Et d'ailleurs, ne lui proposons-nous pas le supplément de forces qui lui serait nécessaire? Ne pouvons-nous pas lui garantir un grand mouvement de la nation polonaise, indignée de son oppression? Le concours de la Suède ne serait-il pas au moins vraisemblable? Son amitié est vraie, mais pourquoi si timide? Ce qu'elle n'ose pas aujourd'hui, quand pourra-t-elle jamais l'oser?

Le Reiss-Effendi : Personne ne rend plus de justice à vos moyens, aux prodiges, ce n'est pas trop dire, de votre énergie. Cependant, je ne me fais pas illusion : avec autant d'ennemis sur les bras, nous ne pourrions pas compter assez sur vos secours, ni vous-mêmes être assez sûrs de réaliser vos meilleures intentions à notre égard. Les Polonais ont prouvé dans tous les temps ce qu'ils pouvaient, ce qu'ils étaient; ils sont trop légers pour acquérir jamais quelque consistance. Les Suédois sont trop faibles. Encore une fois, pour l'intérêt de nos liaisons à venir qui sont dans nos vœux plus que dans les vôtres, et dont il n'appartient qu'aux circonstances de déterminer le moment, il faut que nous nous ménagions, que nous persévérions dans notre système de prudence et de réserve. »

Puis, sentant apparemment combien, aux termes où la conférence était venue, j'avais acquis d'avantages sur lui, ce ministre plein d'art coupa court en disant : « Telles sont les intentions de la Sublime Porte, que j'ai été chargé de vous bien expliquer. Nous nous consumerions plus longtemps de part et d'autre en raisonnements inutiles. Il va être dressé un protocole de ce que nous avons dit. S. A. le grand vizir, par les ordres duquel je vous ai invité à vous rendre chez moi, en prendra connaissance et me dictera les réponses ultérieures qu'il jugera à propos qui vous soient faites. »

J'ai répété ma déclaration qu'à défaut d'explications plus précises sur les divers objets de mes demandes, j'aurais le très pénible devoir à remplir de regarder ma mission comme finie, etc. Il y a paru sensible, a dit qu'il ne reconnaissait pas le langage de l'amitié auquel il croyait que ce qu'il venait de me dire et ce que je ne pouvais douter que Sa Hautesse et le ministère turc pensassent lui donnaient quelque droit ; qu'au reste il ne lui appartenait pas d'avoir une opinion sur ce que je devais faire, que je connaissais seul les ordres que j'avais apportés, et que c'était à moi à juger ce qu'ils me prescrivaient. — Beaucoup de bonnes grâces par-dessus tout cela. — Le sorbet, l'eau de rose, le parfum, et nous nous sommes retirés (1).

On ne se plaindra pas que nous ayons laissé si longtemps la parole à Descorches, puisqu'on a maintenant une idée exacte et pour ainsi dire pittoresque des négociations diplomatiques qui s'établirent en 1793 entre la République française et la Porte.

Il faut ajouter que le prestige de la France aux yeux des Turcs n'était pas seulement diminué par la nouvelle de nos échecs, mais aussi par la présence simultanée et la rivalité scandaleuse de deux envoyés de la République à Constantinople.

En apprenant que Descorches avait été arrêté en Bosnie, Le Brun avait écrit, le 0 mai, à Félix Hénin,

<hr>

(1) Ministère des affaires étrangères, *Correspondance de Turquie.*

ministre de la République à Venise, pour le charger de se rendre à Constantinople. Il y saurait pourquoi le citoyen Daubry (Descorches) ne pouvait continuer son voyage. Si la Porte croit que la France tient absolument à envoyer Sémonville, il la détrompera, la rassurera, sondera ses dispositions. En un mot, Hénin devra supléer Descorches absent.

Hénin arriva à Constantinople le 23 juillet et y trouva Descorches. L'objet de sa mission avait donc disparu. Cependant il persista à exercer ses fonctions; il annonça et prépara l'arrivée de Sémonville, malgré les représentations de Descorches, contre lequel il excitait les Français qui habitaient Constantinople. Il se mit à la tête d'une députation qui somma Descorches de s'occuper de préparer les voies à Sémonville. Il fonda et présida un club où on clabaudait contre Descorches. Il dénonça son collègue au club des Jacobins de Paris. Il s'aboucha directement avec la Porte, en dehors de Descorches et contre Descorches, et la Porte ne sut auquel entendre. Cette querelle burlesque entre les deux envoyés de la République amusa le corps diplomatique et réjouit nos ennemis. Le second Comité de salut public la fit cesser en donnant raison au sage Descorches et en rappelant l'indiscret Hénin.

Février-juillet 1890.

V

LA QUERELLE DE LA « MARSEILLAISE »
ET DU « RÉVEIL DU PEUPLE »

On sait que la réaction thermidorienne affecta
d'abord de s'attaquer aux hommes plutôt qu'aux
institutions, aux gouvernements plutôt qu'à la
forme du gouvernement, aux révolutionnaires et
aux ex-terroristes plutôt qu'à la Révolution. C'est
en dépopularisant les serviteurs de la République
qu'elle espérait dépopulariser peu à peu la République elle-même et ramener enfin ce roi dont elle
ne parlait presque jamais. C'est en invoquant la
liberté qu'elle espérait détruire la liberté. Dans cette
guerre de l'esprit ancien contre l'esprit nouveau,
les deux partis en présence ne se combattirent pas
seulement par des articles de journaux et des discours de tribune. Ils n'eussent influé ainsi que sur
l'élite lettrée, quand il s'agissait d'entraîner la
masse de la population, qui généralement ne savait
pas lire, et à qui ne parvenaient que de vagues
échos des polémiques de presse et des comptes rendus des délibérations politiques, surtout depuis

que les clubs ou sociétés populaires avaient disparu. C'est par la chanson politique, chantée au théâtre, dans les cafés et dans la rue, que royalistes et républicains parvinrent à agir, principalement à Paris, sur l'esprit du peuple. Il y eut surtout, en 1795 et en 1796, la querelle du réactionnaire *Réveil du peuple* et de la républicaine *Marseillaise*, dont voici, d'après les journaux et les rapports de police, quelques épisodes qui ont, je crois, un intérêt aussi historique qu'anecdotique.

I

Le *Réveil du peuple* date de janvier 1795. Les paroles en furent écrites par un Bordelais nommé Souriguère, auteur de mauvaises tragédies, qui lui attirèrent, dit-on, cette épigramme de Lebrun :

> A tes tristes écrits
> Tu souris, Souriguère ;
> Mais, si tu leur souris,
> On ne leur sourit guère.

La musique du *Réveil* fut composée par Pierre Gaveaux, sociétaire de l'Opéra-Comique, et c'est Gaveaux lui-même qui chanta cette chanson politique, le 30 nivôse an III (19 janvier 1795), à la réunion décadaire des citoyens de la section Guillaume-Tell. En voici le texte :

1

Peuple français, peuple de frères,
Peux-tu voir, sans frémir d'horreur,
Le crime arborer les bannières
Du carnage et de la terreur ?
Tu souffres qu'une horde atroce
Et d'assassins et de brigands
Souille par son souffle féroce
Le territoire des vivants.

2

Quoi ! cette horde anthropophage,
Que l'enfer vomit de son flanc,
Prêche le meurtre et le carnage !
Elle est couverte de ton sang !
Devant tes yeux, de la patrie
Elle assassine les enfants
Et médite une boucherie
De tes dignes représentants !

3

Quelle est cette lenteur barbare ?
Hâte-toi, peuple souverain,
De rendre aux monstres du Ténare
Tous ces buveurs de sang humain !
Guerre à tous les agents du crime !
Poursuivons-les jusqu'au trépas.
Partage l'horreur qui m'anime :
Ils ne nous échapperont pas.

4

Ah ! qu'ils périssent ces infâmes,
Et ces égorgeurs dévorants,
Qui portent au fond de leurs âmes
Le crime et l'amour des tyrans !
Mânes plaintifs de l'innocence,
Apaisez-vous dans vos tombeaux :
Le jour tardif de la vengeance
Fait enfin pâlir les bourreaux.

5

Voyez déjà comme ils frémissent !
Ils n'osent fuir, les scélérats.
Les traces du sang qu'ils vomissent
Décèleraient bientôt leurs pas.
Oui, nous jurons sur votre tombe,
Par notre pays malheureux,
De ne faire qu'une hécatombe
De ces cannibales affreux.

6

Représentants d'un peuple juste,
O vous, législateurs humains,
De qui la contenance auguste
Fait trembler nos vils assassins,
Suivez le cours de votre gloire ;
Vos noms, chers à l'humanité,
Volent au temple de mémoire,
Au sein de l'immortalité (1).

(1) Nous donnons cette chanson d'après les journaux du temps et notamment d'après le *Messager du soir* du 2 pluviôse an III. Elle fut aussi imprimée à part (Bibl, nat., Ye,

Les citoyens de la section Guillaume-Tell furent enthousiasmés par cette chanson, dont les paroles nous semblent aujourd'hui si plates, si vagues, si niaises. Pourquoi ? Parce que Gaveaux chantait bien ? Parce que la musique du *Réveil* parut « mâle et vigoureuse » ? C'est l'explication que donna un journal du temps, le *Messager du soir* du 1er pluviôse. Il y faut ajouter ceci, que ces paroles exprimaient très exactement les sentiments médiocres et bas des réacteurs d'alors, et elles les exprimaient habilement, puisqu'on y glorifiait la Convention thermidorienne au détriment des démocrates de l'an II. En cette pauvre et vide élucubration, la passion insuffla ensuite tant de haine qu'elle devint vivante, redoutable, meurtrière, et c'est au son du *Réveil du peuple*, dans le Midi, que la Terreur blanche massacra les républicains.

Dès son apparition, la chanson réactionnaire per-

55471, in-8). Dans cet imprimé, la seconde strophe : *Quoi ! cette horde...*, manque, et il y a à la fin une strophe en plus, qui commence par ce vers : *La nature avec vous conspire.* Le catalogue de la Bibliothèque nationale attribue à Souriguère *la Suite du Réveil du peuple ou les Cris de la Nature contre les agents du crime* (s. l. n. d., in-8 de 2 pages). Tous les dictionnaires biographiques disent que Souriguère (qui ne mourut qu'en 1837) composa en 1814 un *Second Réveil du peuple.* Mais la Bibliothèque nationale ne l'a pas. En revanche, elle possède *le Cri du ralliement, discours prononcé le 20 pluviôse* (an III) *dans la section de Guillaume-Tell,* par J.-M. Souriguère, imprimé par ordre de la section (Lb 41444, in-8 de 8 pages). C'est une diatribe contre les terroristes. Souriguère rédigea avec Beaulieu le journal *le Miroir,* qui, en l'an V, avant le 18 fructidor, combattit vivement le Directoire.

sécuta les démocrates. Le 4 pluviôse an III (23 janvier 1795), au théâtre de la République, on venait de jouer *la Bayadère* et on allait jouer *Crispin rival de son maître*. Dans l'entr'acte, un spectateur jeta un billet sur la scène. L'acteur Michaud s'apprêtait à le lire à haute voix. Quand il eut prononcé que c'était le *Réveil du peuple* : « Non, s'écria-t-on. Fusil ! Fusil ! » Un citoyen prit la parole et dit : « Fusil, acteur de ce théâtre, est un des monstres qui faisaient tirer à mitraille sur les malheureux Lyonnais... Il faut qu'il fasse amende honorable en lisant ces couplets. — Il vient d'arriver, dit Michaud, et s'habille pour la petite pièce... — Eh bien, nous attendrons. » Fusil arrive et commence à lire. « Il s'acquittait très mal, » dit un témoin oculaire dans le *Narrateur impartial* du 6 pluviôse. « Il ne sent pas ce qu'il dit, » dit une voix. Quand il fut arrivé à ces vers :

> Quelle est cette lenteur barbare ?
> Hâte-toi, peuple souverain,
> De rendre aux monstres du Ténare
> Tous ces buveurs de sang humain ;

quelqu'un s'écria : « Avis au lecteur ! » Cette dure apostrophe fut accueillie par les plus vifs applaudissements. On invita Talma à déclamer les couplets qui, écorchés par Fusil, perdaient tout leur prix. Ce dernier voulut se retirer, mais on le fit rester, et il tint la lumière, pendant que Talma lut les vers. Un citoyen observa que Talma n'était pas Jacobin. « Non, répondit-il, tous mes amis sont morts sur l'échafaud. » Nombreux applaudissements. L'avant-dernier couplet dit :

> Oui, nous jurons sur votre tombe,
> Par notre pays malheureux,
> De ne faire qu'une hécatombe
> Do ces cannibales affreux.

« Les chapeaux flottèrent, chacun prêta le serment. Fusil aussi leva la main. *A bas le parjure*, cria-t-on, *l'assassin, le mitrailleur, l'aide de camp de Ronsin!* On lut ensuite une pétition adressée à la Convention par les Lyonnais, qui demandent justice et vengeance et dénoncent Fusil comme un de leurs bourreaux, puisqu'il était membre de la commission populaire qui a ordonné tant de massacres. Les cris d'indignation suivirent cette lecture. Un commissaire de police invita les citoyens au calme ; on lui répondit qu'on ne souffrirait pas que l'égorgeur de dix mille Français amusât des Français, qu'enfin Fusil, qui devait jouer le rôle de Crispin, ne serait pas souffert sur la scène. « Mais, dit le magistrat, on n'a pas d'autre acteur pour le moment. — Eh bien, répondit le public, nous aimons mieux sortir. » La toile fut baissée, chacun se retira, et la pièce ne fut pas jouée.

Une scène analogue eut lieu le lendemain à l'Opéra-Comique. On y demanda le *Réveil du peuple*. Trial, républicain et ex-membre d'un comité révolutionnaire, se présenta pour le chanter. « Tu n'en es pas digne, lui cria-t-on ; nous voulons Chénard. » Chénard prit les couplets, et Trial voulut se retirer ; le public lui enjoignit de rester, et il dut tenir la lumière, pendant que Chénard chantait.

C'est désormais une mode de forcer les acteurs à chanter ou à déclamer le *Réveil du peuple*, et, au mois de floréal an III, cette chanson se fait entendre chaque soir dans tous les théâtres.

Elle est déjà descendue dans la rue ; elle s'acharne contre les « jacobins », les « anarchistes », les terroristes », c'est-à-dire contre les républicains démocrates. On lit dans la *Gazette française*, à la date du 9 ventôse an III : « On a su que Duhem allait tous les jours au café Payen ; hier des jeunes gens s'y sont transportés pour faire retentir le *Réveil du peuple* aux oreilles du médecin de la Montagne ; Duhem n'a pu tenir à ce chant patriotique : il a quitté le champ de bataille. Misérables! Vous aurez beau fuir le ridicule qui s'attache à vous, vous serez partout poursuivis par le *Réveil du peuple!* » Un autre conventionnel, Armonville, fréquentait le même café et s'y montrait coiffé du bonnet rouge, alors suranné et impopulaire : les muscadins l'en chassèrent au son du *Réveil du peuple*. Un rapport de police du 16 ventôse nous les montre faisant des expéditions analogues dans tous les cafés (1).

Enhardie, la jeunesse dorée entreprit alors de chasser les républicains des promenades publiques.

(1) J'ai publié ces rapports dans mon recueil : *Paris pendant la réaction thermidorienne et sous le Directoire*. J'y renvoie le lecteur.

« Hier au soir, lit-on dans un journal contre-révolutionnaire, *le Courrier républicain*, à la date du 28 ventôse an III, il y avait aux Tuileries des groupes très animés. Des tricoteuses de Robespierre parlaient du règne de leur bon ami, qu'elles trouvaient très salutaire ; des hommes à grands sabres, qui leur avaient sans doute servi de souteneurs dans quelques lieux que la décence ne permet pas de nommer, appuyaient et partageaient les discours de ces femelles carnivores ; mais le *Réveil du peuple* est arrivé, les bons citoyens se sont répandus dans les groupes et ont imposé silence à ces furies, qui sur-le-champ ont changé de langage. Les souteneurs ont voulu résister, mais ils ont été traînés dans la boue et ensuite au Comité de sûreté générale. »

Comme jadis la *Marseillaise*, le *Réveil du peuple* va en s'enrichissant de nouveaux couplets. Après la défaite de l'insurrection de germinal, Souriguère lui-même y ajouta ces vers :

O vous, coupables égoïstes,
Et vous, lâches insouciants,
Sauvez-vous près des terroristes,
Vous endormir sur des volcans.
C'est peu de haïr le crime :
Il faut encor l'anéantir ;
Si vous ne fermez pas l'abîme,
L'abîme va vous engloutir.

L'auteur y ajouta aussi, par des changements improvisés, des allusions comme pour le mettre au courant de la politique quotidienne. « Au théâtre de la rue Feydeau (dit un rapport de police du 18 floréal), le *Réveil du peuple* a été chanté; dans un des couplets, l'auteur a fait un changement analogue à la circonstance du jugement de Fouquier-Tinville, et a dit: *Ils vont périr, ces scélérats!* Ces mots ont été applaudis avec transport et enthousiasme par le public. »

Les républicains démocrates, abasourdis par la calomnie, abandonnés par l'opinion, n'osent guère protester d'abord. Cependant, à la Gaîté, le 10 floréal, le parterre s'oppose à ce qu'on chante le *Réveil*. Mais en général les ex-jacobins sont obligés de subir ce chant en silence, de courber la tête. La *Marseillaise* se tait alors. Au théâtre de la République, le 3 germinal, quand on entend « l'organiste la toucher », il s'élève des murmures. La chanson réactionnaire triomphe insolemment et sans opposition, surtout après la défaite des démocrates en prairial. Dans les jours qui suivirent, on n'entendit plus que le *Réveil*, et à l'Opéra, le 20 prairial, on « l'applaudit pendant plus d'un quart d'heure ».

II

Quoique cette chanson glorifiât les passions et les tendances qui avaient triomphé au 9 thermidor, quoiqu'elle fût, à tout prendre, une chanson *gouvernementale*, la Convention commença à s'en effrayer au moment où elle s'effraya des progrès de la réaction politique et sociale qu'elle-même avait déchaînée. Dans les premiers jours de messidor, Souriguère, si on en croit les journaux de son parti, fut arrêté, puis relâché. Le 26 du même mois (jour anniversaire du 4 juillet), sur le rapport de Jean de Bry, la Convention, « voulant, au retour de la première époque de la liberté française, entretenir l'énergie des vrais républicains en proclamant solennellement les principes qui ont renversé la Bastille le 14 juillet et la royauté le 10 août », décréta que son *Bulletin* reproduirait le texte de la *Marseillaise* et celui du *Chant de la Liberté*, paroles de Voltaire, musique de Gossec *Peuple, éveille-toi, romps les fers*, etc.), qui venait d'être exécuté dans le lieu de ses séances; que « les airs et chants civiques qui ont contribué au succès de la Révolution seraient exécutés par les corps de musique des gardes nationales et des troupes de ligne », et que « le Comité militaire était chargé de les faire exécuter chaque jour à la garde montante du Palais national ».

Le soir même, à l'Opéra (alors théâtre des Arts), les artistes, soit par ordre, soit spontanément, voulurent chanter la *Marseillaise* : les jeunes gens les interrompirent au second couplet et les forcèrent de chanter par deux fois le *Réveil du peuple*.

Ils décidèrent ensuite de s'opposer à l'exécution du décret qui ordonnait de jouer la *Marseillaise* à la garde montante. Si l'on veut savoir à quel point l'opinion et le gouvernement étaient alors intimidés par cette jeunesse dorée, — formée en grande partie de réfractaires au service militaire et à la loi sur la première réquisition, — il faut lire, non seulement les journaux, mais le rapport de police du 28 messidor : « Hier, vers midi (y est-il dit), au moment de la garde montante, il s'est fait un grand rassemblement de jeunes gens dans la cour du Louvre, lesquels ont arrêté la troupe au moment de son entrée dans ladite cour, ayant en tête le général Menou ; ils ont demandé à grands cris que la musique jouât le *Réveil du peuple*. Le général, ne voulant pas recevoir d'ordre de leur part, dit qu'il ferait jouer toute la série des airs relatifs à la Révolution et fit commencer par les *Marseillais*. On cria aussitôt : *A bas les Marseillais !* avec menace, si elle continuait, d'arracher et briser les instruments de musique. Le général crut alors qu'il était prudent de consulter la Convention, qui passa, dit-on, à l'ordre du jour et s'en rapporta à la discrétion du général. Cependant les cris redoublaient, les esprits s'échauffaient, on faisait la motion de se battre jusqu'à la mort, plutôt que de céder. Alors le général proposa un parti qui pourrait concilier tous les esprits. Il dit au peuple : « Ai-je mérité ou « non votre confiance ? » Tous s'écrièrent que oui, qu'il était un brave général. Alors il dit : « Si j'ai « mérité votre confiance, vous devez vous en rappor- « ter à moi. Je vais faire avancer la troupe ; je la « ferai ranger sur deux colonnes ; ensuite chacun « aura satisfaction. » On y consentit. La troupe avança aux ordres du général, qui s'est mis en tête, et fit jouer aussitôt le *Réveil du peuple*. Alors chacun se mit à crier : *Vive la nation! Vive le général Menou! A bas les terroristes et les Jacobins!* et le rassemblement se dispersa. »

La Convention n'avait pas rapporté son décret. Mais, pendant que le général parlementait ainsi avec les factieux, Jean de Bry avait donné à la tribune quelques explications qui atténuaient un peu la portée de la mesure votée la veille, à laquelle on renonça en fait : le lendemain, la *Marseillaise* ne fut pas jouée à la garde montante.

Les jeunes gens triomphèrent de cette reculade : ils se rendirent dans tous les théâtres et y firent chanter le *Réveil du peuple*.

Alors les Comités de salut public et de sûreté générale, n'osant encore imposer la *Marseillaise* aux théâtres, prirent le parti, par un arrêté du 28 messidor, d'interdire le chant ou la lecture « d'autres airs, chansons et hymnes » que ceux qui faisaient partie intégrante des pièces à jouer. Le soir même, les jeunes gens n'en forcèrent pas moins les artistes de l'Opéra à chanter le *Réveil* (1). Puis, les soirs

____

(1) Ils affectaient encore de n'en vouloir qu'aux républicains, et non à la République. Un de leurs journaux, le *Messager du soir* du 6 thermidor, s'exprime ainsi : « Quelques anecdotes prouvent que la très grande majorité des jeunes gens qui s'étaient réunis à l'Opéra, pour chanter le *Réveil du peuple*, était républicaine. Pendant la représentation d'*Iphigénie*, lorsqu'un des personnages prend la couronne de Clytemnestre, une voix s'est fait entendre des troisièmes loges : *Mettez la couronne!* A l'instant une partie du parterre s'est levée en criant : *A bas le Jacobin! A bas le royaliste!* »

suivants, ils le chantèrent eux-mêmes dans tous les spectacles. Les Comités firent entourer les théâtres de force armée à cheval ; mais cet appareil n'intimida pas les chanteurs, et le gouvernement prit le parti de les laisser faire.

Quelques républicains furent moins patients. Le 29 messidor au soir, les jeunes gens étant venus chanter le *Réveil* à la porte du conventionnel Louvet, celui-ci riposta en entonnant le couplet : *Allons, enfants de la patrie*. Les muscadins crièrent : *A bas les louveteaux ! A bas la belle Lodoïska ! A bas les gardes du corps de Louvet !* La force armée dut intervenir.

La querelle entre la *Marseillaise* et le *Réveil* devint dès lors très vive et sembla partager Paris en deux camps. Les militaires, alors républicains, tenaient pour la *Marseillaise*. « Les jeunes gens, dit le *Courrier républicain* du 2 thermidor an III, veulent chanter le *Réveil du peuple* ; les militaires s'y opposent ; les jeunes gens insistent ; les militaires mettent le sabre à la main ; les jeunes gens se précipitent sur les sabres et repoussent les militaires. » Au Palais-Royal, le 18 du même mois, un « jeune militaire ayant chanté la *Marseillaise*, nombre de jeunes gens tombèrent sur lui, en chantant le *Réveil*, et le maltraitèrent. En vain, dit le *Courrier républicain* du 5 thermidor, « Paris se tapisse d'affiches, dont la louable intention est de rétablir l'union entre les partisans de la chanson des Marseillais et les amis du *Réveil du peuple* ». On se moque de ces affiches, qui veulent concilier les inconciliables, et dont on attribue la rédaction au gouvernement. La Convention confirme elle-même cette hypothèse, en permettant qu'on chante devant elle, à la fête anniversaire du 9 thermidor, les deux chants ennemis.

À la fête anniversaire du 10 août (23 thermidor an III), on ne chanta ni la *Marseillaise* ni le *Réveil*. On entendit seulement la Samaritaine carillonner tour à tour, impartialement, le *Ça ira*, la *Marseillaise* et le *Réveil*.

La querelle s'était un peu calmée au théâtre et dans la rue. Mais elle continuait dans la presse par une sorte d'échange de parodies, soit ironiques, soit sérieuses, des deux chansons rivales. C'est alors que l'idée vint aux républicains de modifier, de refaire le *Réveil du peuple* à leur profit. Déjà à Trévoux, devant les représentants en mission Poullain-Grandprey, Ferroux et Despinassy, « le jour de la double fête du 9 thermidor et de la paix signée avec l'Espagne », on avait chanté ces deux couplets sur l'air du *Réveil* :

> Fille du ciel ! paix adorée !
> Toi qui ramènes l'âge d'or,
> Viens joindre l'olive sacrée
> Aux palmes du 9 thermidor !
> Qu'au char brillant de la victoire
> Ta main couronne le vainqueur.
> De Mars il a reçu la gloire :
> Il attend de toi le bonheur.

> Oui, nous ferons une hécatombe
> Des brigands ligués contre nous;
> Mais la justice sur leur tombe
> Ne gémira point de nos coups.
> Trop forts pour ne pas être braves,
> Deviendrions-nous assassins ?
> Le poignard convient aux esclaves,
> Et les lois aux républicains.

Une feuille républicaine, d'allure très vive, *le Journal du bonhomme Richard*, publia plusieurs « adaptations » du *Réveil*. La première, dans le numéro du 24 thermidor an III, intitulée : *Vœux d'un bon citoyen*, roulait sur cette idée qu'il faut sans doute punir aussi bien les terroristes que les républicains, mais pardonner aux terroristes qui ne sont qu'égarés :

> Que le lâche assassin périsse,
> Que le brigand soit déporté ;
> Mais que l'homme égaré bénisse
> Le règne de l'humanité.

La seconde, dans le numéro du 29, réclamait en cinq strophes, par la plume du citoyen Bellemare, une sorte de nouveau baiser Lamourette :

> Sur nos discordes intestines
> Jusqu'à quand faudra-t-il gémir ?
> Peuple, sous tes propres ruines,
> Peux-tu t'abîmer sans frémir ?
> C'est le sein même de ta mère
> Que tes poignards osent percer,
> Et le frère opprime son frère,
> Au lieu de courir l'embrasser.

Mais voici que l'audace des royalistes s'accroît, en fructidor. Ils préparent évidemment un coup de force. Le *Bonhomme Richard* change de ton. Ce sont maintenant d'agressifs *Réveils* qu'il publie. Le 6 fructidor, un *Réveil de l'Humanité* menace en ces termes les royalistes de mort :

> En écrasant les terroristes,
> Les fripons, les assassins,
> Nous frapperons les royalistes,
> Avides du sang des humains ;
> De ces monstres dont la furie
> N'en veut qu'à notre liberté
> Nous délivrerons la patrie,
> Sans outrager l'humanité.

Le lendemain, dans le même *Bonhomme*, cette parodie de la *Marseillaise* engage les républicains à préférer la patrie aux hommes :

> Amis, au point où nous en sommes,
> Combien il faut se défier
> Et ne pas croire à tous ces hommes
> Qu'on se plaît à déifier.
> La liberté nous y convie,
> Et nous répète à tout moment
> De n'idolâtrer constamment,
> De n'adorer que la patrie.

Veillons donc, citoyens, nos amis, nos parents.
Veillons (*bis*), si nous voulons écraser les tyrans.

Le 21 fructidor, le *Bonhomme Richard* recommence ses parodies du *Réveil* et publie un *Réveil de la justice* :

> Quel est le nouveau terrorisme
> Inventé par des scélérats ?
> Je le vois, c'est le royalisme,
> Le pire des assassinats.
> Grand Dieu ! Quelle figure horrible !
> Il lance un regard effrayant
> Sur le républicain paisible,
> Dont il va poignarder le flanc !

Puis il se calme un peu. Le 24, il conseille de rire des factieux :

> Laissez ces pauvres terroristes
> Qui meurent de rage et de peur,
> Et ces sublimes royalistes,
> Plus gonflés d'orgueil que d'honneur.
> Collets noirs et vertes cravates,
> Crins saupoudrés ou sans apprêts..,
> Riez de ces allures plates,
> Et redevenez Français.

> Merveilleux, jouant les victimes
> En cadenettes retroussés,
> Gardez ces froides pantomimes
> Pour les veuves des trépassés.
> Vos brunes à perruques blondes
> Vous estiment ravissants... Mais
> Que fait pour le bonheur du monde
> La cadenette d'un Français ?

Il y a même, dans le numéro du 27, un retour aux idées de conciliation :

> Ne traitons pas de terroriste
> Tout républicain exalté ;
> N'appelons donc pas royaliste
> Tout patriote modéré.

> O Français ! peuple magnanime,
> Avec moi chantez tous en chœur :
> Paix à la vertu, guerre au crime!
> Mais nous pardonnons à l'erreur.

Mais il s'agit bien de pardon ! La conspiration royaliste va éclater, la guerre civile est imminente. Le *Bonhomme Richard* du 12 vendémiaire an IV, continuant ses parodies, dénonce ce danger « aux amis de la liberté et de la paix » :

> Parce qu'une bande féroce
> Poignardait au nom de Brutus,
> Faut-il qu'une autre bande atroce
> Assassine au nom de Jésus ?
> Et, parce qu'un glaive anarchique
> Nous a plongés dans un long deuil,
> Sous la potence despotique
> Faut-il nous creuser un cercueil ?
>
> Pourquoi ces crucifix sans nombre
> Ressuscités chez les marchands ?
> Si le fanatisme, dans l'ombre,
> A subjugué l'homme des champs,
> Croit-il de même, au sein des villes,
> Armer l'ami contre l'ami ?
> Non, non, point de guerres civiles !
> Jamais de Saint-Barthélemy !

De leur côté, les royalistes parodient la *Marseillaise* avec une âpreté injurieuse, et, dans un « hymne aux patriotes de 89 », que publie le *Messager du soir* du 7 vendémiaire, on lit cette strophe outrageante :

> Allons, vainqueurs du deux septembre,
> Échappés au courroux des lois,
> Des freluquets parfumés d'ambre
> Triomphons encore une fois.
> Armons-nous, voilà nos victimes !
> Il faut un généreux effort,
> Si nous voulons donner la mort
> A tous les témoins de nos crimes !
> Des poignards, mes amis ! Dressons des échafauds !
> Couvrons (*bis*) le sol français de morts et de bourreaux !

Cependant, dans ces jours de fièvre qui précèdent l'insurrection royaliste du 13 vendémiaire an IV, la querelle de la *Marseillaise* et du *Réveil* est redescendue dans la rue, plus furieuse que jamais. Un témoin oculaire écrit, le 6 vendémiaire, au *Messager du soir* : « Hier, à 9 heures du soir, un groupe de généraux, d'épauletiers à panaches, à chapeaux brodés, et de quelques individus portant l'habit militaire et le chapeau ciré, au nombre d'environ trente, accompagnés d'une quarantaine de terroristes, sont entrés au Jardin-Égalité, bras-dessus bras-dessous, ivres d'eau-de-vie et regorgeant les copieux diners des gouvernants. Ils hurlaient la *Marseillaise* et surtout son refrain : *Qu'un sang impur*, etc., criant : *A bas les royalistes !* Les jeunes gens, sans armes et peu nombreux, bientôt accoururent à ces chants horribles, dont le souvenir est si agréable aux terroristes. Bientôt ils entonnent le *Réveil du peuple*. Leurs antagonistes crient à tue-tête : *A bas les royalistes !* On leur répond que ces royalistes ont accepté la Constitution à l'unanimité, qu'on ne veut pas plus de dictateur royal que de dictateurs militaires. Ils répondent par les cris de : *Vive la Convention !* On fait retentir les cris de : *Vive la République !* Les sabres des généraux brillent, frappent ces jeunes gens désarmés. Les chaises servent d'armes défensives. Elles volent aux jambes des terroristes. Les patrouilles arrivent ; elles en arrêtent quelques-uns ; les autres fuient... »

III

Après le 13 vendémiaire, quand les royalistes eurent été écrasés, ce fut le triomphe officiel de la *Marseillaise*. Un arrêté des Comités de salut public et de sûreté générale autorisa les directeurs de spectacles à la faire jouer, ainsi que le *Chant du Départ*. Elle fut aussitôt demandée et jouée dans quelques théâtres, et, d'autre part, des groupes de militaires parcoururent le Palais-Royal en la chantant, sans que le *Réveil* ripostât.

Le *Journal du bonhomme Richard* recommença à parodier la chanson réactionnaire. Le 20 vendémiaire il publia un *Anti-Réveil du peuple*, par François-Marie Mercier, de Rochefort (Puy-de-Dôme), où il excitait ainsi les vainqueurs contre les vaincus :

> Républicains, dont le courage
> Vainquit la horde des brigands,
> Vous souffririez que l'esclavage
> Fût réservé pour ses vieux ans !

Quand vous exposez votre vie
Pour la défense de nos droits,
Des royalistes en furie
Oseraient vous dicter des lois ! (*bis*)

Non, non, que ces tigres féroces
Tombent sous leurs propres fureurs !
Qu'ils voient leurs projets atroces
Anéantis par les vainqueurs !
Tendez une main protectrice
A vos frères, à vos amis ;
Venez terminer leurs supplices,
Et que leurs bourreaux soient punis.

Trois jours plus tard, le même journal publia sous ce titre : *Le Réveil du peuple avec quelques amendements essentiels*, cinq strophes par Louis Dubois, citoyen de Lisieux, dont voici la dernière :

Nous jurons à la République
De livrer au glaive des lois
Le brigand, soutien frénétique
Ou des décemvirs ou des rois.
Plus de haines, plus de vengeance ;
Français, amis, plus de terreur ;
En rappelant la tolérance,
Nous pardonnerons à l'erreur.

Enfin le *Bonhomme* du 7 frimaire an IV donna une *Parodie du Réveil du peuple*, par Barrière, lieutenant au 5ᵉ bataillon de la Dordogne, qui se terminait ainsi :

Et vous, représentants augustes,
Cherchant toujours la vérité,
Soyez humains, mais soyez justes,
Et soutenez la liberté.
Tout en frappant le terrorisme,
Songez qu'il existe toujours
Des partisans du royalisme
Et qu'ils s'accroissent tous les jours.

La Convention avait terrorisé les royalistes. Quand elle eut disparu, quand le Directoire fut installé, ils relevèrent la tête, et la querelle des chansons recommença. Des rixes et des « combats à coups de poing » eurent lieu, le 9 brumaire an IV, au théâtre de la rue Feydeau, entre ceux qui voulaient faire chanter la *Marseillaise* et ceux qui s'y opposaient. Aux Italiens, la *Marseillaise* est mal accueillie : on la siffle. Les républicains, qu'on appelle maintenant les *exclusifs*, parce qu'ils se disaient exclusivement patriotes, la font chanter de force au théâtre de la République; mais il y a de vives protestations. Toutefois les rôles sont changés : dans cette nouvelle querelle, c'est maintenant la *Marseillaise* qui a le dessus, même en province. Ainsi, au théâtre d'Amiens, le 26 brumaire, elle excite « les cris mille fois répétés de *Vive la République !* », et les « messieurs », effrayés, quittent la salle. Mais cette victoire de la *Marseillaise* n'est pas définitive : les jeunes gens osent aller la siffler au théâtre de la République et, en frimaire, les femmes de la halle chantent des couplets nettement royalistes.

Alors le Directoire, s'engageant dans une politique à la fois puérile et dangereuse, voulut imposer la *Marseillaise* et proscrire le *Réveil*. Son arrêté, en date du 18 nivôse an IV, marque un des épisodes les plus curieux dans l'histoire des tentatives gouvernementales pour forcer l'esprit public. Le voici : « Tous les directeurs, entrepreneurs et propriétaires des spectacles de Paris sont tenus, sous leur responsabilité individuelle, de faire jouer chaque jour par leur orchestre, avant la levée de la toile, les airs chéris des républicains, tels que la *Marseillaise, Ça ira, Veillons au salut de l'Empire* et le *Chant du départ.* Dans l'intervalle des deux pièces, on chantera toujours l'hymne des Marseillais ou quelques autres chansons patriotiques. Le théâtre des Arts donnera, chaque jour de spectacle, une représentation de l'*Offrande à la Liberté*, avec ses chœurs ou accompagnements, ou quelques autres pièces républicaines. Il est expressément défendu de chanter, laisser ou faire chanter l'air homicide *le Réveil du peuple.* Le ministre de la police générale donnera les ordres les plus précis pour faire arrêter tous ceux qui, dans les spectacles, appelleraient par leurs discours le retour de la royauté, provoqueraient l'anéantissement du Corps législatif, ou du pouvoir exécutif, exciteraient le peuple à la révolte, troubleraient l'ordre ou la tranquillité publique, et attenteraient aux bonnes mœurs. Le ministre de la police mandera, dans le jour, tous les directeurs et entrepreneurs de chacun des spectacles de Paris ; il leur fera la lecture du présent arrêté, leur intimera, chacun à leur égard (*sic*), les ordres qui y sont contenus ; il surveillera l'exécution pleine et entière de toutes ses dispositions et en rendra compte au Directoire. »

Les ordres du Directoire furent exécutés, et les républicains eurent le plaisir d'entendre Gaveaux lui-même chanter la *Marseillaise* à Feydeau. Mais il y eut des murmures, du trouble. Le *Réveil du peuple*, oublié depuis le 13 vendémiaire, reparut, maintenant qu'on le proscrivait officiellement. On le chanta dans les rues de Versailles le 10 pluviôse, ce qui d'ailleurs valut des coups de bâton aux chanteurs (1).

Au théâtre, les acteurs affectèrent de chanter froidement les chants républicains. Bientôt les royalistes adoptèrent, et avec un grand succès, une nouvelle tactique. Ils tournèrent la *Marseillaise* contre le Directoire et les républicains, en y faisant des « applications » à contresens. Ainsi ils applaudissaient avec transport le couplet : *Tremblez, tyrans,* de manière à désigner les cinq Directeurs, et aux mots :

> Contre nous de la tyrannie
> L'étendard sanglant est levé,

(1) Tous ces faits, quand je n'en indique pas la source, sont empruntés aux rapports de police que j'ai publiés dans mon recueil : *Paris pendant la réaction thermidorienne et sous le Directoire.*

c'était chez les muscadins un délire d'enthousiasme. Les républicains ripostaient en couvrant d'applaudissements frénétiques le couplet :

Amour sacré de la patrie.

Si bien qu'en pluviôse an IV il se produisit ce phénomène singulier que, soit ironiquement, soit sérieusement, la *Marseillaise* était applaudie par tous les partis, comme le constatent le *Gardien de la Constitution* du 2 pluviôse et la *Gazette française* du 17.

Cette unanimité se rompit bientôt. Irrités d'entendre appliquer au Directoire le *Tremblez, tyrans*, les républicains substituèrent au mot *tyrans* le mot *chouans*, et chantèrent à tue-tête ou forcèrent les acteurs de chanter : *Tremblez, chouans*. Les militaires s'en prirent aux applaudisseurs ironiques. On lit dans le rapport du 24 pluviôse : « Un citoyen placé aux premières loges (au théâtre de la rue Louvois), ayant été remarqué pour avoir applaudi dérisoirement, a été arrêté par un militaire, qui est sorti exprès de l'orchestre et qui l'a conduit lui-même chez l'officier de police. » Cette arrestation ne fut pas maintenue. Mais le Directoire, par un arrêté du 25 pluviôse, considérant que le but essentiel des théâtres est de « concourir, par l'attrait même du plaisir, à l'épuration des mœurs et à la propagation des principes républicains », menaça de fermeture les spectacles où il se produirait des manifestations royalistes. Le 11 ventôse, le ministre de la police arrêta qu'on fermerait « tous les théâtres dans lesquels il se manifesterait des oppositions aux chants patriotiques ». Le théâtre Feydeau fut fermé pour quelques jours.

La *Marseillaise* fut alors chantée par les acteurs avec une froideur et une indifférence de plus en plus marquées. Les royalistes affectaient de bâiller en l'entendant; parfois ils osaient la siffler. Au Vaudeville, le 20 ventôse, on entendit même fredonner dans la salle le *Réveil du peuple*. Mais ce *Réveil* semble déjà suranné. Il ne correspond plus aux deux tendances politiques du jour les plus vives, l'une babouviste, l'autre nettement royaliste. Les ennemis de la République sentent le besoin de composer un autre *Réveil*, et un journal muscadin, *le Tableau de Paris* (n° 141, ventôse an IV), publia un *Réveil des jeunes Français*, où il provoquait en ces termes l'assassinat des républicains, en invoquant Charlotte Corday :

> Que dis-je? Au transport qui m'anime
> Qu'ils tremblent, ces vils assassins,
> Et, s'il faut être leur victime,
> Mourons, en leur perçant le sein.
> O toi, dont l'exemple m'enflamme,
> Viens, Charlotte, affermir mon bras;
> Viens et grave au fond de mon âme
> L'arrêt de mort des scélérats.

Mais ni ce nouveau *Réveil* ne devint populaire, ni l'ancien ne reparut dans les théâtres ou dans la rue (sauf longtemps après, en l'an V, le 26 messidor, dans la fête anniversaire de la prise de la Bastille, où quelques jeunes gens le chantèrent encore, et ultérieurement dans quelques rares échauffourées) (1). D'autre part, la *Marseillaise* et les autres chants patriotiques, dépopularisés parce que la police les protège et les impose, ne parurent plus exciter, dans les théâtres, que des sentiments d'ennui. En messidor, plusieurs directeurs de spectacle osèrent les omettre. Le Directoire les laissa faire. A la date du 1er thermidor an IV, les chants patriotiques avaient disparu de tous les spectacles. On ne les y entendit de nouveau qu'après le 18 fructidor, quand le parti républicain releva la tête, et alors c'est spontanément, avec enthousiasme, sans contradiction, qu'ils furent chantés et applaudis.

Ainsi prend fin cette longue et bruyante querelle de la *Marseillaise* et du *Réveil du peuple*. D'autres

(1) Par exemple en l'an VII, quand le danger de la patrie fit réapparaître pour un instant quelques formes de la Terreur. Ainsi on lit dans un rapport mensuel du bureau central du canton de Paris que, le 24 messidor an VII, « un rassemblement se forma après le spectacle, sur le boulevard Italien, à l'endroit dit *Coblentz*, où l'on chanta en chœur le *Réveil du Peuple*, ce qui jeta l'alarme dans le quartier, au point que les boutiques furent fermées ; mais ceux qui composaient ce rassemblement s'enfuirent à l'approche de quelques citoyens qui passèrent en chantant des airs patriotiques. » (Arch. nat., BB³ 90 et F⁷ 3817). Rapport du bureau central du 12 thermidor : « Un jeune homme qui s'était introduit dans la salle de la Société (du Manège) se permit, le 10, d'y chanter le *Réveil du peuple* ; il fut arrêté sur-le-champ, conduit chez le commissaire de police et de là amené au bureau central pour y être interrogé. » (Arch. nat., BB³ 90).

chansons politiques passionnent, pour un temps, les Parisiens ; c'est d'abord la socialiste *Chanson nouvelle à l'usage des faubourgs* par Sylvain Maréchal), où le peuple est représenté « mourant de faim, ruiné, tout nu, avili, vexé » ; ce seront ensuite les chansons royalistes d'Ange Pitou, amusement de la bourgeoisie frondeuse et égoïste. Puis reparaîtront, surtout aux heures de péril national, en l'an VII, la *Marseillaise* et le *Ça ira*, et, quant au *Réveil du peuple*, qui à un moment avait fait vibrer toute la France, on l'entendit de moins en moins et il s'effaça peu à peu de la mémoire des Français.

C'est qu'il n'avait exprimé que des passions éphémères, sans avenir, antihistoriques, que d'impuissantes et inintelligentes velléités de rétrogradation, au lieu que la *Marseillaise* chantait un progrès vraiment historique, une victoire fondée sur la raison, non pas seulement une victoire française, mais une victoire humaine.

Ce caractère cosmopolite du chant de Rouget de Lisle se marque bien dans cette lettre qu'un Belge, Norbert Cornelisson, écrivait de Bruxelles au journal *le Rédacteur*, le 6 pluviôse an IV : « Il y a de la mauvaise foi à dire qu'on ne chante cet hymne qu'en France ; on le chante partout où se trouvent des amis de la liberté ; l'air, les accompagnements se chantent partout où l'on n'est pas insensible aux charmes de la musique. J'ai chanté, j'ai entendu chanter les airs chéris des Français par des Français, par des Italiens à Rome, et cela dans le temps même que les poignards s'aiguisaient pour le massacre de Bassville. La *Marseillaise* se chantait à Florence, dans le voisinage du ministre anglais Harvey, qui alors y était tout-puissant. J'ai entendu exécuter l'air de la *Marseillaise* à Mayence, huit mois après la prise de cette ville par les Prussiens, en présence d'une garnison de 6.000 hommes, rangés en parade, en présence de plus de 150 officiers de tout grade, parmi lesquels des généraux, qui le firent répéter jusqu'à trois fois, tout en paraissant avoir l'air de ne pas s'apercevoir du dépit et de l'embarras que ça causait aux émigrés présents. J'ai eu le plaisir moi-même, à Lillo-sur-l'Escaut, plusieurs jours avant l'arrivée des Français, de faire enrager les nobles corps de Choiseul et de Béthisy, en faisant répéter cent fois par jour les airs patriotiques par la musique attachée à plusieurs bataillons hanovriens campés dans cet endroit. Cela ne me coûtait qu'une canette de bière ou un seau d'eau pure, qui y était rare, et j'avais encore le plaisir de voir mes ducs et mes marquis, comme les chiens anhélants, convoiter quelques gouttes d'eau, le prix de la *Marseillaise*. »

Voilà les états de service européens que les partisans de la *Marseillaise* opposaient aux vociférateurs du *Réveil du peuple*, et dans cette querelle même on se rappela que ce chant de liberté, quoique domestiqué alors par le Directoire, avait été naguère le chant d'espérance de l'humanité civilisée.

1ᵉʳ octobre 1899.

VI

BONAPARTE ET LES POIGNARDS
DES CINQ-CENTS

Est-il vrai que, le 19 brumaire an VIII, à Saint-Cloud, dans la salle de l'Orangerie, Bonaparte faillit périr assassiné ? Est-il vrai que les députés au Conseil des Cinq-Cents le menacèrent de leurs poignards et l'eussent tué, si deux grenadiers ne lui avaient fait un rempart de leurs corps ? Affirmé solennellement par Bonaparte devant la France et la postérité, à demi confirmé d'abord par le silence des contemporains, démenti ensuite par quelques-uns de ces contemporains, mais après la chute de Bonaparte, contesté de nos jours par des écrivains très informés comme MM. Lanfrey et Paschal Grousset, mais dans un esprit d'opposition à Napoléon III, ce fait s'offre encore à nous sous l'aspect d'une légende que la passion seule aurait critiquée et qui renferme peut-être une part de vérité. Si ce n'était là qu'un épisode anecdotique de la tragi-comédie de brumaire, il y aurait un intérêt médiocre à en discuter la réalité. Mais cet épisode hâta le dénouement et de la sorte influa sur les destinées de la France; il n'est donc pas inutile de réunir les textes qui prouvent que le prétendu assassinat de Bonaparte ne fut qu'une fable inventée de toutes pièces pour faciliter le coup d'État.

I

Si sceptique que fût devenue l'opinion publique au moment de la chute du Directoire, il était vraiment bien difficile qu'au premier abord elle élevât le moindre doute sur la réalité d'un fait aussi officiellement annoncé.

C'est dans l'après-midi du 19 brumaire, probablement vers 4 heures, que Bonaparte était entré dans la salle des Cinq-Cents à Saint-Cloud (1). Le soir même, au plus tard à 10 heures (2), le ministre de la police Fouché envoya des agents dans les principaux cafés et dans les théâtres; ils y lurent à haute voix un avis officiel portant que le général Bonaparte avait failli être assassiné aux Cinq-Cents et que « le génie de la République avait sauvé le général ». On s'indigna et on applaudit (3). Quelles brutes

(1) D'après la plupart des journaux, c'est à 2 heures que commença la séance des Cinq-Cents, et c'est vers 5 heures que les députés furent chassés de la salle.

(2) C'est à 10 heures que les ordonnances de police prescrivaient la fermeture des spectacles.

(3) *Propagateur* du 20 brumaire.

sanguinaires que ces Jacobins ! Quelle fureur stupide d'avoir voulu tuer le héros chéri de la France ! Et le bon bourgeois parisien s'endormit en maudissant le fanatisme inepte des terroristes. Quand il se réveilla, les murs de Paris étaient couverts d'affiches intitulées : *Proclamation du général Bonaparte, le 19 brumaire, 11 heures du soir* (1). Bonaparte y racontait son coup d'État, à sa façon, insistant surtout sur le danger qu'il avait couru :

Plusieurs députés du Conseil des Cinq-Cents, armés de stylets et d'armes à feu, font circuler autour d'eux des menaces de mort.

Je me présente au Conseil des Cinq-Cents, seul, sans armes, la tête découverte, tel que les Anciens m'avaient reçu et applaudi ; je venais rappeler à la majorité ses volontés et l'assurer de son pouvoir.

Les stylets qui menaçaient les députés sont aussitôt levés sur leur libérateur ; vingt assassins se précipitent sur moi et cherchent ma poitrine ; les grenadiers du Corps législatif, que j'avais laissés à la porte de la salle, accourent, se mettent entre les assassins et moi. L'un de ces braves grenadiers (*Thomé*) est frappé d'un coup de stylet dont ses habits sont percés. Ils m'enlèvent.

Au même moment, les cris de *Hors la loi !* se font entendre contre le défenseur *de la loi.* C'était le cri farouche des assassins contre la force destinée à les réprimer.

Parmi ces *chevaliers du poignard,* comme les appela

publiquement le président Lucien (1), on nommait le plus furieux, celui qui avait blessé le brave Thomé; c'était un Corse, Barthélemy Aréna, dont Bonaparte avait dénoncé l'improbité (on le confondait avec son frère). Et qui nommait ainsi Aréna? Un grave et officiel personnage, Henri Fargues, membre de la Commission des inspecteurs de la salle aux Cinq-Cents (2).

Quelques jours après parut le procès-verbal de la séance des Cinq-Cents. On y lisait :

Ils s'élancent sur lui, prêts à l'atteindre, les uns armés de pistolets et de poignards, les autres le menaçant de la main. Deux des grenadiers de la garde du Corps législatif, accourus au bruit de cet effroyable désordre, lui font un rempart de leurs corps et le dérobent aux coups des assassins, qui ne dissimulent pas leur rage et exhalent hautement leurs regrets de n'avoir pu le poignarder.

Cela était signé : Lucien Bonaparte, président; Émile Gaudin, Bara (des Ardennes), secrétaires.

Les journaux racontèrent que les deux grenadiers avaient dîné chez le général et que la citoyenne Bonaparte avait embrassé Thomé, en lui faisant don d'une bague d'un grand prix (3).

(1) Discours de Lucien Bonaparte aux soldats. — Buchez et Roux, t. XXXVIII, p. 219.

(2) *Moniteur* du 21 brumaire, p. 199, col. 3.

(3) « Thomas Thomé, grenadier du Corps législatif, qui a eu la manche de son habit déchirée en garantissant Bonaparte du coup de stylet qui lui était destiné, et l'autre grenadier qui a pris le général dans ses bras, ont dîné le 20 et

Une loi du 19 brumaire déclara que les grenadiers qui avaient couvert le général Bonaparte de leurs corps et de leurs armes avaient bien mérité de la patrie. Par une autre loi du 3 nivôse suivant, deux de ces grenadiers, Thomas Thomé et Edme-Jean-Baptiste Pourée, reçurent chacun une pension de 600 francs à titre de récompense nationale.

Comment le public n'aurait-il pas cru à un fait qu'attestaient ainsi et le gouvernement et les lois?

II

Aucun des journalistes qui avaient assisté à la séance des Cinq-Cents n'osa démentir la fable officielle, qu'on vit s'étaler jusque dans les rares journaux hostiles au coup d'État (1). Cependant le député Aréna, nommément désigné par Fargues, écrivit, le 20 brumaire, au *Journal des Républicains* une lettre de protestation dont cette feuille, organe des ex-jacobins, inséra les extraits suivants (n° du 23 brumaire) :

déjeuné le 21 avec lui. La citoyenne Bonaparte a embrassé Thomas Thomé et lui a mis au doigt un diamant de la valeur de 2.000 écus. » (*Moniteur* du 23 brumaire an VIII, p. 216, col. 3.)

1 Cependant ces journaux, dans leur compte rendu de la séance, ne relatèrent pas le prétendu incident des coups de poignard. Voir le *Journal des Républicains* (ci-devant *Journal des hommes libres*) et le *Bien Informé*.

On vient d'annoncer que, dans la séance du 19 de ce mois, tenue dans l'Orangerie de Saint-Cloud, je me suis lancé, avec un poignard ou un pistolet, sur le général Bonaparte et qu'un grenadier a saisi l'arme dont je voulais le frapper.

Ce fait est faux. Je suis opprimé et proscrit ; mais je dois m'élever pour repousser une calomnie aussi atroce.

J'étais dans ce moment placé auprès de la porte qui donne sur le parc de Saint-Cloud et, par conséquent, à l'extrémité opposée de la salle par où le général est entré...

Le général venait de sortir. Je n'ai pu le voir, ni l'escorte qui le suivait.

Lucien Bonaparte et Chabaud-Latour m'ont vu auprès du bureau : j'invoque leur témoignage...

J'invoque aussi le témoignage du général lui-même.

Placé au Corps législatif par la Constitution de l'an III, je devais la défendre avec courage...

J'ai rempli ma tâche. Je suis compris dans la liste d'exclusion et je n'ai rien à dire de plus.

Aréna niait sa participation à la tentative d'assassinat, et on crut à son démenti ; mais il ne démentait pas la tentative elle-même, et le silence des témoins oculaires, en présence d'une si grossière imposture, serait presque incroyable, si on ne se rappelait que presque toute la France se rallia à l'ordre nouveau, que l'on crut alors à une concorde universelle, à l'achèvement pacifique de la Révolution : c'est certainement par une sorte de patriotisme que personne ne voulut, quoique la presse fût à peu près libre, gâter la joie publique en dévoilant ce mensonge d'État et déconcerter les espérances nationales en jetant un jour fâcheux sur le caractère du héros.

Tout le monde alors, sauf une élite de républicains comme Delbrel, croyait en Bonaparte, ce glorieux soldat républicain, si jeune et si sage : il s'entourait de penseurs, de savants, des héritiers de l'*Encyclopédie*; son coup d'État patriotique avait eu pour complice presque tout l'Institut national, et son épée semblait s'être mise au service de la philosophie du xviiie siècle.

Quand plus tard et peu à peu Bonaparte devint un despote, ces témoins fâcheux se trouvèrent domestiqués ou bâillonnés. Il n'y avait plus de presse libre, et ce n'est qu'après la chute de l'Empire qu'on osa démentir la fable de l'assassinat.

Le gendarme Méda avait avancé dans la carrière militaire comme prétendu assassin de Robespierre : les deux grenadiers du 19 brumaire *avancèrent* comme prétendus sauveurs de Bonaparte.

Voici, d'après les archives du ministère de la guerre, les états de service de Thomé :

THOMÉ (Thomas), né le 1er octobre 1773, à Monthermé (Ardennes).

Soldat au 2e bataillon du 81e régiment d'infanterie 1er mars 1793.

Passé à la garde de la représentation nationale, 6 ventôse an IV.

Sous-lieutenant à la 99e demi-brigade de ligne (devenue en 1803, 96e d'infanterie), 8 nivôse an VIII.

Capitaine, 4 mars 1809.

Retraité, 11 juin 1812. Retiré à Landau.

Campagnes : 1793, 1794, 1795, 1796, 1797, 1798 et 1799, aux différentes armées ; 1800, armée d'Italie (Marengo), 1805, 1806, 1807, grande armée ; 1808, 1809, 1810, 1811, armée d'Espagne.

Blessures { blessé, le 19 brumaire an VIII, à Saint-Cloud; blessé à la bataille de Marengo, 14 juin 1800.

Décoration : chevalier de la Légion d'honneur, 26 prairial an XII.

Action d'éclat : À l'affaire de Saint-Cloud, le 19 brumaire an VIII, a couvert de son corps et de ses armes le général Bonaparte et l'a préservé du coup de poignard de ses assassins en recevant au bras le coup qui était dirigé contre lui.

Nous ne savons quand mourut Thomé; la date de la mort de Pourée nous est également inconnue; mais il semble avoir survécu à son camarade, et, quoi qu'il en soit, sa carrière est à peu près la même :

Pourée (Edme-Jean-Baptiste), né le 18 février 1772, à Vincennes.

Cavalier au 24e de cavalerie, 1er octobre 1792.

Grenadier dans la garde de la représentation nationale, 7 nivôse an VII.

Caporal, 9 floréal an VII.

Sergent, 15 pluviôse an IX.

Lieutenant au 70e régiment d'infanterie, 19 juillet 1808.

Nommé major de tranchée au siège de Saragosse, 29 décembre 1808.

Capitaine, 7 septembre 1811.

Retraité, 12 septembre 1814. Retiré à Vincennes.

Campagnes : 1793, 1794, 1795, 1796, 1797, aux armées; 1880, armée d'Italie (Marengo); 1805, 1806, 1807, grande armée; 1808, 1809, 1810, 1811, 1812, armée d'Espagne; 1813. Saxe.

Décoration : chevalier de la Légion d'honneur, 14 mars 1806.

Action d'éclat : A l'affaire de Saint-Cloud, le 19 brumaire an VIII, a couvert de son corps et de ses armes le général Bonaparte et l'a préservé du poignard de ses assassins.

III

C'est en suivant la carrière du grenadier Pourée que nous arrivons aux preuves éclatantes qui détruisent la légende.

Sous la Restauration, une législation nouvelle empêcha Pourée de cumuler avec sa pension de retraite la pension qu'il avait reçue en l'an VIII pour avoir « sauvé » Bonaparte. Il osa demander au gouvernement de Louis XVIII qu'on fît en sa faveur une exception aux lois sur le cumul, et il ne semble pas que cette audace ait scandalisé outre mesure les royalistes : la journée du 18 brumaire n'avait-elle pas fait avorter en partie la Révolution ?

Dans la séance de la Chambre des députés du 5 avril 1819, M. Brun de Villeret, rapporteur de diverses pétitions, s'exprima ainsi :

Le sieur Pourée, à Paris, demande qu'il lui soit permis de cumuler jusqu'à concurrence de 1.200 francs sa pension militaire et une pension qui lui a été accordée à titre de récompense nationale.

Le capitaine Pourée n'est autre, Messieurs, que le grenadier qui, le 18 (*sic*) brumaire, à Saint-Cloud, sauva la vie à Bonaparte. Ce fait est assez connu, et, quelle que soit l'amertume des souvenirs qu'ont laissés dans notre esprit les dernières années de la domination tyrannique de Napoléon, on se rappellera toujours avec intérêt du (*sic*) dévouement d'un militaire qui, en conservant les jours de son général en chef, contribua fortement à une révolution alors vivement désirée de toute la France.

Renvoyée à la Commission du budget, la pétition de Pourée fut l'objet d'un rapport du baron de Salis (12 juin), qui proposa, pour un cas si intéressant, une exception à la loi contre le cumul. Il y eut un long et vif débat : devait-on consacrer le souvenir du 18 brumaire? Finalement la Chambre vota l'impression du rapport et l'ajournement.

Le projet revint à l'ordre du jour du 18 juin. C'est dans cette séance que Dupont (de l'Eure) donne un démenti solennel à la légende de l'assassinat. Son discours est trop long pour être reproduit tout entier : en voici les passages essentiels :

Messieurs, j'étais à cette époque membre du Conseil des Cinq-Cents, j'étais à ce qu'on appelle l'affaire de Saint-Cloud. (*Le plus profond silence règne dans la Chambre.*) Tous les faits se sont passés devant mes yeux. Je déclare sur mon honneur et devant la France entière qu'aucune tentative d'assassinat n'a été commise sur la personne de Bonaparte; qu'il ne lui a été porté aucun coup de poignard, ni d'une arme quelconque, et qu'il est faux que Pourée ait dû le couvrir de son corps, ni le préserver du poignard des assassins. J'adjure ici toutes les personnes impartiales, et notamment mes honorables collègues Daunou, Chabaud-Latour, Jard-Panvillier et Girod (de l'Ain), comme moi membres du Conseil des Cinq-Cents; je les prie de dire si l'assassinat du général Bonaparte, dans cette circonstance, n'est pas un mensonge imaginé pour justifier l'attentat commis par la force des armes sur la représentation nationale.

Bonaparte, qui jamais n'aima la liberté et qui, dès le 18 brumaire an VIII, méditait l'asservissement de la France, sentit que, pour mieux tromper la nation, il fallait lui signaler ses représentants comme des factieux et des assassins. De là l'exécrable qualification de *représentants du poignard* donnée aux députés par Lucien Bonaparte, haranguant à Saint-Cloud les soldats et les encourageant à la dissolution du Conseil des Cinq-Cents; de là la fable du coup de poignard dirigé contre Bonaparte et s'égarant dans je ne sais quelle partie de l'habit d'un grenadier qui, de son corps, protégeait la retraite de son général; de là enfin le brevet de pension accordé au grenadier Pourée, qui avait consenti à attester un assassinat qui n'existait pas...

Tout ce que je me propose en ce moment, c'est de protester contre un mensonge politique, inventé par un ambitieux qui voulait opprimer son pays et justifier l'acte de violence par lequel il s'était emparé du pouvoir (1).

Ce discours intéressa et émut la Chambre des députés, qui fut unanime à en voter l'impression. Le garde des sceaux combattit les conclusions de la Commission du budget, mais par des arguments juridiques et financiers. Ces conclusions furent rejetées « à la presque unanimité », et le grenadier du

(1) Voir le *Moniteur*, t. LVII, pp. 400, 785, 814.

AULARD, Études. — III.   16.

19 brumaire dut renoncer à se faire payer par les Bourbons son dévouement fabuleux à Bonaparte.

IV

Dupont (de l'Eure) avait fait appel au témoignage de ses anciens collègues du Conseil des Cinq-Cents. Le plus célèbre et le plus respectable d'entre eux, Daunou, déclara dans son cours au Collège de France que le procès-verbal officiel de la séance du 19 brumaire était « le plus frappant exemple d'imposture officielle ». Après en avoir cité le passage que nous avons rapporté plus haut, « la vérité, ajouta t-il, est qu'il n'y eut ce jour-là de fureur que celle qui a dicté ces expressions, d'armes qu'entre les mains des soldats de l'usurpateur, et de complot qu'entre lui et ses affiliés... (1) »

Ce témoignage peut être considéré aussi comme l'expression d'un remords. Daunou ne s'était-il pas rendu complice de ces mensonges en se taisant alors qu'il était temps de les rectifier, en figurant dans le cortège du vainqueur, en tenant la plume quand Bonaparte dicta la Constitution de l'an VIII ? C'est qu'alors le sage Daunou, fasciné par le génie de Bonaparte, ne voulait point voir les fautes de son héros. Voilà pourquoi son cri de protestation fut si

(1) *Cours d'études historiques*, t. I, p. 25.

tardif; mais vous en semble-t-il moins véridique et moins instructif?

Le discours de Dupont (de l'Eure) provoqua d'autres témoignages. Le républicain Savary (de Maine-et-Loire), qu'il ne faut pas confondre avec le duc de Rovigo, publia, quelques jours après le débat sur la pétition de Pourée, une brochure intitulée : *Mon examen de conscience*, où, rectifiant beaucoup de légendes sur la journée du 19 brumaire, il racontait assez plaisamment comment on persuada au grenadier Thomé qu'il avait sauvé Bonaparte. C'est d'un sous-officier de la garde du Corps législatif que Savary tenait cette anecdote :

Ce sous-officier, dit-il, vint me faire part le lendemain, ou deux jours après, qu'un de ses camarades, qui se trouvait à Saint-Cloud, venait d'éprouver un de ces coups de fortune auquel il ne s'attendait pas. Il racontait, d'une manière fort plaisante, qu'il avait été mandé chez le général; que, là, il avait appris qu'il avait sauvé la vie au général, en recevant le coup de poignard qui lui était destiné; qu'il méritait une récompense; que madame... lui avait d'abord fait le cadeau d'une belle bague, qu'on allait lui donner une pension, qu'il serait fait officier, et qu'il fallait qu'il se disposât à partir... Il ajoutait, en riant, qu'il était fort heureux pour lui d'avoir déchiré la manche de son habit en passant auprès d'une porte (1).

Si cette historiette vous paraît suspecte, parce

(1) *Mon Examen de conscience sur le 18 brumaire an VIII*, par M. Savary, ex-membre du Conseil des Anciens au Corps législatif. Paris, Barrois l'aîné, 1819, in-8. — Bibl. nat., Lb 42/824.

qu'elle émane d'un adversaire de Bonaparte, d'un ardent républicain, vous ne suspecterez pas du moins le témoignage d'un des membres les plus antirépublicains des Cinq-Cents, Combes-Dounous, lequel cinq ans avant le discours de Dupont (de l'Eure), lors de la première Restauration, publia une *Notice sur le 18 brumaire* (1), qui passa inaperçue, quoique remarquable, et que bien peu d'historiens ont consultée. J'en citerai tout le passage relatif à la visite que Bonaparte fit aux Cinq-Cents, parce que c'est le témoignage le plus détaillé et le plus vif que nous ayons, et surtout parce que c'est le témoignage d'un adversaire haineux de la République, qui s'amuse à ridiculiser l'indignation des défenseurs de la loi, et qui cependant proteste nettement contre la légende des poignards :

Bonaparte, dit Combes-Dounous, entra dans le Conseil des Cinq-Cents, son chapeau d'une main, une cravache de l'autre, escorté par quatre grenadiers du Corps législatif, uniquement armés de leurs sabres.

La distance de la porte d'entrée de l'Orangerie jusqu'à la tribune n'était que le tiers de la longueur de la salle. J'étais placé entre la tribune et la porte, au second rang des représentants, et par conséquent très à portée

(1) *Notice sur le 18 brumaire,* par un témoin qui peut dire: *Quod vidi testor.* Paris, F. Schoell, 1814, in-8. — Bibl. nat. Lb 42/819. — Cette brochure est anonyme. Mais Quérard l'attribue à Combes-Dounous et cette attribution n'a pas été démentie. — Combes-Dounous était un érudit, un helléniste, ingénieux commentateur de Platon, dont il faisait un des précurseurs de Jésus-Christ, et il appelait Jésus-Christ « le Socrate de Jérusalem ».

de ce qui se passa en ce moment. Beaucoup de curieux, collés contre les murs de l'Orangerie ou acculés dans les embrasures des croisées du côté du parc, laissaient peu d'espace entre eux et les représentants pour arriver à la tribune. Il en résulta que Bonaparte ne put avancer que lentement et qu'il ne fut vu des Jacobins, postés, comme je l'ai dit, dans la région voisine de la tribune, que lorsqu'il fut assez près d'eux. A peine son aspect frappa leurs regards, ils tentèrent une sorte d'irruption sur sa personne, en poussant les clameurs et les vociférations les plus forcenées : *A bas le tyran ! à bas le dictateur ! à bas le Cromwell !* Parmi ceux qui firent le plus d'efforts pour fendre la presse, arriver jusqu'à lui et l'atteindre, mes yeux distinguèrent bien, entre autres, l'hercule Destrem, Aréna, Grandmaison, Bertrand (du Calvados), Boulay-Paty et Marquezy-le-Chauve. Quand il se vit aussi violemment assailli, Bonaparte se replia sur les quatre grenadiers qui le suivaient. Ces quatre hommes, qu'il avait choisis parmi les plus grands et les plus robustes, le dégagèrent, le placèrent au milieu d'eux et lui firent un rempart de leurs corps. Sans tourner le dos, ils regagnèrent la porte, semelle à semelle, et à reculons, pendant que les dogues des Jacobins, s'avançant à mesure qu'il reculait, redoublaient leurs efforts pour l'atteindre, en continuant de vociférer contre lui. Ils en furent empêchés par la foule des curieux effrayés de cette épouvantable scène, et qui, en mouvement pour sortir, augmentèrent de beaucoup la presse. Sans cette circonstance, il est très probable que les Jacobins l'auraient arraché aux soldats qui lui servaient d'égide, et que le 19 brumaire eût été pour lui les Ides de Mars. Ces factieux avaient sans doute des armes ; je le savais de science certaine (1) ; mais quand on a dit dans le procès-verbal des Cinq-Cents qu'on avait vu des pistolets et des

(1) On a vu que Daunou affirma le contraire.

poignards, on a altéré la vérité pour se livrer aux fictions de la haine. Autant que personne, j'étais voisin du lieu de l'action. Autant que personne, j'avais l'œil ouvert sur ces horribles détails, et je n'ai vu ni pistolet ni poignard dans la main d'aucun Jacobin. Le seul qui joignit les voies de fait aux apostrophes furibondes, c'était Destrem, qui, dominant ceux qui le pressaient par sa grande taille, avait la liberté de ses bras et détachait contre Bonaparte de vigoureux coups de poing, qui venaient expirer contre les épaules des grenadiers, sans arriver jusqu'à lui.

Combes-Dounous n'aime pas Bonaparte : c'est un royaliste. Mais le comte Thibaudeau sera-t-il suspect d'animosité contre l'auteur du 18 Brumaire ? Il assistait en simple curieux à la séance des Cinq-Cents, et, dans sa *Vie de Napoléon* (1827), il déclara, lui aussi, « qu'il n'y eut de poignard levé sur personne ».

Le prince Eugène démentit de même, dans ses *Mémoires*, la légende de l'assassinat, et il la démentit comme témoin oculaire : « Je n'ai point vu, dit-il, de poignards levés sur lui. »

Solennellement désavouée par les témoins les plus qualifiés, ennemis, amis ou indifférents, cette légende n'en continuait pas moins à se produire, non seulement dans la basse littérature napoléonienne, mais chez des écrivains de goût. Le poète Arnault n'entendit pas, ne voulut pas entendre la protestation lancée du haut de la tribune par Dupont (de l'Eure). Trois ans après cette protestation, en 1822, dans sa *Vie politique et militaire de Napoléon*, il écrivit imperturbablement :

Cent bras le menaçaient ; les poignards même étaient tirés : César allait tomber au milieu du Sénat. Se jetant, le sabre à la main, à travers cette armée en rage, les soldats enlèvent leur général : l'un deux, le brave Thomé, détourne même à son péril le coup que le Corse Aréna destinait à son aventureux compatriote.

Arnault n'était pas dans l'Orangerie, mais il se tenait dans la cour, tout près de la porte, et Lavalette l'y vit pâlir avec Talleyrand, quand Bonaparte sortit piteusement de la salle des Cinq-Cents, la tête basse, l'air hagard, tressaillant aux cris de : *Hors la loi !* qui le poursuivaient par les fenêtres (1). Le poète savait bien qu'il n'y avait pas eu d'assassinat ; mais il le laissa dire, afin de sauver son ami; il finit par le croire à force d'aimer Bonaparte ; il le répéta jusqu'à sa mort par fidélité fanatique ; et peut-être y a-t-il encore aujourd'hui plus d'un Arnault.

V

J'ai dit que cette fable du coup de poignard hâta le dénouement, précipita le succès. En effet, les soldats rangés près de l'Orangerie hésitaient visiblement à violer la représentation nationale. Ils avaient cru leur général d'accord avec les députés pour

(1) *Mémoires de Lavalette*, t. I, p. 353.

faire le bonheur de l'État en déjouant une conspiration par de grandes mesures de salut public, comme dans les *journées* classiques de la Révolution. Mais ces cris de : *Hors la loi !* qui avaient jadis tué Robespierre, émurent leurs âmes naïves et encore citoyennes. Ils admiraient Bonaparte, mais ils voulaient servir la loi. Les voilà perplexes et troublés par ce désaccord entre Bonaparte et les députés. Après tout, qui sait si ce petit Corse ne médite pas quelque mauvais coup ? Qu'à ce moment-là, un général en uniforme, Jourdan ou Bernadotte, se fût montré, un décret des Cinq-Cents à la main, les bonapartistes eux-mêmes reconnaissent que les soldats l'auraient suivi. Au lieu de ce général, c'est le président du Conseil des Cinq-Cents qui leur apparaît tout à coup, drapé dans sa toge, avec la majesté d'une des plus hautes autorités civiles. Il leur parle en beau langage, et son geste est noble comme ses paroles : la loi est violée par une minorité factieuse ; on a voulu tuer le général à coups de poignard, parce que le général exécutait les ordres du Corps législatif ; le président somme les soldats de délivrer la majorité du Conseil que des conspirateurs oppriment. Ce n'est pas Lucien Bonaparte, c'est la représentation nationale, c'est la loi qui leur parle. Ils obéissent et ils obéissent joyeusement, parce qu'ils sont heureux de savoir enfin que leur général n'est pas un factieux. Aussitôt les tambours battent, et les baïonnettes dispersent les députés. Convaincus qu'ils ont fait de bonne besogne légale et républicaine, les soldats reprennent gaiement le chemin de Paris, en chantant à tue-tête la plus révolutionnaire de leurs chansons, le *Ça ira* (1).

Je ne dis pas que, s'il n'eût inventé la légende de son propre assassinat, Bonaparte ne fût pas parvenu néanmoins à la tyrannie. Des causes générales, les unes récentes, les autres lointaines, rendaient probable une provisoire rechute de la France dans la servitude. Mais, sans l'intervention opportune de cette fable ingénieuse, le général factieux ne serait peut-être point parvenu, ce jour-là, à tourner les baïonnettes des soldats de l'an II contre la représentation nationale, et il lui eût fallu attendre d'autres circonstances, d'autres moyens. Eût-il trouvé ces circonstances et ces moyens ? Je le crois, parce qu'il avait du génie et surtout parce qu'il était aimé. Mais je n'en suis pas sûr, il n'est pas impossible que sans ce mensonge les destinées de la France eussent été autres, et c'est pourquoi j'ai cru intéressant d'ajouter à mon tour quelques textes et quelques preuves aux démentis que plusieurs historiens ont déjà donnés à la légende de Bonaparte frappé par les poignards des Cinq-Cents.

(1) Le *Diplomate* du 21 brumaire an VIII.

10 mars 1894.

VII

LA LIBERTÉ INDIVIDUELLE SOUS NAPOLÉON Ier

Le despotisme de Napoléon Bonaparte s'établit par la suppression des groupes organisés et électifs : municipalités cantonales, conseils de département, assemblées représentatives nationales, tous les Corps vivants disparurent sous le Consulat, et la disparition en fut masquée par des simulacres d'assemblées, les unes directement nommées par le pouvoir exécutif, les autres indirectement nommées par le même pouvoir avec le concours illusoire des citoyens. Les Français n'eurent plus qu'un mandataire, élu par un plébiscite, et c'est ce mandataire qui obtint toute la réalité du pouvoir. Il n'y avait plus de vie publique, et la nation, telle que la Révolution l'avait créée, se trouva désorganisée, non seulement parce qu'elle avait abdiqué aux mains d'un homme, mais aussi, et surtout, parce qu'empêchée de se concerter ou même d'exprimer ses sentiments, à cause de la suppression du droit de se réunir, de parler et d'écrire, elle n'avait plus d'opinion collective et n'était plus qu'une agglomération d'hommes.

silencieusement parqués chacun dans son individualité. Mais, du moins, s'il n'y avait plus de liberté nationale, on prétendait qu'il y eût des libertés individuelles, ou, pour mieux dire, la plus indispensable de ces libertés, à savoir le droit de n'être point, comme sous l'ancien régime, jeté et gardé en prison sans motifs, sans juges, sans lois. C'est ce qu'on appelait pompeusement la *liberté individuelle*, et un corps de fonctionnaires avait reçu la solennelle et expresse mission d'y veiller. Des documents d'archives permettent de dire comment cette mission fut remplie et de voir ainsi, autrement que par des anecdotes, ce que fut alors cette liberté individuelle, principalement sous l'Empire.

I

L'article 46 de la Constitution de l'an VIII était ainsi conçu :

Si le gouvernement est informé qu'il se trame quelque conspiration contre l'État, il peut décerner des mandats d'amener et des mandats d'arrêt contre les personnes qui en sont présumées les auteurs ou les complices; mais si, dans un délai de dix jours après leur arrestation, elles ne sont mises en liberté ou en justice réglée, il y a, de la part du ministre signataire du mandat, crime de détention arbitraire.

Ce « crime » fut commis aussitôt et continuellement pendant le Consulat. Le registre des arrêtés des consuls, les rapports de police, une foule de documents montrent que le gouvernement ne se fit pas faute de mettre et de garder en prison, bien au delà du délai de dix jours, quantité de personnes dont la plupart ne furent jamais traduites devant des juges.

Il arriva même que, par simple mesure administrative, on déporta des individus, témoin ceux qui furent arbitrairement ajoutés à la liste des républicains qu'un sénatus consulte envoya à Cayenne et aux îles Seychelles à la suite de l'attentat royaliste du 3 nivôse an IX.

Au moment où le Consulat prit fin, les prisons renfermaient de nouveaux *suspects*, qui n'avaient même pas la ressource, qu'avaient eue parfois les suspects de l'an II, d'envoyer leurs parents à la barre de la Convention, pour y réclamer ou y gémir. Il n'y avait plus d'assemblée élue ou autre qui accueillît publiquement des pétitionnaires. Surtout, il n'y avait plus de presse libre. Les journaux étaient réduits à treize, menacés de suppression, s'ils inséraient même des faits divers indiquant les abus de pouvoir commis journellement contre la liberté individuelle, et finalement furent réduits à quatre, rédigés par le gouvernement lui-même. Les abus contre la liberté individuelle n'étaient connus que des victimes et des familles des victimes; la France les ignorait réellement et n'entendait même pas un léger écho des plaintes des détenus.

Les hommes politiques qui siégeaient dans les simulacres d'assemblées délibérantes établies par Bonaparte n'ignoraient pas ces illégalités ; ils savaient que les lettres de cachet avaient reparu en fait et sé vissaient presque autant que sous l'ancien régime. Pris eux-mêmes au piège de la dictature, dont ils avaient été les naïfs artisans, ils se sentaient impuissants ; ils avaient quelques remords, et les sénateurs, dont la plupart étaient d'honnêtes gens, auraient bien voulu tenir, au moins quant à la liberté individuelle, les si modestes promesses de la Constitution de l'an VIII. Ils avaient, en l'an X, fait un courageux effort pour arrêter les progrès du despotisme ; ils s'étaient hardiment opposés au Consulat à vie. Mais Bonaparte avait passé outre, obtenu d'un plébiscite ce que lui avait refusé le Sénat, et réduit par divers moyens le peu d'initiative, le peu d'autorité indépendante que la Constitution donnait à ce Corps.

Toutefois, quand le Premier Consul aspira à l'Empire, le Sénat crut pouvoir faire payer son concours au prix de garanties libérales. Il eut l'idée et le rêve, puisqu'on revenait à la monarchie, d'établir une monarchie à demi parlementaire, où le pouvoir d'une assemblée contre-balancerait celui du maître. Cette assemblée, c'était dans sa pensée le Sénat lui-même, et l'on assure qu'il demanda secrètement au Premier Consul que la dignité de sénateur devînt héréditaire, que le Sénat eût l'initiative des lois, ou du moins un droit de *veto*, que le Conseil d'État n'eût plus le pouvoir « d'interpréter » les sénatus-consultes, c'est-à-dire, en fait, de légiférer, enfin que le Sénat fût chargé de la haute surveillance de la justice et des juges, et de sauvegarder la liberté de la presse et la liberté individuelle (1).

Ces prétentions étaient ridicules, parce que le Sénat, institué révolutionnairement par la volonté de Bonaparte, n'avait nul mandat de la nation, tandis que Bonaparte avait vu ses pouvoirs consacrés par deux plébiscites. On ne sut même pas que le Sénat avait voulu partager la toute-puissance avec le Premier Consul, qui put rire en toute sécurité de tant d'outrecuidance. Cependant, il feignit d'accorder une partie de ces demandes indiscrètes, et le sénatus-consulte organique, libellé et imposé par le gouvernement, sorte de Constitution impériale (28 floréal an XII), établit deux Commissions sénatoriales, l'une *de la liberté de la presse*, qui n'osa absolument rien faire, comme l'indiquent ses papiers aux Archives nationales, l'autre *de la liberté individuelle*, dont l'activité a laissé des traces et qui a paru à quelques historiens avoir sérieusement contrôlé et contenu le despotisme. Les registres de ses délibérations sont aux Archives, et l'on va voir qu'il est assez curieux de les examiner.

(1) Thibaudeau (*Empire*, t. I, p. 18) et à sa suite Thiers et Lanfrey ont dit que c'était l'objet du « Mémoire joint au message adressé par le Sénat au Premier Consul le 14 floréal an XII ». C'est une erreur : ce mémoire, que nous avons retrouvé aux Archives nationales, est beaucoup plus timide et moins précis.

II

Voici comment les articles 60, 61, 62 et 63 du sénatus-consulte du 28 floréal an XII organisaient cette Commission :

Une Commission de sept membres, nommés par le Sénat et choisis dans son sein, prend connaissance, sur la communication qui lui en est donnée par les ministres, des arrestations effectuées conformément à l'article 46 de la Constitution, lorsque les personnes arrêtées n'ont pas été traduites devant les tribunaux dans les dix jours de leur arrestation.

Cette Commission est appelée *Commission sénatoriale de la liberté individuelle.*

Toutes les personnes arrêtées, et non mises en jugement après les dix jours de leur arrestation, peuvent recourir directement, par elles, leurs parents ou leurs représentants, et par voie de pétition, à la Commission sénatoriale de la liberté individuelle.

Lorsque la Commission estime que la détention prolongée au-delà des dix jours de l'arrestation n'est pas justifiée par l'intérêt de l'État, elle invite le ministre qui a ordonné l'arrestation à faire mettre en liberté la personne détenue, ou à la renvoyer devant les tribunaux ordinaires.

Si, après trois invitations consécutives, renouvelées dans l'espace d'un mois, la personne détenue n'est pas mise en liberté ou renvoyée devant les tribunaux ordinaires, la Commission demande une assemblée du Sénat, qui est convoqué par le président, et qui rend, s'il y a lieu, la déclaration suivante : *Il y a de fortes présomptions que N... est détenu arbitrairement.*

On procède ensuite conformément aux dispositions de l'article 112, titre XIII, *de la Haute Cour impériale.*

C'est-à-dire qu'en ce cas le Corps législatif dénonçait le ministre visé par la déclaration du Sénat, et, sur cette dénonciation, le ministre était traduit devant la Haute-Cour.

Cette Commission semblait donc revêtue de pouvoirs solides et étendus, et l'on crut qu'il y avait là une sérieuse garantie pour la liberté individuelle, bien que les articles précités supposassent comme admissible, malgré la Constitution, une détention arbitraire de plus de dix jours; mais enfin cette détention arbitraire ne pouvait, semblait-il, se prolonger que de l'aveu de la Commission.

Aussi l'exposé des motifs, rédigé par Portalis, disait-il que le Sénat allait remplir auprès de l'Empereur « l'office de la conscience ». Et le sénateur Lacépède, rapporteur, s'écriait : « La liberté sainte, devant laquelle sont tombées les murailles de la Bastille, déposera donc ses craintes; l'homme d'État sera satisfait, et les ombres illustres du sage l'Hôpital, du grand Montesquieu et du vertueux Malesherbes seront consolées de n'avoir pu que proposer l'heureuse institution que consacre le sénatus-consulte. »

III

La Commission sénatoriale de la liberté individuelle, élue par le Sénat le 13 prairial an XII, fut formée de Lenoir-Laroche, Boissy d'Anglas, Emmery, Abrial, Vernier, Sers et Vimar, c'est-à-dire d'ex-constituants, d'ex-membres de l'Assemblée législative, d'hommes tous libéraux, tous connus pour n'être point inféodés à la personne de Bonaparte. Tous les quatre mois, un membre de la Commission en sortait, mais pouvait être réélu. Ainsi Boissy d'Anglas fut réélu jusqu'en 1813. Les membres nouveaux que ce renouvellement partiel de la Commission y firent entrer furent Lemercier, Caçault, Cornet, Journu-Aubert, Gouvion, Colchen, Lejeas, Pastoret, Van Dedem. Les présidents furent tour à tour Lenoir-Laroche, Abrial, Lemercier. La Commission siéga du 17 prairial an XII au 27 mai 1814.

Disons tout de suite qu'elle ne déclara personne arbitrairement détenu, qu'elle ne saisit le Sénat d'aucune affaire, qu'aucun ministre ne fut traduit, pour acte arbitraire, devant la Haute-Cour, laquelle ne se réunit jamais.

Cependant cette Commission travailla; elle eut une nombreuse correspondance; elle tint de fréquentes séances; elle affecta d'être contente d'elle-même et des résultats qu'elle obtint.

La vérité, c'est que dès le premier jour elle vit

qu'il lui était interdit de prendre son rôle au sérieux, et que, loin de pouvoir contrôler et contenir le despotisme, elle n'obtiendrait de vivre qu'en le consacrant par un faux contrôle, qu'en acceptant qu'il restât le despotisme.

Dans son rapport au Sénat du 30 vendémiaire au XIII, le président, Lenoir-Laroche, fit la théorie officielle de l'asservissement de la Commission à la volonté de l'Empereur (1). Les phrases sont embarrassées, mais la pensée est fort claire : c'est un aveu d'impuissance et de complaisance :

« La Commission, dit-il, a considéré d'abord que, si la liberté individuelle est le premier besoin des hommes en société, la sûreté de l'État est le premier besoin des gouvernements...

Il reconnaît implicitement que la « liberté civile » a disparu, puisqu'il déclare qu'elle attend, pour reparaître, « le retour de l'ordre ». Et il ajoute : « L'ordre ne peut être ramené que par les efforts d'une main habile, qui, saisissant les débris dispersés de l'État, le relève et en remette toutes les parties à leur place. Cette situation est pour la liberté une sorte de convalescence, qui a son régime et sa progression naturelle... Ces considérations générales ont indiqué à la Commission la mesure dans laquelle elle devait se renfermer. » Conclusion : « Elle se regardera toujours comme une sentinelle

(1) C'est, à notre connaissance, le seul acte de la Commission qui ait été publié (Bibl. nat., Le 49/28, in-8 de 11 pages).

placée par la Constitution pour veiller à ce que la liberté des citoyens soit garantie de toute entreprise véritablement arbitraire; mais elle ne perdra jamais de vue qu'un État ne peut se maintenir que par l'ordre et par l'action ferme, juste et mesurée de son gouvernement. »

Ainsi, créé censément pour empêcher tout arbitraire, la Commission distingue le *véritable* arbitraire de celui qui n'est pas *véritable*. Puis, pour contrôler et contenir le despotisme, elle collabore avec le despotisme. Loin de revendiquer les droits des individus, elle admet des cas où ces droits disparaissent devant la volonté de l'Empereur, ou plutôt elle borne sa mission à s'assurer que cette volonté a été fidèlement et intelligemment interprétée par les agents impériaux.

Le sénatus-consulte organique fixait des limites de temps, au delà desquelles le retard d'un ministre à répondre aux questions de la Commission l'exposait à des poursuites devant la Haute-Cour. La Commission n'a garde d'user de ce droit contre aucun ministre, ou même de l'en menacer. Elle constate qu'il y a des « lenteurs », mais elle se hâte d'ajouter qu'elles sont « nécessaires », « inévitables », et elle se plaît à « rendre un témoignage authentique à l'empressement et à la vigilance, soit du grand-juge, avec lequel elle a correspondu d'abord, soit du ministre de la police générale ». Elle n'a trouvé dans ces deux magistrats que « les dispositions les plus libérales ».

IV

Ainsi la Commission est contente d'elle-même, contente des ministres. Voyons si les faits justifient son optimisme.

Le même rapport de Lenoir-Laroche établit une statistique des affaires qui furent soumises à la Commission, du 17 prairial an XII au 30 vendémiaire an XIII :

Dans cet espace de quatre mois, elle a reçu 116 pétitions individuelles ou collectives : elle en a fait parvenir l'objet au ministre, et le ministre a ordonné 44 mises en liberté. Plusieurs des détenus, néanmoins, ont été soumis à la condition de quitter Paris et de retourner dans leur commune pour y être sous la surveillance de leur municipalité. Cette précaution est justifiée par le besoin de maintenir la tranquillité publique dans une capitale où tant de gens sans aveu et sans ressources viennent apporter leur intrigue, leurs passions et leurs vices.

17 affaires ont été jugées hors des attributions de la Commission.

33 ont été ajournées jusqu'à nouvelle détermination, d'après les motifs donnés par le ministre (1).

21 ne sont point encore terminées, soit que le ministre attende de nouveaux renseignements, soit qu'il ait

(1) Dans l'analyse de ce rapport, que donne un des registres inédits de la Commission (Arch. nat., CC. 60), il est question de 34 ajournements, au lieu de 33. Ce chiffre de 34 doit être le vrai, puisque le total des affaires fut de 116.

reconnu quelque danger à rendre encore les détenus à la société.

Et combien de fois la loi fut-elle violée par les ministres ? C'est ce que le rapport ne dit pas, parce qu'il eût fallu répondre : *Toujours*, parce que toutes ces arrestations, sans exception aucune, étaient arbitrairement faites, arbitrairement maintenues, et que jamais un des détenus signalés par la Commission aux ministres ne fut traduit devant les tribunaux.

Mais voyons, d'après les registres de la Commission, comment elle procédait.

Dès qu'elle avait reçu une pétition d'un détenu, elle lui en accusait réception, nommait un rapporteur, qui lui disait si l'affaire était bien de sa compétence, écrivait ensuite, soit au grand-juge, soit au ministre de la police, et recevait sa réponse, qu'elle transmettait parfois au détenu.

Nous n'avons pas les dossiers de chaque détenu, ni le texte de chaque pétition, mais seulement les registres où étaient enregistrées sommairement la correspondance et les délibérations de la Commission.

Voici, à titre d'exemple, le sommaire de l'affaire de la femme Chaumette (1) :

8 thermidor an XII (27 juillet 1804). Marie-Claudine Duflocq, femme Chaumette, expose qu'elle est détenue

---

(1) Arch. nat., CC, 61.

depuis trois ans et sept mois sans connaître le motif de sa détention et n'ayant subi aucun interrogatoire; elle réclame sa liberté ou sa mise en jugement. — 12 thermidor. Lettre du président de la Commission au ministre de la police pour demander des renseignements. — 28 thermidor. Réponse du ministre : La femme Chaumette reste détenue en vertu de l'arrêté du gouvernement du 15 nivôse an IX. — 3 vendémiaire an XIII. Le président au ministre de la police : La femme Chaumette n'est pas comprise dans la liste des condamnés par l'arrêté du 15 nivôse an IX. Demande d'éclaircissements à ce sujet. — 7 vendémiaire. Réponse : Il existe un autre arrêté, du 16 nivôse, qui n'a pas été inséré au *Bulletin des lois*, et où se trouve la femme Chaumette. Au surplus, d'après un nouveau rapport, le ministre a autorisé la mise en liberté de la femme Chaumette et son renvoi à Château-Thierry.

Qu'avait fait la femme Chaumette pour mériter une si longue et si arbitraire incarcération ? J'ai demandé aux Archives nationales que l'on voulût bien rechercher son dossier dans les papiers de police conservés en la série *F*, et je n'ai eu communication que d'insignifiants rapports de mouchards, datant de germinal an VII, et où cette femme est signalée « comme colportant à domicile tous les libelles dans le style anarchique », et comme ne fréquentant « en majeure partie que des personnes dont les opinions sont exagérées (1). » D'une note jointe à ces rapports il résulte qu'on surveilla la prétendue colporteuse et qu'on ne surprit rien qui justifiât la dénonciation.

(1) Arch. nat., F⁷, 203.

Pourquoi donc Bonaparte la fit-il arrêter en l'an IX?
Parce qu'alors il avait rompu avec ces républicains
qu'il avait flattés et amadoués au lendemain du
18 Brumaire, et qu'il craignait que cette femme (qui
était sans doute la veuve du fameux procureur de la
Commune) n'entretînt dans son entourage le culte
des souvenirs jacobins. On se garda bien de lui
donner des juges, et la grâce tardive que la Commission sénatoriale obtint pour la femme Chaumette
n'eut d'autre effet que de l'exiler de Paris et de l'in-
terner à Château-Thierry, loin de ses amis et de
son petit centre d'influence.

En général, le gouvernement accueille à peu près
une sur trois des demandes de mise en liberté que
lui adresse respectueusement la Commission de la
liberté individuelle, et motive ses refus sur les
prétextes les plus vagues. Ainsi, on lit au registre,
séance du 2 germinal an XIII : « Il résulte de ces
lettres (du ministre de la police générale) que Fer-
dinand Custine est un homme dangereux, qu'on ne
saurait sans de graves inconvénients rendre à la
liberté ; que Sa Majesté Impériale a ordonné la détention de Jean Honnert au château de Ham, cet
individu s'étant fait remarquer par les plus grands
excès contre la tranquillité publique, et que François Madion a été mis en liberté et en surveillance. »
La Commission s'incline et n'insiste pas. Il suffit
qu'on lui objecte soit des « raisons d'État ou de sûreté publique » (10 octobre 1807), soit « les ordres
de Sa Majesté » (28 janvier 1808). Dans ce dernier

cas, elle estime qu'il n'y a jamais arbitraire, et elle s'empresse d'informer le détenu que c'est l'Empereur lui-même qui a daigné le faire arrêter, comme si l'origine auguste de l'injustice dont il souffre l'en devait consoler.

Une seule fois, la Commission ose s'adresser à l'Empereur. Un fournisseur de l'État, nommé Lasalle, s'étant cru lésé, s'était rendu à Saint-Cloud dans l'été de 1806, sans doute pour présenter une pétition à l'Empereur, qui le fit mettre en prison, partit pour la campagne de Prusse et l'oublia. Le 2 janvier 1807, la Commission adressa à l'Empereur une longue lettre, où, se gardant bien de le rappeler au respect de la loi, elle se borna à invoquer sa « générosité ». Napoléon data de Varsovie, le 18 janvier 1807, l'ordre de mettre Lasalle en liberté. Voilà la Commission toute glorieuse. Qu'avait-elle fait cependant ? Elle avait rendu à Napoléon le service de lui éviter la prolongation d'une mesure arbitraire contre un pauvre diable inoffensif et qui ne pouvait lui nuire en rien.

Quand il s'agit d'un républicain ardent, qui inquiète l'Empereur, elle se garde bien d'insister. Ainsi le poète Th. Desorgues avait composé une chanson contre Napoléon :

> Oui, le grand Napoléon
> Est un grand caméléon.

L'Empereur se fâcha et fit enfermer le chansonnier à Charenton. La Commission intercéda. Le ministre de la police lui répondit que Desorgues était gardé à Charenton comme « aliéné », et que son état avait été « constaté ». Par qui ? Comment ? La Commission se garda bien de le demander, et l'infortuné mourut dans la maison de fous en 1808.

Deux détenus, J.-J. Coussaud et l'abbé David, insistèrent particulièrement auprès de la Commission. La réponse du ministre de la police se fit attendre. Enfin on lit ceci au registre, à la date du 21 février 1806 : « M. le Président communique des lettres de S. Exc. M. le Ministre de la police générale, relatives au nommé Coussaud et à l'abbé David. Il résulte de ces lettres que le nommé Coussaud est incarcéré par ordre de S. A. Sérénissime l'Archi-Trésorier (c'était l'ex-consul Le Brun), et que les pièces concernant le réclamant lui ont été envoyées, afin qu'Elle prononce à son égard ce qu'Elle jugera convenable. Quant à l'abbé David, S. Exc. M. le Ministre répond que la derniere réclamation de ce détenu paraît n'avoir aucun fondement, et que la Commission connaît l'intention de Sa Majesté Impériale sur la demande qu'il fait de sa mise en liberté. »

Ce déni de justice aurait dû amener, aux termes du sénatus-consulte organique, la convocation du Sénat et l'envoi du ministre devant la Haute-Cour. L'illégalité s'aggravait encore de ce fait que l'Archi-Trésorier s'était permis, sans ombre de droit ni de pouvoir, d'ordonner une arrestation. La Commission arrêta seulement « qu'il serait donné connaissance au nommé Coussaud du renvoi de son affaire par-devant S. A. Sérénissime l'Archi-Trésorier de l'Empire, et que l'affaire de l'abbé David serait ajournée ».

Je n'ai pas de renseignement sur Coussaud et je ne sais s'il était royaliste ou républicain. Je vois seulement qu'au bout de quelques semaines il fut mis en liberté, avec ordre d'aller résider en surveillance dans sa ville natale, à Auch. Il s'y refusa, y fut conduit par la gendarmerie de brigade en brigade, et, ayant sans doute exprimé du mécontentement, fut incarcéré de nouveau. Il se plaignit à la Commission de cette nouvelle disgrâce et en reçut cette réponse (28 juin 1808) « que, sa détention étant émanée de Sa Majesté l'Empereur, c'est à sa clémence seule qu'il peut avoir recours ».

Quant à l'abbé David, il était plus connu. Ancien curé de Pompadour, puis d'Uzerches, membre de l'administration départementale de la Corrèze, attaché comme rédacteur à l'état-major de son oncle le général Souham, puis à l'état-major de Pichegru, historiographe des armées du Rhin et du Nord, employé ensuite dans une mission diplomatique en Valais, c'était un homme remuant. Compromis dans le procès de Pichegru et de Moreau, aucune charge sérieuse ne fut relevée contre lui, et on l'acquitta. Mais l'Empereur redoutait son zèle malveillant et il le garda en prison.

L'abbé David harcela de lettres la Commission sénatoriale : elle passa chaque fois à l'ordre du jour, et il resta en prison sans être jugé.

Ces quelques exemples suffisent. Point n'est besoin d'insister sur d'autres affaires comme sur celle du nommé Dupuis, de qui le ministre de la police écrit (14 mai 1810) que, « connu comme un très mauvais sujet, il doit rester détenu jusqu'après les fêtes », ou de l'abbé Pauly, qu'on garde en prison parce que « sa conduite est immorale » (14 juin 1810), ou du nommé Pollon d'Alix, qui, « vu son caractère essentiellement dirigé vers l'intrigue, doit rester détenu jusqu'au printemps » (28 octobre 1813). On voit assez de quelles réponses se contentait la Commission, et jusqu'où elle poussa la résignation ou la complaisance.

<h2 style="text-align:center">V</h2>

Les détenus qu'elle fit sortir de prison étaient-ils vraiment rendus à la liberté? Il n'en est rien. La plupart furent exilés à l'intérieur et internés dans une ville. C'est ce qu'on appelait *mettre en surveillance*. Aucune loi n'autorisait cet internement, qui constituait un véritable attentat contre la liberté individuelle, et dont quantité de personnes furent les victimes sous le Consulat et sous l'Empire. La Commission refusa d'en connaître, et, à chaque pétition de personnes mises en surveillance, elle se déclara incompétente. Ainsi (et je prends un exemple entre beaucoup), elle répondit à M. Coucy de Longprey, en surveillance à Troyes, qu'elle ne s'occupait que des détenus (28 germinal an XIII).

Même bornée aux détenus des prisons, sa compétence, qui était restreinte aux prisonniers politiques, à ceux que le gouvernement avait arrêtés par mesure de sûreté générale, cette compétence s'exerça-t-elle réellement sur tous les détenus de cette catégorie? L'administration se garda bien de lui faciliter sa tâche, comme on peut le croire, et, par exemple, lui refusa la franchise pour les lettres qu'elle recevait (14 janvier 1807). Si cependant chaque détenu avait pu écrire librement à la Commission, ç'aurait été un correctif assez sérieux à l'arbitraire gouvernemental, une chance d'obtenir, non justice, mais clémence. Outre que la plupart des Français ignoraient si cette Commission fonctionnait vraiment, — et le *Moniteur* ne relata aucun de ses actes, — la Commission ne reçut que les lettres dont l'administration autorisa le renvoi. Il est sûr que quantité de détenus (et probablement la grande majorité d'entre eux), ou ne savaient pas qu'ils avaient droit à ce recours, ou ne furent pas admis par les directeurs des prisons à exercer ce droit.

Évidemment, on ne peut songer, en l'état de nos connaissances, à établir une statistique de ceux des détenus politiques sous l'Empire qui furent privés de toute communication avec le dehors, mais il serait facile de produire plusieurs centaines d'exemples individuels établissant la fréquence de la mise au secret absolu.

En tout cas, innombrables sont les exemples d'arrestation arbitraire dont la Commission n'eut pas connaissance ; je n'en citerai qu'un, mais qui est particulièrement instructif :

Le gouvernement impérial fut toujours très préoccupé d'empêcher les ouvriers de se concerter pour faire grève en vue d'obtenir les relèvements de salaires. Les lois de la Révolution contre les coalitions d'ouvriers étaient précises et sévères. Mais c'étaient des lois, et par cela même le despotisme en était gêné. Il préféra, dès qu'un mécontentement se manifestait dans les groupes d'ouvriers, incarcérer secrètement les meneurs par mesure administrative, et comme si, par leurs plaintes, ils avaient attenté à la sécurité de l'État. Ainsi on lit dans un rapport de police du 28 fructidor an XII :

Une sorte de mouvement s'était manifesté, il y a quelques jours, parmi les ouvriers charpentiers, notamment parmi ceux qui sont employés aux travaux de l'église métropolitaine. Ils voulaient faire porter à 10 fr. le prix de la journée, qui, dans ce moment, est fixé à 4 francs. Les trois plus mutins, nommés Lamblot, Bret et Pougy, ont été enlevés par ordre du préfet de police, et le calme s'est rétabli. Les deux derniers resteront détenus à Bicêtre jusqu'au 1er vendémiaire. Lamblot, comme auteur et provocateur des troubles, y restera jusqu'au 20 brumaire (1).

L'arbitraire et le déni de justice étaient manifestes ; c'était à une date très voisine de l'établisse-

(1) Arch. nat., AF IV, 1490.

ment de l'Empire, alors que le despotisme napoléonien gardait encore quelque mesure, et cependant il n'y a trace, dans le registre de la Commission, d'aucune réclamation émanée d'un ouvrier.

VI

En résumé, la Commission sénatoriale de la liberté individuelle n'eut à intercéder qu'en faveur de ceux des détenus que le gouvernement impérial autorisa à lui écrire, c'est-à-dire évidemment en faveur de ceux que ce gouvernement tenait le moins à garder sous les verrous. Quelques pauvres diables insignifiants purent seuls s'adresser à la Commission, et, si elle eut à s'occuper de cinq ou six prisonniers de marque, c'est sans doute à l'inadvertance de quelques directeurs de prison que fut dû ce hasard exceptionnel. Le despotisme ne se laissa contrôler par la Commission que dans les cas où il le voulut bien.

On a vu comment s'exerça ce contrôle. Jamais la Commission ne dénonça un ministre au Sénat, et cependant, parmi les affaires dont elle eut à s'occuper, il ne s'en rencontre peut-être pas une qui n'eût dû nécessiter légalement cette dénonciation. La Commission n'osa pas, ne put pas. Elle préféra se borner au rôle d'une sorte de Commission des grâces et faire appel à la clémence du gouvernement, qui lui accorda un certain nombre de mises en liberté. Ces détenus, libérés sur la demande de la Commission, y gagnèrent sans doute de sortir de prison quelques jours plus tôt, et la Commission put se dire qu'après tout elle avait un peu servi la cause de l'humanité. En réalité, elle nuisait à cette cause, parce qu'elle collaborait au despotisme, parce qu'elle le fortifiait en faisant croire qu'il y avait en France des garanties positives à la liberté individuelle, des barrières légales à l'omnipotence d'un homme. L'existence de cette Commission décora la tyrannie d'une sorte d'apparence constitutionnelle aux yeux de l'Europe et aussi aux yeux de quelques historiens très écoutés de la postérité, comme Thiers, et elle donna à Napoléon la sécurité et un encouragement pour toutes ses audaces contre la liberté indivi- duelle, dans la surdité et le mutisme de l'opinion française.

Cette apparence toute décorative, Napoléon finit même par s'en moquer publiquement, quand il se crut tout-puissant, et le décret du 3 mars 1810 sur les prisons d'État fut une insulte ouverte au Sénat et à la Commission sénatoriale. « Considérant, disait l'Empereur, qu'il est un certain nombre de nos sujets détenus dans les prisons de l'État, sans qu'il soit convenable ni de les faire traduire devant les tribunaux, ni de les faire mettre en liberté; que plusieurs ont, à différentes époques, attenté à la sû- reté de l'État; qu'ils seraient condamnés par les tri- bunaux à des peines capitales, mais que des considérations supérieures s'opposent à ce qu'ils soient mis en jugement »; il était décidé que les Français pourraient être mis en prison pour une année, avec l'assentiment du Conseil privé, qui ensuite aurait le droit de prolonger indéfiniment la détention.

Les bastilles de l'ancien régime étaient restaurées. Il semblait que la Commission de la liberté individuelle n'eût plus qu'à se dissoudre. Elle subsista cependant, elle s'obstina dans son simulacre de contrôle, elle siégea jusqu'à la fin de l'Empire, comme si elle n'avait pas eu connaissance du décret du 3 mars 1810, qui rendait son existence non seulement inutile, mais ridicule.

Cependant le Sénat avait ressenti l'affront. Mais il attendit, pour exprimer son indignation, que la fortune eût abandonné Napoléon, et l'un des motifs du décret de déchéance qu'il porta le 3 avril 1814 fut que l'Empereur « avait violé les lois constitutionnelles par ses décrets sur les prisons d'État ».

C'est qu'en effet, au point où en étaient les choses quand la Commission de la liberté individuelle fut établie, il n'y avait pas d'autre moyen de contenir le despotisme que de renverser le despote, et il ne pouvait tomber que par un échec militaire. Cet échec, le Sénat l'attendit patiemment, et, dans cette attente, il se fit le complice du despotisme par le fonctionnement même de cette Commission censément établie contre le despotisme.

La Commission sénatoriale de la liberté individuelle fut donc un instrument de règne important et efficace. Le registre de ses opérations, si sec et si ennuyeux pour qui ne le lirait pas en historien, est un des éléments les plus instructifs pour reconstituer le tableau de ce despotisme impérial, qui marque, dans l'évolution de la nation française, une période de recul si curieuse et si mal connue.

1er août 1897.

FIN

TABLE DES MATIÈRES

29701. — Tours, imp. E. Arrault et Cⁱᵉ.

BIBLIOTHÈQUE
D'HISTOIRE CONTEMPORAINE

Volumes in-12 brochés à 3 fr. 50. — Volumes in-8 brochés de divers prix

EUROPE

SYBEL (H. de). **Histoire de l'Europe pendant la Révolution française**, traduit de l'allemand par Mlle Dosquet. Ouvrage complet en 6 vol. in-8. **42 fr.**

DEBIDOUR, inspecteur général de l'instruction publique. **Histoire diplomatique de l'Europe, de 1815 à 1878.** 2 vol. in-8 (Ouvrage couronné par l'Institut.) **18 fr.**

FRANCE

AULARD, professeur à la Sorbonne. **Le Culte de la Raison et le Culte de l'Être suprême**, étude historique (1793-1794). 1 vol. in-12. **3 fr. 50**

— **Etudes et leçons sur la Révolution française.** 3 vol. in-12. Chacun. **3 fr. 50**

DESPOIS (Eug.). **Le Vandalisme révolutionnaire. Fondations littéraires, scientifiques et artistiques de la Convention.** 4e édition, précédée d'une notice sur l'auteur par M. Charles Bigot. 1 vol. in-12. **3 fr. 50**

DEBIDOUR, inspecteur général de l'instruction publique. **Histoire des rapports de l'Église et de l'État en France (1789-1870).** 1 fort vol. in-8. 1898. (Couronné par l'Institut.) **12 fr.**

ISAMBERT (G.). **La Vie à Paris pendant une année de la Révolution (1791-1792).** 1 vol. in-12. 1896. **3 fr. 50**

MARCELLIN PELLET, ancien député. **Variétés révolutionnaires.** 3 vol. in-12, précédés d'une préface de A. Ranc. Chaque vol. séparément. **3 fr. 50**

BONDOIS (P.), agrégé de l'Université. **Napoléon et la Société de son temps (1793-1821).** 1 vol. in-8. **7 fr.**

CARNOT (H.), sénateur. **La Révolution française**, résumé historique. 1 vol. in-12. Nouvelle édit. **3 fr. 50**

WEILL (G.), docteur ès lettres, agrégé de l'Université. **Histoire du parti républicain en France, de 1814 à 1870.** 1 vol. in-8. **10 fr.**

GAFFAREL (P.), professeur à l'Université de Dijon. **Les Colonies françaises.** 1 vol. in-8. 6e édition revue et augmentée **5 fr.**

LAUGEL (A.). **La France politique et sociale.** 1 vol. in-8. **5 fr.**

SPULLER (E.), ancien ministre de l'instruction publique. **Hommes et Choses de la Révolution.** 1 vol. in-12. **3 fr. 50.**

VALLAUX (C.). **Les Campagnes des armées françaises (1792-1815).** 1 vol. in-12, avec 17 cartes dans le texte. 3 fr. 50

ANGLETERRE

SIR CORNEWAL LEWIS. **Histoire gouvernementale de l'Angleterre, depuis 1770 jusqu'à 1830.** Traduit de l'anglais. 1 vol. in-8. 7 fr.

REYNALD (H.), doyen de la Faculté des lettres d'Aix. **Histoire de l'Angleterre,** depuis la reine Anne jusqu'à nos jours. 1 vol. in-12. 2e éd. 3 fr. 50

METIN (Albert). **Le Socialisme en Angleterre.** 1 vol. in-12. 3 fr. 50

ALLEMAGNE

VÉRON (Eug.). **Histoire de la Prusse, depuis la mort de Frédéric II** jusqu'à la bataille de Sadowa. 1 vol. in-12 6e édit., augmentée d'un chapitre nouveau contenant le résumé des événements jusqu'à nos jours, par P. Bondois, professeur agrégé d'histoire au lycée Buffon. 3 fr. 50

— **Histoire de l'Allemagne,** depuis la bataille de Sadowa jusqu'à nos jours. 1 vol. in-12. 3e éd., mise au courant des événements par P. Bondois. 3 fr. 50

ANDLER (Ch.), maître de conférences à l'École normale. **Les Origines du socialisme d'État en Allemagne.** 1 vol. in-8. 7 fr.

GUILLAND (A.), professeur d'histoire à l'École polytechnique suisse. **L'Allemagne nouvelle et ses Historiens.** Niebuhr, Ranke, Mommsen, Sybel, Treitschke, 1 vol. in-8. 1899. 5 fr.

AUTRICHE-HONGRIE

ASSELINE (L.). **Histoire de l'Autriche,** depuis la mort de Marie-Thérèse jusqu'à nos jours. 1 vol. in-12. 3e édit. 3 fr. 50

DOURLIER (J.). **Les Tchèques et la Bohême contemporaine,** avec préface de M. Flourens, ancien ministre des Affaires étrangères. 1 vol. in-12. 3 fr. 50

AUERBACH, professeur à la Faculté des lettres de Nancy. **Les Races et les Nationalités en Autriche-Hongrie.** In-8. 5 fr.

SAYOUS (Éd.), professeur à la Faculté des lettres de Toulouse. **Histoire des Hongrois et de leur littérature politique,** de 1790 à 1815. 1 vol. in-12. 3 fr. 50

ITALIE

SORIN (Élie). **Histoire de l'Italie,** depuis 1815 jusqu'à la mort de Victor-Emmanuel. 1 vol. in-12. 3 fr. 50

GAFFAREL (P.), professeur à la Faculté des lettres de Dijon. **Bonaparte et les Républiques italiennes (1796-1799).** 1 vol. in-8. 5 fr.

MÉDECINE ET SCIE

COLLECTION MÉDICALE

ÉLÉGANTS VOLUMES IN-18, CARTONNÉS A L'ANGLAISE, A 4 ET A 3 FRANCS

Le Phtisique et son traitement hygiénique, par le Dʳ E.-P. LÉON-PETIT, médecin de l'hôpital d'Ormesson, avec 20 gravures. 2ᵉ éd. (*Couronné par l'Académie de médecine.*) 4 fr.

Hygiène de l'alimentation dans l'état de santé et de maladie, par le Dʳ J. LAUMONIER, avec gravures. 3ᵉ éd. 4 fr.

L'alimentation des nouveau-nés. *Hygiène de l'allaitement artificiel*, par le Dʳ S. ICARD, avec 60 gravures, 2ᵉ édit. (*Couronné par l'Académie de médecine.*) 4 fr.

La mort réelle et la mort apparente, diagnostic et traitement de la mort apparente, par le Dʳ S. ICARD, avec gravures. 4 fr.

L'hygiène sexuelle et ses conséquences morales, par le Dʳ S. RIBBING, prof. à l'Univ. de Lund (Suède). 2ᵉ édit. 4 fr.

Hygiène de l'exercice chez les enfants et les jeunes gens, par le Dʳ F. LAGRANGE, lauréat de l'Institut. 7ᵉ édit. 4 fr.

De l'exercice chez les adultes, par le même. 4ᵉ édition. 4 fr.

Hygiène des gens nerveux, par le D' LEVILLAIN. 4° édition,
avec gravures. 4 fr.

L'Idiotie. *Psychologie et éducation de l'idiot*, par le D' J. VOISIN,
médecin de la Salpêtrière, avec gravures. 4 fr.

La famille névropathique, *Hérédité, prédisposition morbide,
dégénérescence*, par le D' CH. FÉRÉ, médecin de Bicêtre, avec
gravures. 2° éd. 4 fr.

L'éducation physique de la jeunesse, par A. MOSSO, pro-
fess. à l'Univers. de Turin. Préface du Commandant LECROS. 4 fr.

Manuel de percussion et d'auscultation, par le D' P. SIMON,
professeur à la Faculté de médecine de Nancy, avec grav. 4 fr.

**Éléments d'anatomie et de physiologie génitales et
obstétricales**, par le D' A. POZZI, professeur à l'école de médecine de Reims, avec 219 gravures. 4 fr.

Manuel théorique et pratique d'accouchements, par le
D' A. POZZI, avec 138 gravures. 3° édition. 4 fr.

Le traitement des aliénés dans les familles, par le
D' FÉRÉ, médecin de Bicêtre. 2° édition. 3 fr.

Morphinisme et Morphinomanie, par le D' PAUL ROUET.
(Couronné par l'Académie de médecine.) 4 fr.

La fatigue et l'entraînement physique, par le D' PH. TISSIÉ,
avec gravures, préface de M. le prof. BOUCHARD. 4 fr.

**Les maladies de la vessie et de l'urèthre chez la
femme**, par le D' KOLISCHER, trad. de l'allemand par le D'
BETTIXER, de Genève, avec gravures. 4 fr.

L'idiotie, par le D' J. VOISIN, avec gravures. 4 fr.

L'éducation rationnelle de la volonté, *son emploi thérapeutique*, par le D' PAUL-ÉMILE LÉVY, préface de M. le prof.
BERNHEIM. 2° édition. 4 fr.

L'instinct sexuel. *Évolution, dissolution*, par le D' CH. FÉRÉ,
médecin de Bicêtre. 4 fr.

La profession médicale. *Ses devoirs, ses droits*, par le D'
G. MORACHE, professeur de médecine légale à l'Université de
Bordeaux. 4 fr.

L'hystérie et son traitement, par le D' PAUL SOLLIER. 4 fr.

COURS DE MÉDECINE OPÉRATOIRE
de M. le Professeur Félix Terrier.

Petit manuel d'antisepsie et d'asepsie chirurgicales,
par les D' FÉLIX TERRIER, professeur à la Faculté de médecine de
Paris, et M. PÉRAIRE, ancien interne des hôpitaux, avec grav. 3 fr.

Petit manuel d'anesthésie chirurgicale, par les mêmes,
avec 37 gravures. 3 fr.

L'opération du trépan, par les mêmes, avec 222 grav. 4 fr.

Chirurgie de la face, par les D' FÉLIX TERRIER, GUILLEMAIN
et MALHERBE, avec gravures. 4 fr.

Chirurgie du cou, par les mêmes, avec gravures. 4 fr.

Chirurgie du cœur et du péricarde, par les D' FÉLIX
TERRIER et E. RAYMOND, avec 70 gravures 3 fr.

Chirurgie de la plèvre et du poumon, par les mêmes,
avec 67 figures. 4 fr.

MÉDECINE

Extrait du catalogue, par ordre de spécialités.

A. — Pathologie et thérapeutique médicales.

AXENFELD et HUCHARD. Traité des névroses. 2ᵉ édition, par Henri Huchard. 1 fort vol. gr. in-8.   20 fr.

BOUCHUT et DESPRÉS. Dictionnaire de médecine et de thérapeutique médicales et chirurgicales, comprenant le résumé de la médecine et de la chirurgie, 6ᵉ édition, très augmentée. 1 vol. in-4, avec 1001 fig. dans le texte et 3 cartes. Br. 25 fr.; relié.   30 fr.

CORNIL et BABÈS. Les bactéries et leur rôle dans l'anatomie et l'histologie pathologiques des maladies infectieuses. 2 vol. in-8, avec 350 fig. dans le texte en noir et en couleurs et 13 pl. hors texte, 3ᵉ éd. entièrement refondue, 1890.   40 fr.

DAVID. Les microbes de la bouche. 1 vol. in-8 avec gravures en noir et en couleurs dans le texte.   10 fr.

DUCKWORTH (Sir Dyce). La goutte, son traitement. Trad. de l'anglais par le Dᵣ Roger. 1 vol. gr. in-8 avec gr. dans le texte.   10 fr.

FÉRÉ (Ch.). Les épilepsies et les épileptiques. 1 vol. gr. in-8 avec 12 planches hors texte et 67 grav. dans le texte. 1890,   20 fr.

FÉRÉ (Ch.). La pathologie des émotions, in-8. 1893.   12 fr.

FINGER (E.). La blennorrhagie et ses complications. 1 vol. gr. in-8 avec 36 grav. et 7 pl. hors texte. Traduit de l'allemand par le docteur Hogge. 1891.   13 fr.

FINGER (E.). La syphilis et les maladies vénériennes, trad. de l'all. avec notes par les Dᵣˢ Spillmann et Doyon. 1 vol. in-8, avec 5 planches hors texte. 2ᵉ édit. 1900.   12 fr.

FLEURY (Maurice de). Introduction à la médecine de l'esprit, 1 volume in-8. 6ᵉ éd. 1900.   7 fr. 50

— Les grands symptômes neurasthéniques. 1 vol. grand in-8 avec 32 gravures, 1901.   7 fr. 50

GLÉNARD. Les ptoses viscérales (Estomac, Intestin, Reins, Foie, Rate). 1 vol. gr. in-8, avec 224 fig. et 30 tableaux synoptiques.   20 fr.

JERARD, CORNIL et HANOT. De la phtisie pulmonaire. 1 vol. in-8, avec fig. dans le texte et pl. coloriées. 2ᵉ éd.   20 fr.

ICARD (S.). La femme pendant la période menstruelle. Étude de psychologie morbide et de médecine légale. In-8. 6 fr.

JANET (P.) et RAYMOND (F.). Névroses et Idées fixes.
   Tome I, par P. Janet. 1 vol. in-8 avec 92 gr.   12 fr.
   Tome II, par F. Raymond et P. Janet, in-8 avec 97 grav.   14 fr.

LAGRANGE (F.). Les mouvements méthodiques et la « mécanothérapie ». 1 vol. in-8 avec 55 grav. dans le texte.   10 fr.

RILLIET et BARTHEZ. Traité clinique et pratique des maladies des enfants. 3ᵉ édit., refondue et augmentée, par Barthez et A. Sanné. Tome I, 1 fort vol. gr. in-8. 16 fr. Tome II. 1 fort vol. gr. in-8. 14 fr. Tome III terminant l'ouvrage, 1 fort vol. gr. in-8.   25 fr.

SOLLIER (Paul). **Genèse et nature de l'hystérie**, 2 forts vol. in-8. 1897.   20 fr.
VOISIN (J.). **L'épilepsie**, 1 vol. in-8. 1896.   6 fr.

B. — Pathologie et thérapeutique chirurgicales.

BOVIS (de). **Le cancer du gros intestin**, *rectum excepté.* 1 vol. in-8.   5 fr.

Congrès français de chirurgie. Mémoires et discussions, publiés par MM. Pozzi et Picqué, secrétaires généraux :
    1re, 2e et 3e sessions : 1885, 1886, 1888, 3 forts vol. gr. in-8. avec fig., chacun, 14 fr. — 4e session : 1889, 1 fort vol. gr. in-8. avec fig., 16 fr. — 5e session : 1891, 1 fort vol. gr. in-8, avec fig., 14 fr. — 6e session : 1892, 1 fort vol. gr. in-8, avec fig. 16 fr. — 7e session : 1893, 1 fort vol. gr. in-8. 18 fr. — 8e, 9e, 10e, 11e, 12e et 13e sessions (1894-95-96-97-98-99), chacune.   20 fr.

DELORME. Traité de chirurgie de guerre. 2 vol. gr. in-8.
    Tome I, avec 95 grav. dans le texte et 1 pl. hors texte.   16 fr.
    Tome II, terminant l'ouvrage, avec 400 grav. dans le texte   25 fr.
Ouvrage couronné par l'Académie des sciences.

JAMAIN et **TERRIER. Manuel de pathologie et de clinique chirurgicales.** 3e édition. Tome I, 1 fort vol. in-18. 8 fr. — Tome II, 1 vol. in-18. 8 fr. — Tome III, avec la collaboration de MM. Broca et Hartmann, 1 vol. in-18. 8 fr. — Tome IV, avec la collaboration de MM. Broca et Hartmann, 1 vol. in-18.   8 fr.

LABADIE-LAGRAVE et **LEGUEU. Traité médico-chirurgical de gynécologie**, 2e éd. 1901. In-8 avec grav., cart. à l'angl.   25 fr.

LIEBREICH. Atlas d'ophtalmoscopie, représentant l'état normal et les modifications pathologiques du fond de l'œil vues à l'ophtalmoscope. 3e édition, atlas in-f° de 12 planches.   40 fr.

MALGAIGNE et **LE FORT. Manuel de médecine opératoire.** 9e édit. 2 vol. gr. in-18, avec nombreuses fig. dans le texte.   16 fr.

NIMIER et **DESPAGNET. Traité élémentaire d'ophtalmologie.** 1 fort vol. gr. in-8, avec 132 gr. Cart. à l'angl. 1894.   20 fr.

NIMIER et **LAVAL. Les projectiles de guerre** et leur action vulnérante. 1 vol. in-12 avec grav.   3 fr.
— **Les explosifs, les poudres, les projectiles d'exercice**, leur action et leurs effets vulnérants. in-12 avec grav. 3 fr.
— **Les armes blanches**, leur action et leurs effets vulnérants. 1 vol. in-12, avec gravures.   6 fr.
— **De l'infection en chirurgie d'armée**, évolution des blessures de guerre. 1 vol. in-12 avec gravures. 1901.   6 fr.
— **Traitement des blessures de guerre.** 1 vol. in-12 avec 52 gravures. 1901.   6 fr.

TERRIER. Éléments de pathologie chirurgicale générale.
    1er fascicule : *Lésions traumatiques et leurs complications.* 1 vol. in-8.   7 fr.
    2e fascicule : *Complications des lésions traumatiques. Lésions inflammatoires.* 1 vol. in-8.   9 fr.

TERRIER et **AUVRAY. Chirurgie du foie et des voies biliaires.** — *Traumatismes du foie et des voies biliaires.* — *Foie mobile.* — *Tumeurs du foie et des voies biliaires.* 1 vol. grand in-8 avec 50 gravures. 1901.   10 fr.

TERRIER et PÉRAIRE. **Petite chirurgie de Jamain.** 8ᵉ édit. entièrement refondue. 1901. 1 fort vol. in-12 avec 572 gravures, cartonné à l'anglaise. 8 fr.

C. — Thérapeutique. Pharmacie. Hygiène.

BOSSU. **Petit compendium médical.** 1 vol. in-32, 7ᵉ édit., cart. à l'anglaise. 1 fr. 25

BOUCHARDAT (A. et G.). **Nouveau formulaire magistral,** précédé d'une Notice sur les hôpitaux de Paris, de généralités sur l'art de formuler, suivi d'un Précis sur les eaux minérales naturelles et artificielles, d'un Mémorial thérapeutique, de notions sur l'emploi des contrepoisons et sur les secours à donner aux empoisonnés et aux asphyxiés. 1900, 32ᵉ édition, revue et corrigée. 1 vol. in-18, broché, 3 fr. 50 ; cartonné, 4 fr. ; relié. 4 fr. 50

BOUCHARDAT et DESOUBRY. **Formulaire vétérinaire,** contenant le mode d'action, l'emploi et les doses des médicaments. 5ᵉ édit. 1 vol. in-18, br. 3 fr. 50, cart. 4 fr., relié. 4 fr. 50

LAGRANGE (F.). **La médication par l'exercice.** 1 vol. grand in-8, avec 68 gravures et une carte. 1895. 12 fr.

WEBER. **Climatothérapie,** traduit de l'allemand par les docteurs Doyon et Spillmann. 1 vol. in-8. 1886. 6 fr.

D. — Anatomie. Physiologie. Histologie.

BELZUNG. **Anatomie et physiologie végétales.** 1 fort volume in-8 avec 1700 gravures. 20 fr.

— **Anatomie et physiologie animales.** 1 fort volume in-8 avec 522 gravures dans le texte. 3ᵉ éd., revue. 6 fr., cart. 7 fr.

CORNIL, RANVIER, BRAULT et LETULLE. **Manuel d'histologie pathologique.** 3ᵉ éd. refondue. 4 vol. in-8, avec nombreuses fig. dans le texte. T. I, avec 369 grav. en noir et en couleurs. 25 fr.

L'ouvrage complet comprendra 4 volumes.

DEBIERRE. **Traité élémentaire d'anatomie de l'homme.** Anatomie descriptive et dissection, avec notions d'organogénie et d'embryologie générales. Ouvrage complet en 2 volumes. 40 fr.

Tome I, *Manuel de l'amphithéâtre,* 1 vol. in-8 de 950 pages avec 450 figures en noir et en couleurs dans le texte. 1890. 20 fr.

Tome II et dernier : 1 vol. in-8 avec 515 figures en noir et en couleurs dans le texte. 20 fr.

Ouvrage couronné par l'Académie des sciences.

FAU. **Anatomie des formes du corps humain,** à l'usage des peintres et des sculpteurs. 1 atlas in-folio de 25 planches. Prix : fig. noires, 15 fr. — Fig. coloriées. 30 fr.

LABORDE. **Les tractions rythmées de la langue,** traitement physiologique de la mort. 1 vol. in-12. 2ᵉ éd. 1897. 5 fr.

MINISTRES ET HOMMES D'ÉTAT

Volumes in-16 à 2 fr. 50

Bismarck, par HENRI WELSCHINGER.
Prim, par H. LÉONARDON.
Disraeli, par M. COURCELLE.

BIBLIOTHÈQUE GÉNÉRALE
DES SCIENCES SOCIALES

SECRÉTAIRE DE LA RÉDACTION

DICK MAY, Secrétaire général de l'École des Hautes Études sociales.

Volumes in-8° carré de 300 pages environ, cartonnés à l'anglaise.
Chaque volume, 6 fr.

L'individualisation de la peine, par R. SALEILLES, professeur à la Faculté de droit de l'Université de Paris.

L'idéalisme social, par EUGÈNE FOURNIÈRE, député.

Ouvriers du temps passé (xv° et xvi° siècles), par H. HAUSER, professeur à l'Université de Clermont-Ferrand.

Les transformations du pouvoir, par G. TARDE, de l'Institut, professeur au Collège de France.

Morale sociale. Leçons professées au Collège des sciences sociales par MM. G. BELOT, MARCEL BERNÈS, BRUNSCHVICG, F. BUISSON, DARLU, DAURIAC, DELY.., CH. GIDE, M. KOVALEVSKY, MALAPERT, le R. P. MAGNUS, DE ROBERTY, G. SOREL, le PASTEUR WAGNER. Préface de M. ÉMILE BOUTROUX, de l'Institut.

Les enquêtes, *pratique et théorie*, par P. DU MAROUSSEM. (*Ouvrage couronné par l'Institut.*)

Questions de morale, leçons professées à l'École de morale, par MM. BELOT, BERNÈS, F. BUISSON, A. CROISET, DARLU, DELBOS, FOURNIÈRE, MALAPERT, MOCH, D. PARODI, G. SOREL.

Le développement du catholicisme social, depuis l'encyclique *Rerum Novarum*, par MAX TURMANN.

Le socialisme sans doctrines (la question ouvrière et agraire en Australie et Nouvelle-Zélande), par A. MÉTIN, agrégé de l'Université.

L'éducation morale dans l'Université (*Enseignement secondaire*). Conférences et discussions sous la présidence de M. A. CROISET, doyen de la Faculté des lettres de l'Université de Paris. (*École des hautes études sociales, 1900-1901*).

La méthode historique appliquée aux sciences sociales, par CH. SEIGNOBOS, maître de conf. à l'Univ. de Paris.

Assistance sociale, *pauvres et mendiants*, par PAUL STRAUSS, sénateur.

BIBLIOTHÈQUE D'HISTOIRE CONTEMPORAINE
Volumes in-18 et in-8

EUROPE

HISTOIRE DE L'EUROPE PENDANT LA RÉVOLUTION FRANÇAISE, par *H. de Sybel*. Traduit de l'allemand par Mlle Dosquet. 6 vol. in-8 . . 42 fr.

HISTOIRE DIPLOMATIQUE DE L'EUROPE, DE 1815 A 1878, par *Debidour*. 2 vol. in-8 . . . . 18 fr.

LA QUESTION D'ORIENT, depuis ses origines jusqu'à nos jours, par *R. Driault*, préface de G. Monod. 1 vol. in-8. 2° édit. . . . . . 7 fr.

FRANCE

LA RÉVOLUTION FRANÇAISE, par *H. Carnot*. 1 vol. in-18. Nouv. édit. 3 50
LE CULTE DE LA RAISON ET LE CULTE DE L'ÊTRE SUPRÊME (1793-1794). Étude historique par *Aulard*, 1 vol. in-18. . . . . 3 50
ÉTUDES ET LEÇONS SUR LA RÉVOLUTION FRANÇAISE, par *Aulard*. 2 vol. in-18. Chacun. 3 50
VARIÉTÉS RÉVOLUTIONNAIRES, par *M. Pellet*, 3 vol. in-18, chacun 3 50
LES CAMPAGNES DES ARMÉES FRANÇAISES (1792-1815), par *C. Vallaux*. 1 vol. in-12. 3 fr. 50
NAPOLÉON ET LA SOCIÉTÉ DE SON TEMPS, par *P. Bondois*. 1 vol. in-8. 7 fr.
HISTOIRE DE LA RESTAURATION, par *de Rochau*. 1 vol. in-18. . . . 3 50
HISTOIRE DE DIX ANS, par *Louis Blanc*. 5 vol. in-8. . . . . . . 25 fr.
HISTOIRE DU SECOND EMPIRE (1848-1870), par *Taxile Delord*. 6 vol. in-8. 42 fr.
HISTOIRE DU PARTI RÉPUBLICAIN (1814-1870), par *G. Weill*. 1 v. in-8. 10 fr.
HISTOIRE DE LA TROISIÈME RÉPUBLIQUE par *E. Zévort* :
    I. *Présidence de M. Thiers*. 1 vol. in-8. 2ᵉ édit. . . . . . 7 fr.
    II. *Présidence du Maréchal*. 1 vol. in-8. 2ᵉ édit. . . . . . 7 fr.
    III. *Présidence de Jules Grévy*. 1 vol. in-8. . . . . 7 fr.
    IV. *Présidence de Sadi-Carnot*. 1 vol. in-8. . . . . 7 fr.
HISTOIRE DE LA LIBERTÉ DE CONSCIENCE EN FRANCE (1595-1870), par *G. Bonet-Maury*, 1 vol. in-8. . . . . 5 fr.
LES CIVILISATIONS TUNISIENNES (Musulmans, Israélites, Européens), par *Paul Lapie*. 1 vol. in-8. . . . . 3 fr. 50
HISTOIRE PARLEMENTAIRE DE LA DEUXIÈME RÉPUBLIQUE, par *Eug. Spuller*, 1 vol. in-18, 2ᵉ édit. 3 50
LA FRANCE POLITIQUE ET SOCIALE, par *Aug. Laugel*. 1 vol. in-8. 5 fr.
HISTOIRE DES RAPPORTS DE L'ÉGLISE ET DE L'ÉTAT EN FRANCE (1789-1870), par *A. Debidour*. 1 vol. in-8 . . . . 12 fr.
LES COLONIES FRANÇAISES, par *P. Gaffarel*. 1 vol. in-8, 6ᵉ éd. . . 5 fr.
LA FRANCE HORS DE FRANCE. *De notre émigration*, par *J.-B. Piolet*, ◆. J. 1 vol. in-8. 10 fr.
L'INDO-CHINE FRANÇAISE, étude économique, politique et administrative sur la *Cochinchine, le Cambodge, l'Annam et le Tonkin* (médaille Dupleix de la Société de Géographie commerciale), par *J.-L. de Lanessan*. 1 vol. in-8, avec 5 cartes en couleurs. . . . . 15 fr.
L'ALGÉRIE, par *M. Wahl*. 1 vol. in-8, 3ᵉ édition. Ouvrage couronné par l'Institut. . . . . 5 fr.

ANGLETERRE

HISTOIRE CONTEMPORAINE DE L'ANGLETERRE, depuis la mort de la reine Anne jusqu'à nos jours, par *H. Reynald*. 1 vol. in-18, 2ᵉ éd. . . 3 50
LORD PALMERSTON ET LORD RUSSEL, par *Aug. Laugel*. 1 vol. in-18. 3 50
LE SOCIALISME EN ANGLETERRE, par *Albert Métin*. 1 vol. in-18. 3 50

ALLEMAGNE

HISTOIRE DE LA PRUSSE, depuis la mort de Frédéric II jusqu'à la bataille de Sadowa, par *Eug. Véron*. 1 vol. in-18. 6ᵉ éd. revue pa: *Paul Bondois*. 3 50
HISTOIRE DE L'ALLEMAGNE, depuis la bataille de Sadowa jusqu'à nos jours, par *Eug. Véron*. 1 vol. in-18, 3ᵉ éd. continuée jusqu'en 1891, par *Paul Bondois*. 3 50
LE SOCIALISME ALLEMAND ET LE NIHILISME RUSSE, par *J. Bourdeau*. 1 vol. in-18. 2ᵉ édition. 3 50
LES ORIGINES DU SOCIALISME D'ÉTAT EN ALLEMAGNE, par *Ch. Andler*. 1 vol. in-8. . . . . 7 fr.
L'ALLEMAGNE NOUVELLE ET SES HISTORIENS. *Niebuhr, Ranke, Mommsen, Sybel, Treitschke*, par *A. Guilland*. 1 vol. in-8. . . . . . . 5 fr.

AUTRICHE-HONGRIE

ESPAGNE

RUSSIE

SUISSE

AMÉRIQUE

ITALIE

ROUMANIE

GRÈCE et TURQUIE

CHINE

Joseph Reinach. Pages républicaines. 1 vol. in-18 . . . . . 3 50
Hector Depasse. Transformations sociales. 1 vol. in-18 . . 3 50
Hector Depasse. Du travail et de ses conditions, 1 vol. in-18 . . . . 3 50
Eug. d'Eichthal. Souveraineté du peuple et gouvernement, 1 vol. in-18 . . . . 3 50
G. Isambert. La vie à Paris pendant une année de la révolution (1791-1792). 1 vol. in-18 . . . . 3 50
G. Weill. L'école saint-simonienne. 1 vol. in-18 . . . . 3 50
A. Lichtenberger. Le socialisme utopique. 1 vol. in-18. . 3 50
— Le socialisme et la révolution française. 1 vol. in-8. . . 5 fr.
Paul Matter. La dissolution des assemblées parlementaires, 1 vol. in-8 . . . . 5 fr.
J. Bourdeau. L'évolution du socialisme. 1 vol. in-18 . . 3 fr. 50

BIBLIOTHÈQUE DE PHILOSOPHIE CONTEMPORAINE

VOLUMES IN-12.

Br., 2 fr. 50; cart. à l'angl., 3 fr.; reliés, 4 fr.

H. Taine.
Philosophie de l'art dans les Pays-Bas. 2ᵉ édition.
Paul Janet.
Origines du socialisme contemporain. 3ᵉ éd.
La philosophie de Lamennais.
Alaux.
Philosophie de Victor Cousin.
Ad. Franck.
Philosophie du droit pénal. 4ᵉ édit.
Des rapports de la religion et de l'État. 1ᵉ édit.
La philosophie mystique en France au XVIIIᵉ siècle.
Beaussire.
Antécédents de l'hégélianisme dans la philosophie française.
Charles de Rémusat.
Philosophie religieuse.
Émile Saisset.
L'âme et la vie.
Auguste Langel.
L'Optique et les Arts.
Camille Selden.
La Musique en Allemagne.
Mariano.
La Philosophie contemp. en Italie.
Stuart Mill.
Auguste Comte et la philosophie positive. 4ᵉ édition.
L'Utilitarisme. 2ᵉ édition.
E. Faivre.
De la variabilité des espèces.

Ernest Bersot.
Libre philosophie.
Herbert Spencer.
Classification des sciences. 7ᵉ édit.
L'individu contre l'État. 5ᵉ éd.
Bertauld.
De la philosophie sociale.
Th. Ribot.
La philos. de Schopenhauer. 8ᵉ éd.
Les maladies de la mémoire. 14ᵉ éd.
Les maladies de la volonté. 15ᵉ éd.
Les maladies de la personnalité. 9ᵉ éd.
La psychologie de l'attention. 5ᵉ éd.
E. de Hartmann.
La Religion de l'avenir. 4ᵉ édition.
Le Darwinisme. 5ᵉ édition.
Schopenhauer.
Le libre arbitre. 8ᵉ édition.
Le fondement de la morale. 7ᵉ édit.
Pensées et fragments. 13ᵉ édition.
Marion.
J. Locke, sa vie, son œuvre. 2ᵉ édit.
Liard.
Les Logiciens anglais contemporains. 4ᵉ édition.
Définitions géométriques. 2ᵉ édit.
O. Schmidt.
Les sciences naturelles et la philosophie de l'Inconscient.
A. Espinas.
Philosophie expérim. en Italie.
John Lubbock.
Le bonheur de vivre 2 vol. 5ᵉ éd.
L'emploi de la vie. 3ᵉ édit.

Maus.
La justice pénale.

A. Levy.
Morceaux choisis des philos. allem.

Roisel.
De la substance.
L'idée spiritualiste. 2e édit.

Zeller.
Christ. Baur et l'école de Tubingue.

Stricker.
Du langage et de la musique.

Coste.
Les conditions sociales du bonheur
et de la force. 3e édition.

Binet.
Psychologie du raisonnement. 2e éd.

G. Ballet.
Langage intérieur et aphasie. 2e éd.

Mosso.
La peur. 2e éd.
La fatigue intellect. et phys. 2e éd.

Tarde.
La criminalité comparée. 4e éd.
Les transformations du droit. 3e éd.
Les lois sociales. 2e édit.

Paulhan.
Les phénomènes affectifs. 2e édit.
J. de Maistre, sa philosophie.
Psychologie de l'invention.

Ch. Richet.
Psychologie générale. 4e éd.

Delbœuf.
Matière brute et matière vivante.

Ch. Féré.
Sensation et mouvement. 2e édit.
Dégénérescence et criminalité. 3e éd.

Vianna de Lima.
L'homme selon le transformisme.

L. Arréat.
La morale dans le drame, l'épopée
et le roman. 2e édition.
Mémoire et imagination (peintres,
musiciens, poètes et orateurs).
Les croyances de demain.
Dix ans de philosophie (1890-1900).

De Roberty.
L'inconnaissable.
L'agnosticisme. 2e édit.
La recherche de l'Unité.
Auguste Comte et H. Spencer. 2e éd.
Le bien et le mal.
Psychisme social.
Fondements de l'éthique.
Constitution de l'éthique.

Bertrand.
La psychologie de l'effort.

Guyau.
La genèse de l'idée de temps. 2e éd.

Lombroso.
L'anthropologie criminelle. 4e éd.
Nouvelles recherches de psychiatrie
et d'anthropologie criminelle.
Les applications de l'anthropologie
criminelle.

Thamin.
Éducation et positivisme. 2e éd.

Ploger.
Le monde physique.

Queyrat.
L'imagination chez l'enfant. 2e édit.
L'abstraction, son rôle dans l'édu-
cation intellectuelle.
Les caractères et l'éducation morale.

G. Lyon.
La philosophie de Hobbes.

Wundt.
Hypnotisme et suggestion.

Fonsegrive.
La causalité efficiente.

Carus.
La conscience du moi.

G. de Greef.
Les lois sociologiques. 2e édit.

Th. Ziegler.
La question sociale est une question morale. 2e éd.

G. Danville.
La psychologie de l'amour. 2e édit.

Gustave Le Bon.
Lois psychologiques de l'évolution
des peuples. 4e éd.
La psychologie des foules. 5e éd.

G. Dumas.
Les états intellectuels dans la mé-
lancolie.

E. Durkheim.
Les règles de la méthode sociologique. 2e édit.

P.-F. Thomas.
La suggestion, son rôle dans l'édu-
cation intellectuelle. 2e édit.
Morale et éducation.

Mario Pilo.
La psychologie du beau et de l'art.

Dunan.
Théorie psychologique de l'espace.

Lechalas.
Étude sur l'espace et le temps.

R. Allier.
Philosophie d'Ernest Renan.

Lange.
Les émotions.

G. Lefèvre.
Obligation morale et idéalisme.

C. Bouglé.
Les sciences sociales en Allemagne.

E. Boutroux.
Conting. des lois de la nature. 3e éd.

J. Lachelier.
Du fondement de l'induction. 3e éd

J.-L. de Lanessan.
Morale des philosophes chinois.

Max Nordau.
Paradoxes psychologiques. 3e éd.
Paradoxes sociologiques. 3e édit.
Psycho-physiologie du génie et du talent. 2e éd.

Marie Jaëll.
La musique et la psycho-physiologie.

G. Richard.
Le socialisme et la science sociale.

L. Dugas.
Le psittacisme et la pensée symbo-
La timidité. 2e édit.   [lique.

Flerens-Govaert.
Essai sur l'art contemporain.
La tristesse contemporaine. 3e éd.
Psychologie d'une ville. Essai sur Bruges.

F. Le Dantec.
Le déterminisme biologique.
L'individualité et l'erreur individua-
Lamarckiens et darwiniens. [liste.

L. Dauriac.
La psychol. dans l'Opéra français.

A. Cresson.
La morale de Kant.

P. Regnaud.
Précis de logique évolutionniste.
Comment naissent les mythes.

E. Ferri.
Les criminels dans l'art et la littér.

Novicow.
L'avenir de la race blanche.

R. C. Herckenrath.
Probl. d'esthétique et de morale.

G. Milhaud.
Essai sur les conditions et les li-
mites de la certitude logique.
Le Rationnel.

F. Pillon.
La philosophie de Charles Secrétan.

G. Renard.
Le régime socialiste. 2e édit.

H. Lichtenberger.
La philosophie de Nietzsche. 6e éd.
Aphorismes et fragments choisis de Nietzsche.

E. d'Eichthal.
Correspondance inédite de J. Stuart Mill avec G. d'Eichthal.
Les probl. sociaux et le socialisme.

Mme Lampérière.
Le rôle social de la femme.

M. de Fleury.
L'âme du criminel.

Ossip-Lourié.
Pensées de Tolstoï.
Philosophie de Tolstoï.
La philos. soc. dans le théât. d'Ibsen.

Laple.
La justice par l'État.

T. Wechniakoff.
Savants, penseurs et artistes.

L. Marguery.
L'œuvre d'art et l'évolution.

Hervé Blondel.
Les approximations de la vérité.

Mauxion.
L'éducation par l'instruction et les théories pédagogiques de Herbert.

Duprat.
Les causes sociales de la folie.

Bergson.
Le rire. 2e édit.

Tanon.
L'évol. du droit et la conscience soc.

Brunschvicg.
Introduction à la vie de l'esprit.

E. Fournière.
Essai sur l'individualisme.

E. Murisier.
Les malad. du sentiment religieux.

A. Naville.
Nouvelle classification des sciences, 2e édit.

G. Palante.
Précis de sociologie.

VOLUMES IN-8

Brochés, à 5, 7 50 et 10 fr.; cart. angl., 1 fr. de plus par vol.; reliure, 2 fr.

Agassiz.
De l'espèce et des classifications. 5fr.

Stuart Mill.
Mes mémoires. 3e éd.   5 fr.
Système de logique déductive et inductive. 4e édit. 2 vol.   20 fr.
Essais sur la Religion. 4e édit. 5 fr.

Herbert Spencer.
Les premiers principes. 8e éd. 10 fr.
Principes de psychologie. 2 vol. 20fr.
Principes de biologie. 2 vol. 20 fr.
Princip. de sociol. 4 vol. 33 fr. 25
Essais sur le progrès. 5e éd. 7 fr. 50
Essais de politique. 4e éd. 7 fr. 50

Essais scientifiques. 3ᵉ éd. 7 fr. 50
De l'éducation physique, intellec-
tuelle et morale. 10ᵉ édit. 5 fr.
(V. *Bibl. sc. intern.*, p. 1 et 2.)

Collins.

Résumé de la phil. de H. Spencer.
- 3ᵉ éd. 10 fr.

Emile Saigey.

Les sciences au xviiᵉ siècle. La
physique de Voltaire. 5 fr.

Paul Janet.

Les causes finales. 3ᵉ édit. 10 fr.
Œuvres phil. de Leibnitz. 2 vol. 20 fr.

Th. Ribot.

L'hérédité psycholog. 5ᵉ éd. 7 fr. 50
La psychologie anglaise contem-
poraine. 3ᵉ éd. 7 fr. 50
La psych. allem. contemp. 4ᵉ éd.
 7 fr. 50
La psych. des sentim. 3ᵉ éd. 7 fr. 50
L'évolution des idées générales. 5 fr.
L'imagination créatrice. 5 fr.

Alf. Fouillée.

La liberté et le déterminisme. 7 fr. 50
Critique des systèmes de morale
contemporains. 4ᵉ éd. 7 fr. 50
La morale, l'art et la religion d'a-
près Guyau. 4ᵉ éd. 3 fr. 75
L'avenir de la métaphysique fondée
sur l'expérience. 2ᵉ édit. 5 fr.
L'évolution des idées-forces. 7 fr. 50
La psych. des idées-forces. 2 vol. 15 fr.
Tempérament et caractère. 7 fr. 50
Le mouvement idéaliste. 7 fr. 50
Le mouvement positiviste. 7 fr. 50
Psych. du peuple français. 7 fr. 50
La France au p. de v. moral. 7 50

Bain (Alex.).

La logiq. induct. et déduct. 3ᵉ éd.
2 vol. 20 fr.
Les sens et l'intell. 3ᵉ édit. 10 fr.
Les émotions et la volonté. 10 fr.

Matthew Arnold.

La crise religieuse. 7 fr. 50

Flint.

La philosophie de l'histoire en Allemagne. 7 fr. 50

Liard.

La science positive et la métaphysique. 4ᵉ édit. 7 fr. 50
Descartes. 5 fr.

Guyau.

La morale angl. cont. 4ᵉ éd. 7 fr. 50
Les problèmes de l'esthétique con-
temporaine. 6ᵉ éd. 5 fr.
Esquisse d'une morale sans obli-
gation ni sanction. 5ᵉ éd. 5 fr.
L'irréligion de l'avenir. 7ᵉ éd. 7 fr. 50
L'art au point de vue sociol. 7 fr. 50
Hérédité et éducation. 5ᵉ éd. 5 fr.

E. Naville.

La logique de l'hypothèse. 2ᵉ éd. 5 fr.
La physique moderne. 2ᵉ édit. 5 fr.
La définition de la philosophie. 5 fr.
Les philosophies négatives. 5 fr.

Marion.

La solidarité morale. 5ᵉ édit. 5 fr.

Schopenhauer.

Aphorisme sur la sagesse dans la
vie. 6ᵉ éd. 5 fr.
La quadruple racine du principe
de la raison suffisante. 5 fr.
Le monde comme volonté et représentation. 3 vol. 3ᵉ éd. 21 fr. 50

James Sully.

Le pessimisme. 2ᵉ éd. 7 fr. 50
Études sur l'enfance. 10 fr.

Buchner.

Science et nature. 2ᵉ édition. 7 fr. 50

Louis Ferri.

La psychologie de l'association, depuis Hobbes. 7 fr. 50

Séailles.

Ess. sur le génie dans l'art. 2ᵉ éd. 5 fr.

Preyer.

Éléments de physiologie. 5 fr.
L'âme de l'enfant. 10 fr.

Ad. Franck.

La philosophie du droit civil. 5 fr.

Clay.

L'alternative. 2ᵉ éd. 10 fr.

Bernard Perez.

Les trois premières années de l'en-
fant. 5ᵉ édit. 5 fr.
L'enfant de trois à sept ans. 5 fr.
L'éd. mor. dès le berceau. 4ᵉ éd. 5 fr.
L'éduc. intell. dès le berceau. 5 fr.

Lombroso.

La femme criminelle et la prostituée
(en collab. avec M. Ferrero).
1 vol. in-8 avec planches. 15 fr.
Le crime polit. et les révol. (en collab. avec M. Laschi). 2 vol. 15 fr.
L'homme criminel. 2 vol. avec atlas
 36 fr.

Ludovic Carrau.

La philosophie religieuse en Angleterre depuis Locke. 5 fr.

Sergi.

La psychologie physiologiq. 7 fr. 50

Piderit.

La mimique et la physiognomonie,
avec 95 fig. 5 fr.

Fonsegrive.

Le libre arbitre. 2ᵉ éd. 10 fr.

Roberty (E. de).

L'ancienne et la nouvelle philosophie. 7 fr. 50
La philosophie du siècle 5 fr.

Garofalo.
La criminologie. 4e édit. 7 fr. 50
La superstition socialiste. 5 fr.

G. Lyon.
L'idéalisme en Angleterre au XVIIIe siècle. 7 fr. 50

Souriau.
L'esthétique du mouvement. 5 fr.
La suggestion dans l'art. 5 fr.

Fr. Paulhan.
L'activité mentale et les éléments de l'Esprit. 10 fr.
Esprits logiques et esprits faux. 7 fr. 50

Barthélemy Saint-Hilaire.
La philosophie dans ses rapports avec les sciences et la religion. 5 fr.

Pierre Janet.
L'automatisme psychol. 3e éd. 7 fr. 50

Bergson.
Essai sur les données immédiates de la conscience. 2e édit. 3 fr. 75
Matière et mémoire. 5 fr.

E. de Laveleye.
De la propriété et de ses formes primitives. 5e édit. 10 fr.
Le gouvernement dans la démocratie. 3e éd., 2 vol. 15 fr.

Ricardou.
De l'idéal. 5 fr.

Romanes.
L'évol. ment. chez l'homme. 7 fr. 50

Pillon.
L'année philosophique. 10 vol.: 1890, 1891, 1892, 1894, 1895, 1896, 1897, 1898, 1899, 1900. Séparém. 5 fr.

Brunschvicg.
Spinoza. 3 fr. 75
La modalité du jugement 5 fr.

Picavet.
Les idéologues. 10 fr.

Gurney, Myers et Podmore
Les hallucin. télépath. 3e éd. 7 fr. 50

Arréat.
Psychologie du peintre. 5 fr.

L. Proal.
Le crime et la peine. 3e éd. 10 fr.
La criminalité politique. 5 fr.
Le crime et le suicide passionnels. 10 fr.

G. Hirth.
Physiologie de l'art. 5 fr.

Dewaule.
Condillac et la psychologie anglaise contemporaine. 5 fr.

Bourdon.
L'expression des émotions et des tendances dans le langage. 5 fr.

L. Bourdeau.
Le problème de la mort. 3e éd. 5 fr.
Le problème de la vie. 7 fr. 50

Novicow.
Les luttes entre soc. humaines. 10 fr.
Les gaspill. des soc. modernes. 5 fr.

Durkheim.
De la div. du trav. soc. 2e éd. 7 fr. 50
Le suicide, étude sociale. 7 fr. 50
L'année sociologique 1re, 2e, 3e et 4e années (1897-1898-1899-1900), chacune. 10 fr.

Payot.
L'éducation de la volonté. 11e éd. 5 fr.
De la croyance. 5 fr.

Ch. Adam.
La philosophie en France (première moitié du XIXe siècle). 7 fr. 50

H. Oldenberg.
Le Bouddha, sa vie, sa doctrine, sa communauté. 2e éd. 7 fr. 50

J. Ploger.
La vie et la pensée. 5 fr.
La vie sociale, la morale et le progrès. 5 fr.

Max Nordau.
Dégénérescence. 2 v. 5e éd. 17 fr. 50
Les mensonges conventionnels de notre civilisation. 4e éd. 5 fr.

P. Aubry.
La contag. du meurtre. 3e éd. 5 fr.

Fr. Martin.
La perception extérieure et la science positive. 5 fr.

A. Godfernaux.
Le sentiment et la pensée. 5 fr.

Em. Boirac.
L'idée de phénomène. 5 fr.

L. Lévy-Bruhl.
La philosophie de Jacobi. 5 fr.
Lettres inédites de J. Stuart Mill à Auguste Comte. 10 fr.
La philos. d'Aug. Comte. 7 fr. 50

G. Ferrero.
Les lois psychologiques du symbolisme. 5 fr.

G. Tarde.
La logique sociale. 7 fr. 50
Les lois de l'imitation. 2e éd. 7 fr. 50
L'opposition universelle. 7 fr. 50
L'opinion et la foule. 5 fr.

G. de Greef.
Le transformisme social. 2 éd. 7 fr. 50

Crépieux-Jamin.
L'écriture et le caractère. 4e éd. 7 fr. 50

J. Izoulet.
La cité moderne. 1re éd. 10 fr.

Thouverez.
Réalisme métaphysique. 5 fr.

Lang.
Mythes, cultes et religions. 10 fr.

Récéjac.
La connaissance mystique. 5 fr.

Aug. Comte.
La sociologie. 7 fr. 50

Duproix.
Kant et Fichte et le problème de l'éducation. 5 fr.

Brochard.
De l'erreur. 2e éd. 5 fr.

Em. Boutroux.
Études d'hist. de la philos. 7 50 fr.

C. Piat.
La personne humaine. 7 fr. 50
Destinée de l'homme. 5 fr.

P. Malapert.
Les éléments du caractère. 5 fr.

J.-M. Baldwin.
Le développement mental chez l'enfant et dans la race. 7 fr. 50

G. Fulliquet.
Sur l'obligation morale. 7 fr. 50

Jean Pérès.
L'art et le réel. 3 fr. 75

H. Lichtenberger.
Richard Wagner, poète et penseur. 2e édit. 10 fr.

E. Goblot.
La classific. des sciences. 5 fr.

A. Bertrand.
L'enseignement intégral. 5 fr.
Les études dans la démocratie. 5 fr.

E. Sanz y Escartin.
L'individu et la réforme sociale. 7 fr. 50

Max Muller.
Nouv. études de Mythol. 12 fr. 50

A. Coste.
Principes d'une sociol. obj. 3 fr. 75
L'expérience des peuples. 10 fr.

Durand de Gros.
Taxinomie générale. 5 fr.
Esthétique et morale. 5 fr.
Variétés philosophiques 2e éd. 5 fr.

F. Rauh.
De la méthode dans la psychologie des sentiments. 5 fr.

G.-L. Duprat.
L'instabilité mentale. 5 fr.

L. Gérard-Varet.
L'ignorance et l'irréflexion. 5 fr.

P.-Félix Thomas.
L'éducation des sentiments. 5 fr.

Gustave Le Bon.
Psychologie du socialisme. 7 fr. 50

A. Espinas.
La philosophie sociale au XVIIIe siècle et la Révolution. 7 fr. 50

Hannequin.
Ess. sur l'hypoth. des atomes. 7 fr. 50

R. de la Grasserie.
De la psychologie des religions. 5 fr.

Ouvré.
Form. lit. de la pensée grecque. 10 fr.

Renard.
La méthode scientifique de l'histoire littéraire. 10 fr.

Bouglé.
Les idées égalitaires. 3 fr. 75

Lechartier.
David Hume, moraliste et sociologue. 3 fr. 75

Soller.
Psychologie de l'idiot et de l'imbécile. 2e éd. 5 fr.
Le problème de la mémoire. 3 fr. 75

G. Dumas
La tristesse et la joie. 7 fr. 50

H. Hoffding.
Esquisse d'une psychologie fondée sur l'expérience. 7 fr. 50

Alengry.
La sociologie chez Aug. Comte. 10 fr.

Barzellotti.
La philosophie de H. Taine. 7 fr. 50

Stein.
La question sociale au point de vue philosophique. 10 fr.

Renouvier.
Les dilem. de la métaph. pure. 5 fr.
Hist. et solut. des problèmes métaphys. 7 fr. 50

Sighele.
La foule criminelle. 5 fr.

Leclère.
Le droit d'affirmer. 5 fr.

E. Halévy.
La form. du radicalisme philos.
I. La jeunesse de Bentham, 7 fr. 50
II. Évol. de la doctr. utilitaire, 1789-1815. 7 fr. 50

P. Hartenberg.
Les timides et la timidité. 5 fr.

Coulommiers. — Imp. PAUL BRODARD. — 556-1901.